《圍城》으로 읽는

高級中國語讀解

錢鍾書 원저 · 제해성 편저

신아사

人民文學出版社
1980年版
≪圍城≫

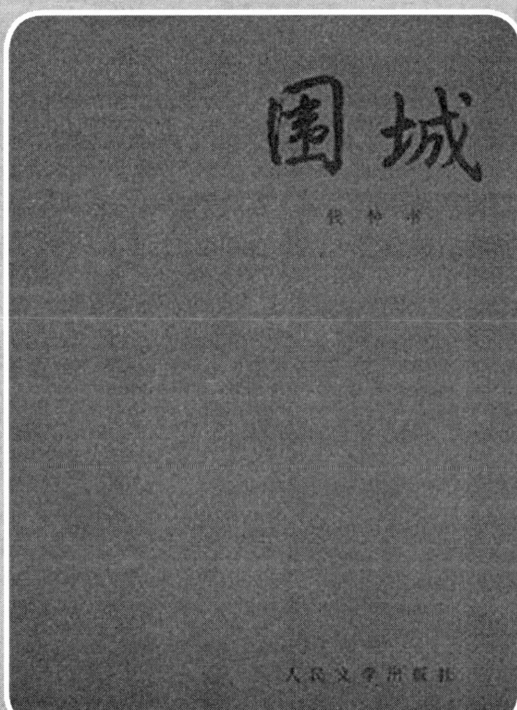

人民文學出版社
1994年版
≪圍城≫

三聯書店
2002年版
≪圍城≫

人民文學出版社
中英對譯
≪圍城≫

上海電影製片廠
影視藝術部製作
中國中央電視臺
電視劇《圍城》

畢業證書

學生錢鍾書係江蘇省無錫
縣人現年二十三歲在本校
文學院外國語文系修業
期滿成績及格准予畢業得
稱文學士此證

國立清華大學校長梅貽琦
教務長張子高
文學院長馮友蘭

中華民國二十二年六月二十二日

國立清華大學 文學院 外國語文系 卒業證書(1933年)

≪圍城≫ 原著者 錢鍾書(1910~1998年) 先生

책을 만들며

장편소설 ≪圍城≫을 지은 錢鍾書는 20세기를 대표하는 중국의 저명한 학자이자 고전문학연구가이며 작가이다. 그는 중국과 서양의 학문에 두루 능통하고 뛰어난 재능과 풍부한 감성을 지닌 학자로서 학술연구와 문학작품 창작에 막대한 공헌을 하였다. 중국학계와 문학계의 추앙을 받아 그의 생존 당시에 이미 그를 연구하는 전문학문인 '錢學'이 형성되었고, 전문학술지 ≪錢鍾書研究≫가 간행되었다.

≪위성≫은 1944년에 집필이 시작되어 1946년 말에 탈고되었고, 이듬해 상해에서 처음 출판되었다. 작자는 책의 초판 머리말에서 "이 소설에서 현대 중국 사회의 어느 한 부분, 어느 한 부류의 인물을 쓰려고 하였다."고 자신의 창작 의도를 밝히고 있다. 소설의 주인공 方鴻漸은 구식 대가족 출신으로 일찍이 서유럽을 유학하였다. 그는 착하지만 본래 가지고 있는 능력이 없고 대단한 배경도 없어서 귀국 후 좌절하고 정처 없이 떠돌아다니는데, 당시 사회의 모순과 가정의 불화는 그가 편하게 생활할 곳을 찾을 수 없게 하였다. 소설은 방홍점의 경험을 줄거리로 삼아 이상과 원동력이 부족해서 자신이 '포위된 성곽(圍城)'에 갇혀도 스스로 벗어날 방법이 없는 그의 저열하고 옹졸하면서도 무료한 생활을 집중 묘사하였다. 또한 방홍점과 몇몇 지식인 여성의 감정, 결혼과 연애 사이에서의 갈등, 상해에서 내지로의 여정 등을 통해 희극적인 풍자 형식으로 중일전쟁 시기의 병든 중국 사회 속 일부 상류층 지식인들이 겪게 되는 방황과 공허를 훌륭하게 묘사하였다. 작자는 소설 속 인물 蘇文紈의 입을 빌려 '위성'이라는 제목의 의미를 "겹겹이 포위된 성곽에서 성 밖의 사람들은 밀고 들어가려고 하고 성 안의 사람들은 도망쳐 나오려고 한다."라고 해석하였다. 소설의 전체적인 내용은 상류층 지식인 남녀의 애정 갈등 속에서 포위되고 탈출하는 것이지만, 내면을 좀 더 깊이 들여다보면 어떤 면에서는 함몰된 지식인의 정신세계가 성곽을 포위하고 있는 상황을 표현한 것이라고 할 수 있다. 작자가 작품 속에서 이러한 사회현상을 성공적으로 폭로하고 신랄하게 풍자하였기 때문에 ≪위성≫은 중국 현대문학사상 독특한 풍격을 지닌 풍자

소설로 자리매김하게 되었으며, 독자와 평론가들에 의해 清末 吳敬梓의 풍자소설 ≪儒林外史≫에 버금가는 '新≪儒林外史≫'로 칭송되어졌다.

≪위성≫은 1947년 상해에서 초판이 나온 이래로 1949년까지 세 차례나 출판되어졌으며, 文化大革命(1966~1976년)이 끝나고 1980년대에 와서 여러 번 재판되었다. 人民文學出版社(北京)의 개정판에는 작자가 덧붙인 <개정판 서문(重印前記)>이 들어있고, 책 끝에 전종서의 부인이며 저명 번역가 겸 산문작가인 楊絳(1910~2016년) 여사가 쓴 장문의 <전종서와 ≪위성≫에 대하여(記錢鍾書與≪圍城≫)>가 소개되어 있는데, ≪위성≫의 집필 당시의 상황과 소설 속 인물과 실존 인물과의 관계에 대해 재치 있게 기술하여 참고할만하다. 외국에서는 러시아어, 일본어, 영어, 독일어, 프랑스어, 한국어 등의 언어로 번역된 여러 종류의 번역본이 나와 있다. 현재 北京大學, 北京師範大學, 復旦大學, 南京大學 등 중국의 유수대학 중국어문학과의 재학생 필독서 목록에 이 ≪위성≫이 들어있는 점으로 보아, 이 책의 문학적 가치와 중요성을 미루어 짐작할 수 있다.

≪위성≫ 원작소설의 분량은 총 23만여 자인데, 본서에서 채택한 본문 내용은 간략하게 개편한 것으로 대략 4만여 자이다. 개편한 간략본의 중국어 본문은 외국인이 중국어를 학습하는 특징에 주의하여 중국어 기본 문법 규칙을 수시로 보여주는 동시에 이러한 규칙이 자연스럽게 언어 속에서 복잡다단하게 변화하는 여러 가지 형식을 제공하고 있다. 어휘 면에서는 학습자가 일반적으로 초·중급단계에서 이미 습득한 다량의 중국어 어휘를 이 책에서 끊임없이 복습할 수 있도록 하였다. 중국어 기본 문법을 이해하고 2,500개 정도의 어휘를 숙달한 중급단계의 중국어 능력이 있는 대학생들을 대상으로 한 학기 중국어 독해를 강의하는 전공교재로 사용하거나 중국어 독해 자습용 참고서로 활용하면 분명 학습 효과가 있을 것으로 믿는다.

이 책은 총 12과로 구성되어 있으며, 한 과는 기본적으로 '중국어 본문(課文)'과 '주석(注釋) 및 해설', '어휘(生詞) 및 해설', '연습문제(思考題) 및 참고답안' 등의 내용으로 구성되어져 있다. 이 책의 학습자가 이미 어느 정도의 중국어 기초와 자습능력을 갖고 있음을 고려하여 한 과의 마지막 부분에 본문 내용의 '우리말 번역문'을 제시함으로써 독해 학습자가 자신의 번역과 대조하고 참고할 수 있게 하였다. 이 책의 '연습문제(思考題)'는 '생각해보기(想一想)'와 '말해보기(說一說)' 두 항목이 있다. 학습자는 한 과의 학습을 마치고 연습문제를 푼 후, 제시한 '참고답안'에 의거해 자신의 이해와 표현력이 정확한 지를 검사할 수 있다.

이 책의 편찬에 사용한 본문과 주석 및 어휘는 施光亨·王紹新이 개편한 ≪中國名著簡讀系列 —— <圍城>(The Besieged City)≫(華語教學出版社, 1994年版)을 저본으로 하였다. 원문 내용의 확인이 필요한 경우 전종서의 원작소설 ≪圍城≫(北京三聯書店, 2002年版)의 중국어 원문을 참고하였다. 독해 자습용으로 제공하는 '부록' <記錢鍾書與≪圍城≫>은 人民文學出版社(北京) 1994年版 ≪圍城≫의 말미에 있는 문장을 그대로 뽑아 실었음을 밝혀둔다.

아울러 이 책과 원작소설의 내용을 보다 잘 이해하고 중국어 듣기연습을 병행하려면, 상해영화제작사(上海電影製片廠)에서 제작하고 CC-TV(中國中央電視臺)에서 방영한 10부작 TV드라마 ≪圍城≫(黃蜀芹 연출, 陳道明 : 方鴻漸역, 呂麗萍 : 孫柔嘉역, 李媛媛 : 蘇文紈역, 英達 : 趙辛楣역, 葛優 : 李梅亭역 주연)의 DVD나 동영상을 구해 감상하는 것도 큰 도움이 되리라고 믿는다.

중국 현대문학작품에 대해 흥미를 갖고 있으나 원작소설을 읽어볼 기회가 없었던 학생들이 ≪위성≫의 주요내용이 잘 유지된 이 책의 학습을 통하여 중국어 독해를 집중 연습하여 원작소설을 읽을 수 있는 유창한 독해력을 기르게 된다면 이 책을 만든 보람을 조금이나마 느끼게 될 것이다.

끝으로 보잘 것 없는 책의 출판을 흔쾌히 허락해주신 중국어문학 전문도서출판 新雅社 정현걸 사장님께 깊이 감사드린다.

2012년 1월

水月齋에서

제해성 삼가 씀

原著者简介

钱锺书先生，字默存，号槐聚，1910年生于江苏省无锡市。十岁入东林小学，在苏州桃坞中学、无锡辅仁中学接受中学教育，十九岁被清华大学破格录取。1932年在清华大学结识杨绛女士，次年毕业，赴上海光华大学执教。1935年，先生与杨绛女士完婚，然后同赴英国伦敦留学。两年以后，先生以≪十七、十八世纪英国文学中的中国≫一文获副博士学位。之后随杨绛女士赴法国巴黎大学从事研究。1938年，被清华大学破例聘为教授，次年转赴国立蓝田师范学院任英文系主任，并开始了≪谈艺录≫的写作。1943年，珍珠港事件爆发，先生被困上海，任教于震旦女子文理学校，其间完成了≪谈艺录≫、≪写在人生边上≫的写作。抗战结束后，先生任上海暨南大学外文系教授兼南京中央图书馆英文馆刊≪书林季刊≫编辑。在其后的三年中，其作品集≪人·兽·鬼≫、小说≪围城≫、诗论≪谈艺录≫得以相继出版，在学术界引起巨大反响。1949年，先生回到清华大学任教；1953年调到北京大学文学研究所，其间完成≪宋诗选注≫，并参加了≪唐诗选≫、≪中国文学史≫(唐宋部分)的编写工作。1966年，文化大革命爆发，先生受到冲击，并于1969年11月与杨绛女士一道被派往河南“五七干校”。1972年3月回京，当年8月≪管锥编≫定稿。1979年，≪管锥编≫、≪旧文四篇≫出版。1982年起担任中国社会科学院副院长、中国社会科学院特邀顾问；1984年 ≪谈艺录≫(补订本)出版；次年，≪七缀集≫出版。1998年12月19日，先生在北京逝世，享年88岁。

원저자(작자) 소개

전종서 선생은 자가 묵존, 호가 괴취로 1910년 중국 강소성 무석시에서 태어났다. 10세에 동림초등학교에 입학하였고, 소주 도오중학교와 무석 보인고등학교에서 중등교육을 받았으며, 19세에 청화대학교에 파격적으로 합격되었다. 1932년 청화대학교에서 양강 여사를 만나 교제하였고, 이듬해 졸업하고서 상해 광화대학교에서 교편을 잡았다. 1935년, 그는 양강 여사와 결혼한 이후에 함께 영국 런던으로 유학을 갔다. 2년 후, 그는 ≪17·18세기 영국문학 속의 중국≫이란 논문으로 부박사학위(B. Litt)를 취득하였다. 그 후 양강 여사를 따라서 프랑스 파리대학교에 가서 연구 활동을 하였다. 1938년 청화대학교로부터 통례를 깨고 정교수로 초빙되었고, 이듬해 국립남전사범대학의 영문학과 학과장을 역임하였으며, ≪談藝錄≫의 저술을 시작하였다. 1943년 진주만사건이 발발하자 그는 상해에 갇혀 머물면서 진단여자문리대학에서 교편을 잡았으며, 그 사이 ≪담예록≫과 ≪생의 끝에서 쓰다(寫在人生邊上)≫의 저술을 끝마쳤다. 중일전쟁이 끝난 뒤, 그는 상해 기남대학교의 외국어문학과 교수 겸 남경 중앙도서관 영문자료관의 간행물 ≪書林季刊≫의 편집인을 역임하였다. 그 후 삼년 동안, 작품집 ≪人·獸·鬼≫, 장편소설 ≪圍城≫, 시론 ≪담예록≫이 연이어 출판되면서 학술계의 커다란 반향을 일으켰다. 1949년, 그는 청화대학교로 돌아와 교편을 잡았고, 1953년 북경대학교 문학연구소로 전근을 갔으며, 그사이에 ≪宋詩選注≫를 완성하였고 ≪唐詩選≫과 ≪中國文學史≫(唐宋代 部分)의 편저 작업에 참가하였다. 1966년 문화대혁명이 발발하자 정신적 충격을 받았으며, 1969년 11월 양강 여사와 함께 하남성의 '오칠 간부학교'로 파견되었다. 1972년 3월 북경으로 다시 돌아와, 그해 8월 ≪管錐編≫을 완성하였다. 1979년에는 ≪관추편≫과 ≪舊文四篇≫을 출간하였다. 1982년부터 중국사회과학원의 부원장과 특임고문을 맡기 시작했다. 1984년 ≪담예록≫(개정판)을 출간하였고, 이듬해 ≪七綴集≫을 출간하였다. 1998년 12월 19일, 그는 북경에서 향년 88세를 일기로 별세하였다.

主要人物表(주요인물표)

方鸿渐 Fāng Hóngjiàn : 留学西欧，后当过三闾大学副教授。
방홍점 : 서유럽에서 유학하고, 후에 삼려대학교 부교수를 지냄.

苏小姐(文纨) Sū xiǎojiě(Wénwán) : 方鸿渐大学时的同学，留法博士。
미스 소(문환) : 방홍점의 대학 동창으로 프랑스에서 유학한 박사.

鲍小姐 Bào xiǎojiě : 从法国回国的旅客，留学伦敦。
미스 포 : 프랑스에서 귀국하는 여행객으로 런던에서 유학함.

方老先生 Fāng lǎo xiānsheng : 方鸿渐的父亲。
방 노선생 : 방홍점의 아버지.

周经理 Zhōu jīnglǐ : 方鸿渐死去的未婚妻周小姐的父亲。
주 은행장 : 방홍점의 죽은 약혼녀 미스 주의 아버지.

唐小姐(晓芙) Táng xiǎojiě (Xiǎofú) : 大学生，苏小姐的表妹。
미스 당(효부) : 대학생으로 미스 소의 사촌 여동생.

赵辛楣 Zhào Xīnméi : 留学美国，报馆编辑，后为三闾大学教授，政治系主任。
조신미 : 미국에서 유학한 신문사 편집인으로 후에 삼려대학교 교수 겸 정치학과 학과장이 됨.

曹元朗 Cáo Yuánlǎng : 留学英国，诗人。
조원랑 : 영국에서 유학한 시인.

褚慎明 Chǔ Shènmíng : 哲学家。
저신명 : 철학가.

董斜川 Dǒng Xiéchuān : 诗人。
동사천 : 시인.

李梅亭 Lǐ Méitíng : 三闾大学中国文学系教授，后代训导长。
이매정 : 삼려대학교 중국어문학과 교수로 후에 학생처장대리가 됨.

顾尔谦 Gù Ěrqiān : 三闾大学历史系副教授。
고이겸 : 삼려대학교 역사학과 부교수.

孙小姐(柔嘉) Sūn xiǎojiě (Róujiā)：三闾大学外文系助教，后与方鸿渐结婚。

미스 손(유가) : 삼려대학교 외국어문학과 조교로 후에 방홍점과 결혼함.

高松年 Gāo Sōngnián：理科教授，三闾大学校长。

고송년 : 이과 교수, 삼려대학교 총장.

汪处厚 Wāng Chǔhòu：三闾大学中国文学系主任。

왕처후 : 삼려대학교 중국어문학과 학과장.

刘东方 Liú Dōngfāng：三闾大学外文系主任。

유동방 : 삼려대학교 외국어문학과 학과장.

韩学愈 Hán Xuéyù：三闾大学历史系主任。

한학유 : 삼려대학교 역사학과 학과장.

陆子潇 Lù Zǐxiāo：三闾大学历史系教授。

육자소 : 삼려대학교 역사학과 교수.

汪太太 Wāng tàitài：汪处厚的妻子。

왕씨 부인 : 왕처후의 아내.

范小姐(懿) Fàn xiǎojiě (Yì)：三闾大学讲师。

미스 범(의) : 삼려대학교 강사.

目录(목차)

≪圍城≫으로 읽는

高級中國語讀解

一、印度洋上

船早已过了红海，正在印度洋上行驶。现在是七月下旬，正是中国旧历[1)]的三伏[2)]，一年里最热的时候。在中国热得更比平常的年头利害，后来大家都说是兵戈之象[3)]，因为这一年正是1937年。

这条法国船正向中国开来，早晨八点多钟，三等舱甲板上已经有了很多人，有法国人，从德国流亡出来的犹太人[4)]、印度人、安南人[5)]，还有中国人。这些中国人中有十

---

1) 旧历(jiùlì)：中国古时候创建的一种历法，现在还继续跟公历一起通行，也叫"农历"。
중국 고대에 만든 역법으로 현재도 계속해서 양력과 같이 통용되며, 또 '음력'이라고도 부른다.

2) 三伏(sānfú)：按中国的旧历，一年中最热的若干天叫"三伏"，其中又分初伏、中伏和末伏，统称"三伏"。公历七月下旬已经进入了"三伏"，也有把"末伏"叫"三伏"的，但要到八月八日才开始，这里不是这个意思。
중국의 음력에 의하면, 한해 가운데 가장 더운 며칠을 '삼복'라고 부르는데, 그중에 또 초복, 중복, 말복으로 나누며 통칭 '삼복'이라고 한다. 양력 7월 하순은 이미 '삼복'에 들어섰고, 또 '말복'을 '삼복'(세 번째 복날)이라고 하는데, 다만 8월 8일에 이르러서야 시작되기 때문에 여기에서는 이 의미가 아니다.

3) 兵戈之象(bīng gē zhī xiàng)："兵"在汉语里泛指武器，"戈"也是武器的一种，"兵戈之象"意思是发生战争的象征。1937年7月7日日本侵略北京南郊的芦沟桥，中国全面抗战开始；8月13日日本侵略军进攻上海。
'병'은 중국어에서 일반적으로 무기를 가리키고, '과'도 무기의 일종으로, '병과지상'은 전쟁이 일어나는 상징(징조)를 뜻한다. 1937년 7월 7일 일본이 북경의 남쪽 교외에 있는 노구교를 침략하자, 중국의 전면적인 항일전쟁(중일전쟁)이 시작되었다. 8월 13일 일본 침략군은 상해를 공격하였다.

4) 从德国流亡出来的犹太人(cóng Déguó liúwáng chūlái de Yóutàirén)：德国法西斯希特勒上台后，残酷迫害和屠杀犹太人，犹太人纷纷逃离德国。
독일은 파시스트 히틀러가 정권을 잡은 이후 유태인을 잔혹하게 박해하고 학살해서 유태인은 잇달아 독일을 도망쳐 떠났다.

5) 安南(Ānnán)：越南的旧称。

来个留学生，他们必须在暑假初回国，才可以有时间慢慢地找职业，那些不怕找不到职业的留学生，要到秋天天气凉快了才动身回国。船上这几位在一起谈到外患内乱的祖国，都希望立刻回去为它服务。但是船走得很慢，有些人就在餐厅里打起麻将来。吃过早饭，甲板上只看得见两个中国女人：苏小姐和孙太太，还有孙太太的孩子。

苏小姐戴着太阳镜，身上放着一本打开了的小说，年龄看上去只有二十五六。孙太太已有三十开外，她一边照顾孩子，一边夸苏小姐："你学问那么好，还成天看书；人又美，又是博士，这样的人到哪里去找？"接着又抱怨孙先生爱赌钱，还输了不少。

苏小姐本来不喜欢孙太太，听了她的抱怨，就冷冷地说："方先生倒不赌。"

孙太太道："方先生！他下船的时候也打过牌。现在忙着追求鲍小姐，当然分不出工夫来。我看他们俩要好得很，也许船到香港，就会订婚。"

苏小姐听了以后，心里很不舒服，回答孙太太同时又安慰自己道："那绝不可能！鲍小姐有未婚夫，她留学的钱还

월남(베트남)의 옛 이름이다.

是她未婚夫给的。”

正说着，鲍小姐和方先生先后来到甲板上。苏小姐眼看到他们俩在一起十分亲热，耳听得鲍小姐的说笑声，气得身上发冷，便到船舱里去了。

方先生叫方鸿渐，二十七岁。父亲是前清的举人6)。他们本乡有个姓周的，在上海发了财，又组织了一家小银行，自己当经理，便想把女儿嫁给举人的儿子。方鸿渐因此由父母做主跟周家小姐订了婚。那时他在高中读书，对此并不关心。两年后到北平7)进了大学，看到男女同学在一起，谈情说爱，便想起了自己的未婚妻只在高中读了一年书，很不满意，于是给家里写了封信，要求解除婚约。没想到父亲回信把他痛骂了一顿，并要他回家结婚，不要再上大学了。方鸿渐连忙写信给父亲请求原谅，并要求到毕业后再结婚。想不到到了四年级，也就是毕业前的一年，他的未婚妻突然得病死了。父亲在告诉他这个消息的信上，还要他给丈人去信慰

---

6) 前清的举人(qián Qīng de jǔrén)：前清是指清代(1644～1911)。中国封建社会实行科举制度，从知识分子中选拔人才。每三年一次在省城举行乡试，考取的人叫“举人”。举人可以参加在京城举行的殿试，考取的人叫“进士”。

전청은 청대(1644～1911)를 가리킨다. 중국의 봉건사회에서는 과거제도를 시행하여 지식인 중에서 인재를 선발했다. 3년마다 한번 성의 도읍지에서 향시를 거행하고, 합격한 사람을 ‘거인’이라고 하였다. 거인은 수도에서 거행하는 전시에 참가할 수 있는데, 합격한 사람을 ‘진사’라고 하였다.

7) 北平(Běipíng)：1928年到1949年10月1日前北京曾改称北平。

1928년부터 1949년 10월 1일 이전까지 북경을 ‘북평’이라고 고쳐 불렀다.

问。方鸿渐没有了婚约，心里很快活，但对周小姐的去世，也有些怜悯，便给没过门8)的丈人写了一封很长的慰问信。周经理接到这封慰问信觉得女婿很知礼，回信说：女儿虽然没过门，丈人和女婿的关系不改，并把本来准备女儿结婚的钱给方鸿渐作明年毕业后留学的费用。方鸿渐做梦都没想到有这样的好事。他进大学的时候是在社会学系，后来转到哲学系，最后又转到中国文学系毕业。学中国文学的人出国去留学，就像富人有了钱要换成外汇一样，为的是提高自身的价值。

方鸿渐到了欧洲，并没有研究什么专门的学问。四年里换了三个大学，从伦敦到巴黎，又到了柏林。第四年春天，原来准备的钱已经没有多少了，就计划回国。可是，他父亲来信问他是否已得了博士学位，说周经理出了不少钱，应该对得起他。周经理也来信说，你父亲是前清的举人，你也应该是个洋进士才好。方鸿渐这才明白博士学位的重要，但是无论是自己作研究，还是请人代做论文，都已经来不及了。

---

8) 没过门(méi guòmén)："过门"是指有婚约的男女双方履行结婚手续，妻子离开自己的家跟丈夫一起生活。"没过门"的意思是男女双方仅有婚约，还没有结婚，女方仍住在自己家里。
'过门'은 약혼한 남녀 쌍방이 결혼 절차를 밟고, 아내가 자신의 집을 떠나 남편과 함께 생활하는 것을 가리킨다. '没过门'의 의미는 남녀 쌍방이 단지 혼약만 하고 아직 결혼을 하지 않아 신부 쪽이 여전히 자신의 집에 거주하는 것이다.

一天，他在柏林图书馆的一本旧杂志里发现了一个广告，说是美国有个克莱登学校，里面有函授班，毕业时可给学位。他就去信联系，从回信中他已明白这是一个卖假文凭的地方，但是他想反正只是为了让父亲和丈人满意，自己将来找职业时履历上决不写这个学校，于是便先寄去了三十美元。等到美国方面把博士文凭寄来以后，他回信说，经过调查，美国没有这样一所学校，文凭是假的，希望以后不要再这样做了。原来应该在收到文凭后再寄去的七十美元他也只寄去十美元，这也许是那个时期中国外交史上唯一的一次胜利。

方鸿渐接着又去照相馆照了一张博士照，给父亲和丈人各寄了一张；信上说这件事一定不要对别人讲。这些事情办完以后，他又回法国安心地玩了几星期，从那儿乘船回国，在船上遇见了从前的大学同学苏文纨小姐。苏小姐在法国研究法国文学，得了博士。她以前是看不起方鸿渐的，可是现在年龄大了，还没有结婚，便很愿意利用同船的机会，让他跟自己亲近；没想到船上还有一个鲍小姐。鲍小姐已经订婚。她的未婚夫李医生出钱让她到伦敦留学。鲍小姐从小很伶俐，是个风流女子，第一次遇见方鸿渐就觉得他可以当自己旅行中的伴侣，两个人打得火热。苏小姐对方鸿渐就越来越冷淡了。

几天以后，船到了西贡。苏小姐因为有亲戚在这儿做事，一个人先下船走了。方鸿渐和鲍小姐跟大家一起下船吃了晚饭，又一起到舞厅跳舞，到十二点多才回船。路上，鲍小姐对方鸿渐道："今天我的同舱苏小姐不回来了。"

"我同舱的安南人也上岸了。"

"咱们俩今天都是一个人睡。"鲍小姐又说。

方鸿渐觉得她的话里好像还有没说出来的意思，全身的血都升上脸来。但是他没有来得及说话，因为前面走的人正回过头来叫他们。回到舱里以后，他想去找鲍小姐，又怕鲍小姐的话没有别的意思。这时，忽然听到舱外的脚步声从远处过来，他打开门，闻到鲍小姐身上发出来的香味。

第二天早晨，方鸿渐九点多钟才醒来，直到鲍小姐在舱外叫他才起床。两人一起吃早饭的时候，那个管方鸿渐房舱的侍者阿刘向他伸出手来，手心里是三只女人头上的发钗，说："方先生，这是从你床上捡到的。"

鲍小姐在旁边听了脸飞红，方鸿渐给了阿刘三百法郎，阿刘把发钗给了他，他抱着歉又把发钗还给鲍小姐，鲍小姐生气地拿过来扔在地上，说："谁还要这东西！经过了那家伙的脏手！”

这一天他们很不顺利。坐车走错了地方，买东西付错了钱，吃西餐不但味道不好，还让鲍小姐闹了一天肚子。第二天吃晚饭的时候，鲍小姐突然跟苏小姐十分亲热，有说有笑，方鸿渐连跟她说话的机会都没有。他不明白她为什么改变了态度。

船马上要到香港了。吃早饭的时候，方鸿渐问鲍小姐："你行李多，要不要我送你下船？"

鲍小姐冷冷地回答说："谢谢你！不用劳你驾，李先生会到船上来接我的。"

方鸿渐一个人来到甲板上，看着船靠近了码头。迎接客人的人走上船来，鲍小姐扑向了一个黑胖子怀里。他想这一定是李医生。他现在明白了，自己受了鲍小姐的骗。这时，背后传来了苏小姐的声音，道："方先生不下船？人家去了，没人陪啦。"

方鸿渐转过身，看见苏小姐已装扮齐整，便说："我要陪你，就怕没这福气呀！"

苏小姐道："我要去理发店洗头发，你肯陪我一起去吗？"

方鸿渐道：“我也正要去理发，理完发我请你吃饭，晚上看电影。”苏小姐夸他想得周到。

二十分钟以后，阿刘看见方鸿渐扶着苏小姐下了船，他十分惊讶地吐了一口吐沫。

生词 (어휘)

1. 下旬(xiàxún) : 하순, 하완(下浣), 하한(下澣).
2. 年头(niántóu) : 해, 년, 세월, 연초, 연시(年始), 정초(正初), 세초(岁初).
3. 利害(lìhai) : 대단하다, 굉장하다, 극심하다, 심각하다, 지독하다, 극렬하다.
4. 舱(cāng) : 객실, 선실, 선창.
5. 甲板(jiǎbǎn) : 갑판.
6. 流亡(liúwáng) : (재해 · 전란 · 정치적 요인으로) 망명하다, 유랑하다, 방랑하다.
7. 职业(zhíyè) : 직업.
8. 动身(dòngshēn) : 출발하다, 떠나다, 길(여행)을 떠나다.
9. 外患(wàihuàn) : 외환.
10. 内乱(nèiluàn) : 내란.
11. 麻将(májiàng) : 마장, 마작(麻雀). (대나무 · 뼈 · 플라스틱 등으로 만든 중국의 실내 오락, 네 사람의 대국자가 글씨나 숫자가 새겨진 136개의 패를 가지고 짝을 맞추며 승패를 겨루는 놀이.)
12. 太阳眼镜(tàiyáng yǎnjìng) : 선글라스.
13. 开外(kāiwài) : ~이상. (주로 수사와 양사의 조합 뒤에 쓰임.)
14. 学问(xuéwèn) : 학식, 지식.
15. 成天(chéngtiān) : 하루 종일, 온종일.
16. 博士(bóshì) : 박사.
17. 抱怨(bàoyuàn) : (불만을 품고) 원망하다.
18. 赌钱(dǔqián) : 돈을 걸다, 노름을 하다.
19. 打牌(dǎpái) : 마작(트럼프 등)을 하다.
20. 追求(zhuīqiú) : 추구하다, 탐구하다, (이성에게) 구애하다, 이성을 따라다니다.
21. 冷冷地(lěnglěng de) : 쌀쌀맞게, 냉랭하게,
22. 要好(yàohǎo) : 친(밀)하다, 사이가 좋다, 더 잘하고자 하다, 열성적이다.
23. 订婚(dìnghūn) : 약혼하다.
24. 未婚夫(wèihūnfū) : 남자약혼자.
25. 本乡(běnxiāng) : 고향.

26. 经理(jīnglǐ) : (기업의) 경영 관리 책임자, 지배인, 매니저, 사장(总经理).
27. 谈情说爱(tánqíng shuōài) : 사랑을 속삭이다, 연애하다.
28. 解除(jiěchú) : 없애다, 제거하다, 해소하다, 풀다, 청산하다.
29. 婚约(hūnyuē) : 혼약, 결혼 약속, 약혼(订婚)
30. 丈人(zhàngrén) : 장인.
31. 慰问(wèiwèn) : (말이나 선물로) 위문하다, 위로하고 안부를 묻다.
32. 去世(qùshì) : 죽다, 세상을 뜨다.
33. 怜悯(liánmǐn) : 연민하다, 가엾게(불쌍히) 여기다, 동정하다.
34. 女婿(nǚxù) : 사위.
35. 知礼(zhīlǐ) : 예의를 알다.
36. 费用(fèiyòng) : 비용, 지출.
37. 社会学(shèhuìxué) : 사회학.
38. 系(xì) : 학과.
39. 哲学(zhéxué) : 철학.
40. 外汇(wàihuì) : 외화, 외환.
41. 自身(zìshēn) : 자신, 본인.
42. 学位(xuéwèi) : (학사·석사·박사 등의) 학위.
43. 洋(yáng) : 서양(의), 서양에서 온 것.
44. 广告(guǎnggào) : 광고.
45. 函授(hánshòu) : 통신으로 가르치다.
46. 文凭(wénpíng) : 졸업 증서.
47. 履历(lǚlì) : 이력, 경력, 이력서.
48. 唯一(wéiyī) : 유일한, 하나밖에 없는.
49. 安心(ānxīn) : 마음 놓다, 안심하다, 평화롭고 안정되다, 전념하다.
50. 利用(lìyòng) : (사람, 사물을 자기에게 유리하도록) 이용하다.
51. 亲近(qīnjìn) : 친근하다, 친하다, 가깝다.
52. 伶俐(línglì) : (머리가) 영리하다. (말주변이) 뛰어나다.
53. 风流(fēngliú) : 풍치가 있고 멋스럽다, 멋들어지다, 방탕하다, 에로틱하다.
54. 伴侣(bànlǚ) : 배우자, 반려자, 동반자, 동료, 짝, 벗.
55. 打得火热(dǎ de huǒrè) : (남녀 관계가) 매우 뜨거워지다, 교제가 깊어지다.

56. 冷淡(lěngdàn) : 쌀쌀하다, 냉담하다, 냉정하다.
57. 亲戚(qīnqī) : 친척.
58. 脚步声(jiǎobù shēng) : 발자국 소리.
59. 侍者(shìzhě) : 시중드는 사람, 시자, 하인.
60. 手心(shǒuxīn) : 손바닥(의 가운데).
61. 发钗(fàchāi) : (여자) 머리 핀.
62. 法郎(Fǎláng) : 프랑(franc). (프랑스 · 벨기에 · 스위스 등 국가의 화폐 단위.)
63. 态度(tàidù) : 태도.
64. 行李(xínglǐ) : 짐, 여행 짐, 행장, 수화물.
65. 码头(mǎtou) : 부두, 선창(船舱).
66. 受骗(shòupiàn) : 사기를 당하다, 속다, 속임수에 넘어가다.
67. 背后(bèihòu) : 남몰래, 암암리에, 뒤에서.
68. 陪(péi) : 모시다, 동반하다, 안내하다, 수행하다, 배석하다.
69. 装扮(zhuāngbàn) : 꾸미다, 화장하다, 분장하다.
70. 福气(fúqì) : 복, 행운.
71. 肯(kěn) : 승낙하다, 동의하다, 받아들이다.
72. 惊讶(jīngyà) : 의아스럽다, 놀랍다.
73. 吐沫(tùmo) : 침, 타액.
74. 红海(Hónghǎi) : 홍해.
75. 印度洋(Yìndùyáng) : 인도양.
76. 犹太人(Yóutàirén) : 유태인, 이스라엘인.
77. 印度(Yìndù) : 인도.
78. 香港(Xiānggǎng) : 홍콩.
79. 欧洲(Ōuzhōu) : 유럽, 유럽 대륙.
80. 伦敦(Lúndūn) : 영국 수도 런던.
81. 巴黎(Bālí) : 프랑스 수도 파리.
82. 柏林(Bólín) : 독일 수도 베를린,
83. 克莱登学校(Kèláidēng xuéxiào) : 클라이든 대학(Kleiden College).
84. 西贡(Xīgòng) : 사이공.

思考题

연습문제

<想一想>

1. 方鸿渐在七月下旬回国是因为：（　　）

① 他不想到秋天天气凉快了再回国
② 他要在暑假里找职业
③ 鲍小姐请他一起回国

2. 周经理在女儿去世后出钱让方鸿渐出国留学，是因为：（　　）

① 本来准备给女儿结婚的钱很多
② 要提高方鸿渐自身的价值
③ 方鸿渐给他写了一封很长的慰问信

3. 方鸿渐向克莱登学校买假博士文凭，是因为：（　　）

① 四年里他在伦敦、巴黎和柏林的三个大学里读了书
② 父亲和丈人希望他有博士学位
③ 原来准备的钱没有多少了，他要回国了

4. 鲍小姐在船上跟方鸿渐打得火热，是因为：（　　）

① 方鸿渐在打牌赌钱
② 苏小姐看不起方鸿渐
③ 鲍小姐认为他是旅行中的伴侣

5. 苏小姐对方鸿渐态度冷淡，是因为：（　　）

① 她研究法国文学的博士
② 她不愿意接近方鸿渐
③ 方鸿渐跟鲍小姐打得火热

[参考答案]

1. ②　2. ③　3. ②　4. ③　5. ③

<说一说>

1. 请你说一说方鸿渐第一次婚姻的经过。
2. 方鸿渐给父亲和丈人寄去了博士照以后，为什么不让他们对别人讲？

[参考答案]

1. 上海有一家银行的周经理想把自己的女儿嫁给举人的儿子，所以方鸿渐的第一次婚姻是由父母做主的。可是在方鸿渐上大学四年级的时候未婚妻突然病死了，由此方鸿渐就没有了婚约。
2. 因为方鸿渐的博士学位文凭是假的，他只是为了应付父亲和丈人，自己将来找职业时履历上决不写这个学位的。

【참고번역】

1. 인도양에서

배는 이미 홍해를 지나 한창 인도양을 운항하고 있다. 지금은 7월 하순으로 바로 중국 음력의 삼복이며 한해 중 가장 더운 때이다. 중국에서 더위가 평년보다 더 극심한 것을 나중에 사람들이 모두 전쟁이 일어날 징조라고 말하였는데, 왜냐하면 이 해가 마침 1937년(중일전쟁이 일어난 해)이었기 때문이다.

이 프랑스 배는 중국을 향하여 운행해 가고 있다. 아침 여덟시쯤 삼등실 갑판 위에는 이미 많은 사람들이 있었는데, 프랑스인, 독일에서 망명해 나온 유태인, 인도인, 안남(베트남)인, 그리고 중국인도 있었다. 이들 중국인 중에는 열 명 남짓의 유학생들이 있는데, 그들은 반드시 여름방학 초반에 귀국해야 비로소 천천히 직업을 찾을 시간을 가질 수 있다. 직업을 구하는 것을 두려워하지 않는 유학생들은 가을이 되어 날씨가 서늘해지면 몸을 움직여 귀국하려 한다. 배 위에 이들 몇 명은 함께 내우외환의 조국을 이야기하며, 모두 즉각 돌아가서 조국을 위해 봉사하길 바랐다. 그러나 배는 아주 느리게 움직였다. 어떤 사람들은 식당 안에서 마작을 하기 시작했다. 아침을 먹고 나니 갑판 위에는 오직 중국 여자 두 명만 보였다. 미스 손과 손 선생의 부인, 그리고 손 선생 부인의 아이도 있었다.

미스 소는 선글라스를 끼고 몸 위에 펼쳐진 소설책을 놓아두었는데, 나이는 보아하니 스물 대여섯쯤 되어보였다. 손 선생의 부인은 이미 서른 살이 넘어보였는데, 한편으로 아이를 돌보면서 다른 한편으로 미스 소를 칭찬했다. “아가씨는 학문이 이렇게 훌륭한데도 하루 종일 책을 보시네요. 인물도 예쁘고 또 박사이기도 한 이런 사람을 어디 가서 찾겠어요?” 계속해서 남편이 도박을 좋아하고 또 적지 않게 돈을 잃었다고 원망했다.

미스 소는 원래 손 선생의 부인을 좋아하지 않아 그녀의 불평을 듣고서 곧 “방 선생님은 도박하지 않아요.”라고 쌀쌀맞게 말했다.

손 선생의 부인은 "방 선생님이요? 그는 배에서 내렸을 때에도 마작을 했었어요. 지금은 미스 포를 쫓아 다니느라 바빠서 당연히 도박할 시간이 없겠죠. 내가 보기에는 그 둘의 사이가 너무 좋아서 아마 배가 홍콩에 도착하면 곧 약혼할 것 같아요."라고 말했다.

이 말을 들은 미스 소는 마음이 매우 편치 않아 손 선생의 부인에게 대답하는 동시에 자신을 위로하면서 "그럴 리 없어요. 미스 포는 약혼자가 있고 그녀가 유학하는데 들어간 비용도 그녀의 약혼자가 준 거에요."라고 말했다.

마침 말을 하고 있는데 미스 포와 방 선생이 차례로 갑판 위로 왔고, 미스 소는 그 두 사람이 매우 다정하게 있는 것을 보고 미스 포의 웃음소리를 들으니 몸에 오한이 날 정도로 화가 나서 곧장 선실 안으로 들어갔다.

방 선생은 이름이 방홍점이며 스물일곱 살이다. 부친은 청나라 때의 거인(향시 급제자)이다. 그들 고향에 성이 주씨인 사람이 있었는데 상해에서 큰돈을 벌어서 작은 은행 하나를 세웠고, 본인이 은행장을 맡았으며, 자신의 딸을 거인의 아들에게 시집보내고 싶어 해서, 방홍점도 이 때문에 부모님의 주관으로 주씨 집안의 아가씨와 약혼을 했다. 당시 그는 고등학교에서 공부를 하고 있어서 이에 대해 관심이 없었다. 2년 후 북경으로 가서 대학에 들어갔는데 남녀학우들이 함께 사랑을 속삭이는 것을 보고 곧 자신의 약혼녀가 고등학교에서 겨우 1년만 공부 한 것이 생각났고, 이것이 매우 불만족스러웠다. 그래서 집에 편지를 써 약혼을 없애 달라고 했다. 뜻밖에도 부친은 답장을 보내 그를 탓하며 한바탕 호되게 꾸짖고 아울러 그가 집으로 돌아와 결혼을 하고 더 이상 대학교에 다니지 말라고 했다. 방홍점은 급히 아버지께 편지를 써서 용서를 구하고, 졸업 한 후에 결혼하기를 요구했다. 생각지도 못하게 사학년 되는 해, 바로 졸업하기 1년 전에 그의 약혼녀가 갑자기 병에 걸려 죽었다. 부친은 이 소식을 그에게 알리는 편지에서 방홍점으로 하여금 장인께 편지를 보내 위문하게 했다. 방홍점은 약혼이 없어져서 속으로 즐거워했다. 그러나 미스 주가 세상을 떠난 것에 대해 조금 불쌍하다고 느껴, 바로 예비 장인에게 아주 긴 위문편지 한 통을 썼다. 주 은행장은 그 위문편지를 받고 사위가 아주 예의가 바르다고 생각해서 답장을 해 딸이 비록 결혼해서 시댁의 문을 넘지 못했지만 장인과 사위의 관계는 변함없으니, 원래 딸의 결혼을 준비했던 비용을 방홍점에게 졸업한 후 유학비용으로 쓰도록 하였다. 방홍점은 이런 좋은 일이 있을 것이라고 꿈에도 생각하지 못했다. 그는 대학에 들어갈 때 사회학과였는데, 후에 철학과로 바꾸었고, 마지막에는 중국문학과로 전과하여 졸업하였다. 중국문학을 공부한 사람이 출국해서 유학을 가는 것은 마치 부자가 외화를 바꾸어놓는 것과 같이 자신의 가치를 높이기 위함이었다.

방홍점은 유럽에 도착해서 어떤 전문적인 학문도 연구하지 않았다. 4년 동안 세 번이나 대학을 바꿨는데 런던에서 파리로, 또 베를린으로 갔다. 4년 째 봄 원래 준비한 돈이 이미 얼마 남지 않아 곧 귀국할 계획이었다. 하지만 그의 부친은 편지를 보내 그가 박사학위를 받았는지를 물었고, 주 은행장이 적지 않은 돈을 내어주었으니 그에게 면목이 서야 마땅하다고 말했다. 주 은행장도 역시 편지를 보내와 자네의 부친이 청나라 때의 거인이니 자네도 역시 마땅히 서양박사가 되는 게 좋겠다고 말했다. 방홍점은 그제야 비로소 박사학위의 중요성을 분명히 알았지만, 자신이 연구를 하든 아니면 다른 사람에게 논문을 대신 쓰도록 부탁을 하든지 이미 때가 늦어버렸다. 그는 베를린 도서관에 있는 한 권의 오래된 잡지에서 미국의 클라이든 학교가 있고, 학교에는 통신 교육반이 있어서 졸업할 때 학위를 줄 수 있다고 쓰여 있는 한 광고를 발견했다. 그는 곧 편지로 연락을 했고, 학교 측의 답장에서 이미 이것이 가짜 학위 증서를 파는 곳이라는 것을 분명히 알았지만, 그는 어쨌든 장인과 부친을 만족시키기 위해서이고, 자신이 장래의 직업을 구할 때 결코 이 학교의 이름을 쓰지 않을 것이라 생각했다. 그래서 즉시 30달러를 먼저 보냈고, 미국 측에서 박사학위를 부쳐올 때까지 기다린 후 답장을 써서, 조사해보니 미국에는 이 같은 학교가 없고 학위는 가짜이니 다음부터 이와 같은 짓을 하지 말라고 했다. 원래 증서를 수령한 후에 다시 70달러를 부쳐야 하는데, 그는 단지 10달러만 부쳤으니 이것은 아마 그 당시 중국 외교사에 있어 유일한 승리였을지도 모른다.

방홍점은 이어서 사진관에 가서 박사학위사진 한 장을 찍어 부친과 장인에게 각각 한 장씩 보냈고, 편지에는 이 일을 다른 사람에게 알려서는 안 된다고 썼다. 이 일을 끝낸 후 그는 다시 프랑스로 돌아가 마음을 놓고 몇 주간 논 후에 그곳에서 귀국하려고 배를 탔다. 배에서 우연히 예전 대학 동창인 소문환을 만났다. 미스 소는 프랑스에서 프랑스문학을 연구하여 박사학위를 받았다. 그녀는 이전에 방홍점을 무시했지만, 지금은 나이도 들었고 아직 결혼도 하지 않아 같은 배를 탄 것을 이용해 그와 친하게 지내고 싶었지만 생각지도 않게 배에는 미스 포가 있었다. 미스 포는 이미 약혼을 하였다. 그녀의 약혼자 닥터 리가 돈을 내어 그녀를 런던에서 유학하게 했다. 미스 포는 어렸을 때부터 영리했고 방탕한 여자였다. 처음 방홍점을 보고는 여행 중의 파트너로 삼을 수 있겠다고 생각했는데, 두 사람의 관계가 매우 가까워지고 뜨거워졌다. 미스 소는 방홍점에게 갈수록 냉담해졌다.

며칠 후 배는 사이공에 도착했고, 미스 소는 그곳에 근무하는 친척이 있어서 혼자 배에서 먼저 내렸다. 방홍점과 미스 포는 사람들과 함께 내려 저녁을 먹은 후, 함께 춤을 추고서 밤 12시가 넘어서야 배로 돌아왔다. 돌아오는 길에 미스 포는 방홍점에게 "오늘 나와 같은 방을 쓰는 미스 소가 돌아오지 않아요."라고 말했다.

"나와 같은 방을 쓰는 베트남 사람도 내렸어요."

"오늘 우리는 둘 다 혼자 자겠네요."라고 미스 포가 또 말했다.

방홍점은 그녀의 말 속에 말로 표현하지 않은 의미가 있는 것 같다고 느끼자 온 몸의 피가 모두 얼굴로 솟아올랐다. 하지만 마침 앞에 걷던 사람이 고개를 돌려 그들을 불렀기 때문에 그는 말할 기회가 없었다. 선실로 돌아와서 그는 미스 포를 찾아가고 싶었지만, 또 미스 포의 말에 다른 뜻이 없을까봐 걱정했다. 그때 갑자기 선실 밖에 멀리서부터 오는 발소리가 들려서 그가 문을 열자, 미스 포의 몸에서 나는 향기를 맡았다.

다음날 오전, 방홍점은 9시쯤에 겨우 깼지만 미스 포가 선실 밖에서 그를 불러서야 비로소 일어났다. 두 사람이 함께 아침식사를 할 때, 방홍점의 선실을 관리하는 종업원인 아류가 그를 향해 손을 펼쳐 내밀었는데 손에는 여자 머리핀 3개가 있었고, "방 선생님, 이것은 선생님 침대에서 주운 것입니다."라고 말했다.

미스 포는 옆에서 듣고서 얼굴이 새빨개졌고, 방홍점이 아류에게 300프랑을 주자 아류는 머리핀을 그에게 돌려주었다. 그는 미안해하며 머리핀을 미스 포에게 돌려주자 미스 포는 화를 내고서 머리핀을 땅으로 던지며 말했다. "누가 이런 것 필요하대요? 그 놈의 더러운 손을 거친 것을!"

이날 그들은 하루 종일 순조롭지 않았다. 차를 타면 다른 곳으로 잘못 갔고, 물건을 사면 돈을 잘못 지불했으며, 서양요리를 먹었는데 맛도 없었을 뿐만 아니라 미스 포는 하루 종일 배탈이 났다. 다음날 저녁식사 때, 미스 포는 갑자기 미스 소와 매우 친하게 지냈고 이야기로 웃음꽃을 피워서 방홍점은 그녀와 이야기할 기회조차 없었다. 그는 그녀가 어째서 태도를 바꾸었는지 알 수 없었다.

배는 곧 홍콩에 도착하려고 했다. 아침밥을 먹을 때, 방홍점은 미스 포에게 "당신 짐이 많군요. 내가 당신을 배 밑까지 바래다줄까요?"라고 물었다.

미스 포는 쌀쌀맞게 "감사하지만 당신이 수고할 필요 없어요. 이 선생님이 배 위로까지 나를 마중하러 올 거예요."하고 대답했다.

방홍점은 혼자 갑판 위에 올라가서 배가 부두에 가까워지는 것을 보았다. 손님을 마중 나온 사람들이 배 위로 올라왔는데, 미스 포는 피부가 검은 한 뚱보의 품 안으로 뛰어들었다. 그 사람은 닥터 리가 분명하다고 생각했다. 그는 이제야 자신이 미스 포의 속임수에 당했다는 것을 알아차렸다. 그때 뒤에서 "방 선생님, 배에서 안 내리세요? 그녀가 가버려서 동행할 사람이 없나요?"라고 말하는 미스 소의 목소리가 들려왔다.

방홍점은 몸을 돌려 미스 소가 이미 단정하게 꾸민 것을 보고 곧바로 "당신을 모시고 싶은데 혹시나 그런 행운이 없을 까봐 두렵네요."라고 말했다.

미스 소가 "나는 미용실에 가서 머리를 감으려고 하는데, 나와 함께 가줄 수 있으세요?"라고 말했다. 방홍점은 "나도 마침 이발하러가려고 하는데, 이발을 하고나서 내가 저녁을 사고 영화도 보여드릴게요."라고 말했다. 미스 소는 그가 세심하게 생각을 한다고 칭찬했다.

20분 후, 아류는 방홍점이 미스 소를 도우며 배에서 내리는 것을 보고 매우 놀라서 침을 내뱉었다.

二、博士回乡

方鸿渐陪苏小姐在香港玩了两天，两个人十分亲密。那几个同船的学生看到他才离开鲍小姐，又换上了苏小姐，都开他的玩笑。

香港到上海有五六天的路程。开船以后，方鸿渐和苏小姐在甲板上吃香港买的水果，吃完后，方鸿渐从裤子口袋里拿出手帕来擦手。苏小姐见了吃惊地说："你的手帕怎么那么脏！"说着就拿出她自己的手帕来让他擦嘴。下到舱里以后，苏小姐又拿出一块手帕来让他"暂时用着"，并要他把所有的脏手帕拿出来，她给他洗。第二天，方鸿渐为她搬椅子时，衬衫上掉下来两个纽扣，苏小姐又叫他把衬衫换下来交给她缝上。这使方鸿渐很不好意思。苏小姐却说他"婆婆妈妈"，他只好服从她的好意，可是心里又有些害怕，因为洗手帕、缝纽扣，都是妻子替丈夫做的事。

中日关系一天比一天坏，大家都很忧虑。幸亏八月九日下午船到上海，还没有发生战争。苏小姐把地址给了方鸿渐，要他去玩。他说先回家看望父母，以后一定来上海拜访她。

方鸿渐先到了周经理家，准备第三天回家乡。丈人丈母见了他，欢喜得了不得。他送给他们外国的礼物，丈母因此想起死去五年的女儿，又伤心起来。丈人说今天是快乐的日子，不要提那些事。吃晚饭的时候，周经理知道方鸿渐还没有找到职业，安慰他说："你先在我银行里挂名，一面再找机会。" 方鸿渐真是感激，连忙谢了丈人。丈母又提起他的婚事，要为他做媒，小舅子却问他认识不认识姓苏的女留学生。方鸿渐吓了一跳，心里想他是怎么知道的呢？原来周经理接到女婿得了博士学位的信后，便在报上登了一条消息，登在一起的还有苏文纨得博士回国的消息。报上说，本市某银行周经理的女婿方鸿渐留学英国、法国、德国，研究政治、经济、历史、社会学，最近得了美国克莱登大学的哲学博士学位，即将回国。方鸿渐买假文凭原来只是为了应付父亲和丈人，现在被登上了报，以后怎么见人呢？他想。

方鸿渐在本地的车站下了车。方老先生、家里的兄弟和亲戚朋友来站迎接。还有两个本地报纸的记者给他照了相，口口声声称他方博士，说第二天要去访问他。他虽然不好意思，却由此知道自己已成了本地的名人。

第二天，方鸿渐才起床，那两位记者已经来了。他们带来的报纸上，有方博士回乡的新闻，还有昨天照的全身相。记者问方鸿渐对世界形势有什么看法，中日会不会发生战争，等等。两位记者才离开，父亲的老朋友、本地的中学校长又来了。他请方家父子明天早晨去吃点心，请方鸿渐给正在暑期的学校学生演讲“西方文化对中国历史的影响”。方鸿渐最怕演讲，正想谢绝，他父亲却代他答应了。晚上，他急急忙忙准备了一个讲稿。

第二天早晨吃过点心，校长先生陪方鸿渐来到学校的礼堂。礼堂里坐满了人，有教师，也有学生，校长先向大家介绍方博士。方鸿渐赶忙伸手在口袋里找讲稿，但是没有找到，除了开始的几句话以外，原来准备的全忘了，他急得出了一身冷汗。他先说，鼓掌是对演讲表示满意，现在我还没开口，你们已鼓起掌来，是不合理的。听众大声地笑起来，方鸿渐却不知道接着该讲些什么。他终于又讲道：欧洲思想跟中国正式接触是在明朝[1]，几百年来，只有两件洋东西一直在中国社会里存在着，一件是鸦片，一件是梅毒，都是明

---

1) 明朝(Míngcháo)：中国清朝以前的一个王朝(1368～1644)。
   중국 청나라 이전의 왕조(1368～1644).

朝所吸收的西洋[2]文明。他讲到这里，台下还有鼓掌声。校长却板着脸说，今天天气热，所以方博士给大家讲点笑话，以后有机会我们还要请他作正式演讲。

没有多一会儿，许多人都知道了这位洋博士在学校里讲了些什么。有几家原来想把女儿嫁给他的人家听说以后，想他在国外的生活一定是花天酒地，也就不再提婚事了。过了几天，八月十三日上海打起仗来，接着日本飞机轰炸了本地的火车站，大家都准备避难，忘记了方鸿渐的演讲。

周经理打来电报，要方鸿渐快去上海，否则交通一断，就出不来了，方老先生也要儿子快出去找机会，所以让方鸿渐走了。到了旧历年底，方老先生一家也到了上海，因为房子小人多，方鸿渐仍旧住在周家。慢慢地，方鸿渐觉得在上海没有发展机会，就想到内地去。

---

2) 西洋(Xīyáng)：明末清初以后，指大西洋两岸即欧、美各国。
명나라 말, 청나라 초 이후 대서양 양안 즉, 유럽과 아메리카 각국을 가리킨다.

生词 (어휘)

1. 手帕(shǒupà) : 손수건.
2. 吃惊(chījīng) : 놀라다.
3. 暂时(zànshí) : 잠깐, 잠시, 일시.
4. 纽扣(niǔkòu) : 단추.
5. 婆婆妈妈(pópomāmā) : 수다스럽다, 미적거리다. (시시콜콜 말을 많이 하거나 행동이 화끈 하지 못한 모양.) 나약하다, 연약하다.
6. 服从(fúcóng) : 따르다, 복종하다.
7. 好意(hǎoyì) : 호의, 선의.
8. 忧虑(yōulǜ) : 우려하다, 걱정하다.
9. 幸亏(xìngkuī) : 다행히, 요행히, 공교롭게도.
10. 地址(dìzhǐ) : 주소.
11. 看望(kànwàng) : 방문하다, 문안하다, 찾아가 보다(뵙다).
12. 拜访(bàifǎng) : 삼가 방문하다, 예방하다.
13. 提(tí) : 찾다, 꺼내다, 뽑다.
14. 挂名(guàmíng) : 이름을 기입하다, 명의만 걸어놓다.
15. 做媒(zuòméi) : 중매하다.
16. 小舅子(xiǎojiùzi) : 손아래 처남.
17. 应付(yìngfu) : (일 · 사람에) 대응하다, 대처하다.
18. 见人(jiànrén) : 사람을 만나다.
19. 记者(jìzhě) : 기자.
20. 口口声声(kǒukǒu shēngshēng) : 어떤 말을 늘 입에 담다, 되풀이하여 말하다(주장하다), 말끝마다, 입에 달고 다니듯이.
21. 名人(míngrén) : 유명인, 유명 인사, 명사(名士).
22. 形势(xíngshì) : 정세, 형편, 상황.
23. 点心(diǎnxīn) : (떡 · 과자 · 빵 · 케이크 등과 같은) 간식(거리).
24. 谢绝(xièjué) : 사절하다, 정중히 거절하다.
25. 讲稿(jiǎnggǎo) : 강연(연설 · 강의) 원고.
26. 冷汗(lěnghàn) : 식은땀.
27. 开口(kāikǒu) : 입을 벌리다, 말을 하다.
28. 合理(hélǐ) : 도리에 맞다, 합리적이다.

29. 正式(zhèngshì) : 정식의, 공식의, 정규의.
30. 鸦片(yāpiàn) : 아편.
31. 梅毒(méidú) : 매독.
32. 吸收(xīshōu) : 섭취하다, 흡수하다.
33. 文明(wénmíng) : 문명.
34. 板着脸(bǎnzhe liǎn) : (표정이) 굳어지다, 엄숙한 기색을 띠다.
35. 笑话(xiàohuà) : 우스운 이야기, 우스갯소리, 농담.
36. 花天酒地(huātiān jiǔdì) : 먹고 마시고 즐기는 부패하고 사치스런 생활, 주색(酒色)에 빠진 방탕한 생활, 주지육림(酒池肉林).
37. 轰炸(hōngzhà) : (비행기 따위가) 폭격하다, 폭탄을 투하하다.
38. 避难(bìnàn) : 재난이나 박해로부터 벗어나다, 피난하다.
39. 否则(fǒuzé) : 만약 그렇지 않으면.
40. 内地(nèidì) : 내지, 내륙.

思考题

연습문제

<想一想>

1. 周经理一家知道苏小姐，是：（　　）

　① 方鸿渐写信告诉他们的
　② 因为苏小姐是方鸿渐以前的同学
　③ 从报上看来的

2. 方鸿渐成了家乡的名人，是因为：（　　）

　① 大家都知道他是博士
　② 两个本地报纸的记者访问了他
　③ 很多人去车站迎接了他

3. 方鸿渐演讲以后，校长说以后还要请他作正式演讲，意思是这一次演讲：（　　）

　① 讲得很好
　② 讲的不好
　③ 大家没听懂

[参考答案]

1. ③　　2. ①　　3. ②

<说一说>

1. 方鸿渐是怎样知道自己已成了家乡的名人的？
2. 周经理为什么打电报给方鸿渐，要他快去上海？

[参考答案]

1. 方鸿渐在家乡的火车站下了车，方老先生、家里的兄弟和亲戚朋友来车站迎接他。当时就有两个本地报社的记者给他照了相，口口声声称他方博士，说第二天要去访问他。他虽然不好意思，却由此知道自己已成了家乡的名人。
2. 因为在方鸿渐的演讲结束后，没过几天，八月十三日上海就打起仗来。接着日本飞机轰炸了当地的火车站，所以周经理让方鸿渐快去上海，否则交通一断，就出不来了。

【참고번역】

2. 박사가 귀향하다

방홍점은 미스 소와 함께 홍콩에서 이틀을 놀면서 두 사람은 아주 가까워졌다. 같은 배에 탄 몇몇 학생들은 그가 미스 포와 헤어지자마자 또 미스 소로 바꾼 것을 보고서 모두 그를 놀렸다.

홍콩에서 상해까지는 대엿새의 여정이 걸린다. 배가 출발한 후, 방홍점과 미스 소는 갑판에서 홍콩에서 사온 과일을 다 먹고 방홍점은 바지주머니에서 손수건을 꺼내 손을 닦았다. 미스 소는 보고 놀라서 "당신 손수건은 어쩜 이렇게 더러워요?"라고 말하면서 그녀 자신의 손수건을 꺼내 그에게 입을 닦게 했다. 선실에 내려온 다음에 미스 소는 또 손수건 한 장을 꺼내 그에게 잠시 사용하라고 했고, 아울러 그의 더러운 손수건을 모두 꺼내게 하여 세탁해주었다. 다음날 방홍점이 그녀를 위해 의자를 옮길 때 셔츠에서 단추 두 개가 떨어지자, 미스 소는 또 그에게 셔츠를 갈아입고 나서 자신에게 건네주게 하여 단추를 꿰매주었다. 이 일로 방홍점은 매우 겸연쩍었다. 미스 소는 오히려 그에게 남자답지 못하다고 잔소리하여, 그는 하는 수 없이 그녀의 뜻에 따랐으나 마음속으로 또 조금 심란했다. 손수건을 빨아주고 단추를 달아주는 것은 모두 아내가 남편을 위해 하는 일이기 때문이다.

중국과 일본의 관계는 날이 갈수록 나빠져 모두들 매우 걱정하였다. 8월 9일 오후에 배는 상해에 도착하였고, 다행이 전쟁은 아직 발발하지 않았다. 미스 소는 주소를 방홍점에게 주면서 그에게 놀러오라고 했다. 그는 먼저 집에 돌아가 부모님을 뵙고 난 후 반드시 상해에 와서 그녀를 방문하겠다고 말했다.

방홍점은 먼저 주 은행장의 집에 갔고, 셋째 날에 고향으로 갈 준비를 했다. 장인과 장모는 그를 보고 기뻐서 어쩔 줄을 몰라 했다. 그는 그들에게 외국에서 가져온 선물을 주었고, 장모는 이로 인해 5년 전에 죽은 딸이 생각나 또 마음이 아프기 시작했다. 장인은 오늘은 기쁜 날이니 그 일은 꺼내지 말라고 했다. 저녁식사 때 주 은행장은 방홍점이 아직 직장을 구하지 못한 것을 알고, 그를 위로하며 "자네 우선 우리 은행에 이름만 올려놓고 한편으로 또 기회를 찾아보게나."라고 했다. 방홍점은 정말 감격하여 황급히 장인께 감사를 드렸다. 장모는 또 그의 혼사를 꺼내며 그에게 중매를 서겠다고 했는데, 손아래 처남이 뜻밖에 성이 소씨인 여자 유학생을 아는지 물었다. 방홍점은 깜짝 놀라 마음속으로 '그가 어떻게 알지?'라고 생각했다. 알고 보니 주 은행장이 사위가 박사학위를 취득했다는 편지를 받은 후 곧바로 신문에 한 줄의 소식을 실었는데, 함께 실린 것이 소문환이 박사학위를 따서 귀국한다는 소식이었다. 신문에는 이 시의 모 은행 주 은행장의 사위 방홍점이 영국, 프랑스, 독일에서 유학하고 정치, 경제, 역사, 사회학을 연구하여 최근 미국의 클라이든 대학에서 철학박사학위를 받아 곧 귀국한다는 소식이 실려 있었다. 방홍점이 가짜 학위를 산 것은 단지 부친과 장인을 대처하기 위한 것인데, 이제는 신문에 실리게 되었으니 '앞으로 어떻게 얼굴을 들고 다니겠나?'라고 생각하였다.

방홍점은 고향의 기차역에 내렸다. 부친과 집안의 형제, 친척, 친구들이 역까지 나와 마중하였다. 게다가 고향 신문사의 기자 두 명까지 그의 사진을 찍으며 말끝마다 그를 방 박사라고 칭하면서 다음날 그를 방문하겠다고 하였다. 그는 비록 겸연쩍었지만, 도리어 이로써 자신이 고향의 유명한 사람이 된 것을 알 수 있었다.

다음날 방홍점이 일어나자, 그 기자 둘은 이미 와 있었다. 그들이 가져온 신문에는 방 박사 귀향의 뉴스도 있고 또 어제 찍은 전신사진도 있었다. 기자들은 방홍점에게 세계정세에 대해 어떤 견해가 있는지, 중국과 일본 간에 전쟁이 발생할 것인지 등등을 물었다. 두 명의 기자가 떠나자 부친의 옛 친구인 이 지역의 중학교 교장 선생님이 또 왔다. 그는 방씨 부자를 다음날 조찬에 초대하였고, 방홍점에게 여름방학 때 학교 학생들에게 '서양문화가 중국역사에 끼친 영향'을 주제로 강연해 줄 것을 요청했다. 방홍점은 강연을 가장 두려워해서 마침 정중하게 거절하려 했으나, 오히려 그의 부친이 그를 대신해 승낙해버렸다. 저녁에 그는 급히 강연원고를 준비했다.

다음날 아침을 먹고 교장은 방홍점을 데리고 학교 강당에 도착했다. 강당에는 사람들로 가득 찼는데 교사도 있고 학생도 있었다. 교장은 우선 모두에게 방 박사를 소개하였다. 방홍점은 서둘러 호주머니에 손을 넣어 원고를 찾았으나 찾지 못하자 몇 마디이외 원래 준비한 내용을 모두 잊어버려 초조해서 식은땀을 흘렸다. 그는 먼저 "박수는 강연에 대해 만족을 나타내는 것인데, 제가 아직 말을 하지도 않았는데 여러분들이 이미 박수를 치기 시작하니 이치에 맞지 않는다."라고 말했다. 청중들은 크게 웃기 시작했으나, 방홍점은 오히려 이어서 무슨 말을 해야 할지 몰랐다. 그는 마침내 또 유럽사상과 중국이 정식으로 접촉한 것은 명나라 때이며, 몇 백 년 동안 단지 두 가지 서양 물건만이 줄곧 중국사회에 존재하고 있는데, 하나는 아편이고 다른 하나는 매독으로 모두 명나라 때 받아들인 서양문명이라고 말했다. 강연이 끝난 후 강단 아래에서는 여전히 박수소리가 났다. 교장은 오히려 엄숙한 표정으로 "오늘은 날씨가 더워 방 박사가 여러분에게 우스갯소리를 좀 했으나, 나중에 기회가 있으면 다시 정식으로 그에게 강연을 하도록 초청하겠다."라고 말했다.

얼마 지나지 않아, 많은 사람들은 모두 이 서양박사가 학교에서 무슨 말들을 했는지 알게 되었다. 원래 그에게 딸을 시집보내려고 했던 몇몇 집안의 사람들은 이 이야기를 들은 후, 그의 외국생활은 틀림없이 주색에 빠져 방탕하였을 것이라 생각하여 다시는 혼사를 꺼내지 않았다. 며칠 지나 8월 13일, 상해에서 전쟁이 일어났고 이어서 일본 전투기가 이곳의 기차역을 폭격했다. 사람들은 모두 피난준비를 하느라 방홍점의 강연을 잊어버렸다.

주 은행장이 전보를 보내 방홍점에게 빨리 상해로 가라고 하며, 그렇지 않으면 교통이 끊겨 나올 수 없다고 했다. 부친 역시 아들에게 빨리 나가서 기회를 잡아야 한다며 방홍점에게 가라고 했다. 음력 연말이 되어 방씨 일가는 상해에 도착했으나 집은 작고 사람은 많아서 방홍점은 여전히 주씨 집에 머물렀다. 방홍점은 점차 상해에서는 발전할 기회가 없다고 느껴 내지로 가려고 생각했다.

三、苏小姐和唐小姐(一)

第二年春天，气候特别好。可是，上海是个繁华的城市，春天来了却没有山水花柳可作安身之处，便一齐来到了人们的身体里、心底里。

几天来，方鸿渐白天昏昏欲睡，晚上倒又很清醒。早晨醒来，听见外面的鸟叫，心里很高兴，可是又不知道高兴什么；想活动一下，又没有精神。他想起了苏小姐，为什么不去看看她呢？也许从此会有很多麻烦，但生活里没有女朋友，太无聊了。

方鸿渐按苏小姐留下的地址，来到苏家，等了很久，苏小姐才出来。她脸上的笑容很冷淡，握了手，说："方先生好久不见，今天怎么会来？"方鸿渐想去年分别时握手是多么亲热，今天为什么这样冷？苏小姐又问他她："是不是得了博士回来结婚了？真是双喜临门。为什么不告诉老同学一声呢？我们也要见见方太太呀！"

方鸿渐听了，想起了周经理登在报上的那个消息，连忙说，买假文凭是为了应付父亲和丈人；那丈人也是挂名的，请苏小姐不要笑话。苏小姐说，这都是小事情，不要太认真了，接着，又说她有位表妹唐晓芙，在北平的大学读书，学校因战事搬到内地去了，她停学在家，今天恰好到苏家来玩。说着便带她出来，介绍给方鸿渐认识了。

唐小姐二十岁左右，没有化任何妆，却很妩媚端正。方鸿渐很想在她心里留下一个好印象。唐小姐说她在大学里学政治，方鸿渐便说："女人是天生的政治家。现代政治家的手腕，女人生下来就有。女人学政治，真是锦上添花。女人不必学政治，而政治家要成功，却得学女人。把国家社会交给女人有许多好处，至少可以减少战争，因为女人不会打仗。"

唐小姐听了，说："我不知道方先生是看不起政治还是看不起女人，至少都不是好话。"

苏小姐说："在大学读书的时候，他见了女同学就脸红，想不到去了一次国外，学得这样油嘴，也许是跟鲍小姐她们在一起训练出来的。"

这时候进来一位年近三十、身材高大的人，苏小姐介绍说这是赵辛楣赵先生，此人是苏家的世交，美国留学生，原来是一个外交机关的处长，现在一家报馆做政治编辑。

赵辛楣躺在沙发里，抽着烟，眼睛看着空中的电灯，问方鸿渐在什么地方做事，在国外学什么。当他知道方鸿渐学的是哲学，便干笑着说："从我们做实际工作的人的眼光看来，学哲学跟什么都不学没什么两样。"

"那可得赶快找个眼科医生看一看，这样的眼睛一定有毛病。"方鸿渐说完哈哈大笑起来。赵辛楣一时不知怎么回答。苏小姐忍住笑，有点不安。唐小姐在旁看了，淡淡地笑着。方鸿渐忽然明白，这姓赵的对自己无礼是因为有了误会，把自己当成了他的情敌。其实，他并不想妨碍赵辛楣去爱苏小姐。苏小姐却希望他们俩有误会，否则只剩下了一个人，身边就不热闹了。赵辛楣滔滔不绝地讲完了他关于当前战事的看法，临走时请苏小姐吃晚饭。苏小姐说她今天晚上有事，改天再去吃馆子，并请他们明天下午四点半来喝茶，一起欢迎新回国的沈先生夫妇。又当着赵辛楣的面对方鸿渐说："鸿渐你再坐一会儿，我还有几句话跟你讲。"赵辛楣走了以后，唐小姐也坐苏家的汽车走了。苏小姐对方鸿渐说："今天晚上我没有事，我不跟辛楣去吃馆子，是因为他对你太无礼，我不愿意长他的骄气。"

方鸿渐惶恐地说："你对我太好了！"

苏小姐看了他一眼，低下头道："有时侯我真不该对你那样好。”

这时候，方鸿渐嘴边似有很多情话要说，但是他不愿意说，看见苏小姐放在沙发上边的手，便伸手拍她的手背。苏小姐把手缩回，柔声道：“你去吧，明天早点儿来。”方鸿渐走下台阶，她又唤“鸿渐”，方鸿渐回来问她有什么事，她笑道：“没什么。你为什么直往前跑，头都不回？——明天早些来。”

方鸿渐走出苏家，觉得自己成了春天的一部分，走路时特别轻快。电车到站时，还没等车停好就跳了下来，差一点儿摔一跤。

第二天他到苏家，唐小姐已先到了。他还没坐定，赵辛楣也来了，招呼后说：“方先生，昨天去得晚，今天来得早，想是在银行办公养成的好习惯。”

方鸿渐本想说赵辛楣昨天早退，今天迟到，是学衙门里的官派，但想了想，忍住不说，还对赵辛楣善意地微笑。赵辛楣没想到他会这样没有抵抗。唐小姐脸上表现出诧异。苏小姐也觉得奇怪，但忽然明白这是因为鸿渐知道自己爱的是他，所以不跟赵辛楣计较。

沈先生夫妇来了。坐定以后，沈先生说他曾向法国人宣传：“南京撤退以后，他们都说中国完了。我对他们说：‘欧洲大战[1]时，你们的政府不是也离开了巴黎吗？可是你们是最后的胜利者。'他们没有话讲。”他又说他的这段话被他夫人写出来登在了报上。

方鸿渐道：“我倒没有看见，叫什么题目？”

赵辛楣道：“你们这些哲学家从不研究实际问题，是不看报的。”其实，他也没有看到那篇东西，不过他还是要利用这个机会，让方鸿渐丢脸。

苏小姐道：“你不能怪他，那时候他逃难到乡下去了，报都看不见呢。鸿渐，是不是？”

唐小姐今天来苏家喝茶，本来是想再看一次赵、方两个怎么争斗，谁知方鸿渐对赵辛楣的挑战采取不抵抗的态度，很失望。她把这个意思告诉了方鸿渐，方鸿渐说：“赵先生误会了我跟你表姐的关系——也许你也有同样的误会——我要让他知道我跟他没有利害冲突。”

唐小姐道：“只要表姐说清楚了，这误会不就没有了吗？”她不知道苏小姐希望他们有误会。

吃饭的时候，方鸿渐对唐小姐说明天请她和她表姐吃

1) 欧洲大战(Ōuzhōu dàzhàn)：即第一次世界大战。
즉, 제 1차 세계대전이다.

饭。唐小姐笑着答应了。

方鸿渐又在苏小姐送他出门的时候向她发出了同样的邀请。苏小姐笑说："好！就咱们两个人吗？"说完以后，她又觉得这是不必要问的。

方鸿渐讷讷道："不，还有你表妹。"

"哦，有她，你请了她没有？"

"请过了，她答应来—— 来陪你。"

苏小姐说了一声"好吧"，就跟他"再见"了。

第二天一早，方鸿渐还没出门，苏小姐就来电话，说她身体不舒服，晚上不去吃饭了。方鸿渐不知道唐小姐会不会因此也不来，心事重重，工作中出了好几处错误。下班以后，他来到约定的饭馆，等了一会儿，唐小姐来了。方鸿渐十分感激，打过招呼后道："苏小姐今天不能来！"

唐小姐说她知道了，并告诉方鸿渐道："我表姐在电话里告诉我她不能来，我说那么我也不来了，她要我自己跟你讲，把你的电话号告诉了我。接电话的是一个女人的声音，说你出门了，还说苏小姐，有空来玩。把我当成我表姐了。"

"这就是我的亲戚周太太，你表姐在我出门前来过电话，所以周太太以为是她打的。"

“以后我表姐又来过两次电话，还把你银行的电话号告诉了我，一定要我通知你不来了，叫我到她那儿去吃饭。我有点生气了，回答她说，我也不舒服，什么地方都不去。表姐太可笑了，我偏来吃你的饭，所以就没再打电话给你。”

方鸿渐听了，感激地说：“唐小姐，你今天真是救苦救难，如果请的客人一个都不来，我这主人太丢脸了！”

方鸿渐要了很多菜，劝唐小姐吃，自己吃得很少。才九点钟，唐小姐要走。方鸿渐约她明天去探望苏小姐的病。

唐小姐回到家里，正在房间里换衣服，女用人来说，苏小姐来电话。唐小姐下楼去接，走了一半，一想，又不下去了，对用人说：“告诉她，小姐不舒服，早睡了。”唐小姐很生气。她想：这一定是表姐来看看自己是否在家。她太欺负人了！方鸿渐又不是她的，自己偏让他亲近。

生词 (어휘)

1. 安身(ānshēn) : 몸을 의탁하다, 발붙이고 살다.
2. 昏昏欲睡(hūnhūn yùshuì) : (정신이나 의식이) 몽롱하고 졸리다, 아주 피곤하고 원기가 없다.
3. 清醒(qīngxǐng) : (정신이) 맑다, 분명하다, 또렷하다.
4. 无聊(wúliáo) : 무료하다, 따분하다, 지루하다, 심심하다.
5. 双喜临门(shuāngxǐ línmén) : 겹경사가 나다, 경사가 겹치다.
6. 表妹(biǎomèi) : (내종 · 외종 · 이종) 사촌 여동생.
7. 战事(zhànshì) : 전쟁.
8. 停学(tíngxué) : (학생을) 정학처분하다, 학교를 중퇴하다, 휴학하다.
9. 化妆(huàzhuāng) : 화장하다.
10. 妩媚(wǔmèi) : (여자 · 꽃 등의 자태가) 사랑스럽다, 곱고 아름답다, 어여쁘다, 매력적이다, 사람의 눈길을 끌다.
11. 天生(tiānshēng) : 타고난, 선천적인, 천성적인, 자연적으로 생긴.
12. 手腕(shǒuwàn) : 팔목, 손목.
13. 锦上添花(jǐnshàng tiānhuā) : 좋은 일에 또 좋은 일이 더해지다, 더없이 좋다.
14. 至少(zhìshǎo) : 적어도, 최소한.
15. 油嘴(yóuzuǐ) : 싼 입, 잘 놀리는 입, 입이 싼 사람.
16. 训练(xùnliàn) : 훈련하다, 훈련시키다.
17. 身材(shēncái) : 몸매, 체격, 몸집.
18. 机关(jīguān) : 기관. (공공 사무를 처리하는 부서나 조직.)
19. 处长(chùzhǎng) : (직급으로서의) 처장.
20. 报馆(bàoguǎn) : 신문사.
21. 编辑(biānjí) : 편집하다, 편집인.
22. 干笑(gānxiào) : 억지웃음을 짓다, 억지로 웃다.
23. 眼光(yǎnguāng) : 시선, 눈길, 사물이나 사람을 보는 눈.
24. 眼科(yǎnkē) : 안과.
25. 毛病(máobìng) : (일에 있어서의) 문제, 잘못, 폐단, 폐해, 병폐, 실수.

26. 忍住(rěnzhù) : 참다, 견디다.
27. 不安(bùān) : 불안하다, 편안하지 않다, 안정되지 못하다.
28. 无礼(wúlǐ) : 무례하다, 버릇이 없다.
29. 误会(wùhuì) : 오해하다, 오해.
30. 情敌(qíngdí) : 연적(恋敌).
31. 妨碍(fáng'ài) : 지장을 주다, 방해하다, 저해하다.
32. 滔滔不绝(tāotāo bùjué) : 끊임없이 계속되다, 말이 끝없다, 쉴 새 없이 말하다.
33. 临(lín) : 곧 ~하려고 하다, ~에 즈음하여, ~바로 전에, ~의 순간에.
34. 改天(gǎitiān) : 후일, 다른 날, 다음날, 나중.
35. 吃馆子(chī guǎnzi) : 식당에서 식사하다, 외식하다.
36. 当面(dāngmiàn) : 직접 마주하여, 맞대면하여, 직접 맞대어, 그 자리에서.
37. 骄气(jiāoqì) : 교만하거나 건방진 태도, 교만하다.
38. 惶恐(huángkǒng) : 놀라고 두렵다, 황공하다, 부끄럽고 황송하다.
39. 似(sì) : 마치 ~인 것 같다, ~듯하다.
40. 情话(qínghuà) : (마음을 이해해 주는) 진심어린 말, 정담(情谈).
41. 柔声(róushēng) : 부드러운 소리.
42. 台阶(táijiē) : 섬돌, 층계, 교착 상태나 난처함을 벗어날 여지(기회), 물러날 길.
43. 直(zhí) : 줄곧, 끊임없이.
44. 摔跤(shuāijiāo) : 넘어지다, 자빠지다.
45. 坐定(zuòdìng) : 좌정하다, 자리에 앉다.
46. 招呼(zhāohū) : (말·행동으로) 인사하다, 안부를 묻다.
47. 养成(yǎngchéng) : 습관이 되다, 길러지다.
48. 衙门(yámen) : 아문, 관아, 관공서.
49. 官派(guānpài) : 관료주의, 관료 티, 관료 근성, 관료 냄새.
50. 善意(shànyì) : 호의, 선의.
51. 抵抗(dǐkàng) : 저항하다, 대항하다.
52. 诧异(chàyì) : 의아해하다, 이상해하다.
53. 计较(jìjiào) : 따지다, 계산하여 비교하다, 염두에 두다, 문제시하다.
54. 撤退(chètuì) : 철수하다, 퇴각하다.

55. 丢脸(diūliǎn) : 체면을 잃다(구기다 · 깎이다), 창피(망신)를 당하다.
56. 逃难(táonàn) : 피난하다.
57. 乡下(xiāngxià) : 시골, 지방, 농촌, 촌.
58. 挑战(tiǎozhàn) : 도전, 도전하다.
59. 利害(lìhài) : 이해, 이익과 손해.
60. 冲突(chōngtū) : (모순의 표면화로) 충돌하다, 싸우다, 부딪치다.
61. 发(fā) : 보내다, 건네주다, 교부하다, 발급하다, 부치다, 발송하다, 치다, 내주다.
62. 邀请(yāoqǐng) : 초청하다, 초대하다.
63. 讷讷(nènè) : 말을 더듬다, 말을 떠듬떠듬하다.
64. 心事重重(xīnshì chóngchóng) : 걱정거리가 겹겹이다.
65. 约定(yuēdìng) : 약정하다, 약속하다, 약속하여 정하다.
66. 偏(piān) : 기어코, 일부러, 꼭, 굳이.
67. 救苦救难(jiùkǔ jiùnàn) : 고난에 처한 사람을 구제하다.
68. 探望(tànwàng) : 방문하다, 문안하다.
69. 用人(yòngrén) : 고용인, 머슴, 하인.
70. 欺负(qīfù) : 얕보다, 괴롭히다, 능욕하다, 업신여기다.

<想一想>

1. 方鸿渐看望苏小姐的时候，苏小姐对他很冷淡，是因为：（　　）
   ① 方鸿渐很久没有去看她，她生气了
   ② 苏小姐以为方鸿渐已经结婚了
   ③ 苏小姐有了另外一个男朋友赵辛楣

2. 方鸿渐不计较赵辛楣的挑战，是因为他知道：（　　）
   ① 赵辛楣对他有误会
   ② 赵辛楣有衙门里的官派
   ③ 苏小姐爱的是他自己

3. 赵辛楣对方鸿渐的误会是指：（　　）
   ① 方鸿渐学哲学跟什么都没学一样
   ② 方鸿渐不研究实际问题
   ③ 方鸿渐是他的情敌

4. 对沈太太的文章，赵辛楣：（　　）
   ① 没有看过
   ② 看过
   ③ 看过，但忘记了它的题目

5. 苏小姐接受了方鸿渐请她吃晚饭的邀请，可后来又没有去，是因为：（　　）
   ① 她身体不舒服
   ② 她要请唐小姐吃饭
   ③ 方鸿渐同时还请了唐小姐，她不高兴了

[参考答案]
1. ②　2. ①　3. ③　4. ①　5. ③

<说一说>

1. 赵辛楣请苏小姐吃饭，苏小姐为什么不去？
2. 苏小姐为什么称病不去和方鸿渐吃饭，还几次打电话给唐小姐，要她告诉方鸿渐不跟他去吃饭？唐小姐后来又为什么去了？

[参考答案]

1. 因为赵辛楣对方鸿渐无礼，苏小姐不愿意长他的骄气。
2. 因为苏小姐嫉妒她的表妹唐小姐，不想让唐小姐和方鸿渐一起吃饭。和唐小姐说她身体不舒服，这话里也含有不让唐小姐去的意思，而且还希望唐小姐不去是由她自己打电话给方鸿渐，因为苏小姐打电话会引起误会。后来唐小姐去和方鸿渐一起吃饭了。因为经过苏小姐几次来电话，不让她和方鸿渐一起吃饭，去苏小姐家吃饭。这才知道苏小姐在嫉妒自己，所以唐小姐很生气，她偏要和方鸿渐一起吃饭。

【참고번역】

3. 미스 소와 미스 당(1)

이듬 해 봄 기후가 유난히 좋았다. 그러나 상해는 번화한 도시라 봄이 와도 안식할 만한 산과 강, 꽃과 버들이 아우러지는 공간은 없었지만 봄은 일제히 사람들의 몸과 마음에 찾아 왔다.

며칠 동안 방홍점은 낮에는 정신을 차리지 못하고 졸았고 밤에는 반대로 정신이 맑았다. 아침에 잠에서 깨어 밖에서 새가 지저귀는 것을 듣고 마음이 매우 즐거웠지만 한편으로는 왜 즐거운지 몰랐고, 조금 움직여 보고 싶었지만 또한 기력이 없었다. 그는 미스 소를 생각하였고, '왜 그녀를 한번 만나러 가지 않았지?' 아마도 만나러 가면 그 후부터 많은 번거로움이 있을 테지만 생활 속에 여자친구가 없으니 너무 무료하다고 생각했다.

방홍점은 미스 소가 남긴 주소에 근거해 미스 소의 집을 찾아갔고, 아주 오랜 시간을 기다리고서야 미스 소가 나왔다. 그녀의 얼굴표정은 매우 쌀쌀맞았고 악수를 하면서 "방 선생님, 오랜만이군요. 오늘은 어쩐 일로 오셨어요?"라고 했다. 방홍점은 '작년에 헤어질 때는 악수가 얼마나 다정했었는데 오늘은 왜 이렇게 쌀쌀맞지?'라고 생각했다. 미스 소는 또 그에게 "박사학위를 받고 돌아와서 결혼한 거 아닌가요? 진짜 겹경사군요. 왜 친한 친구에게 한마디도 알려주지 않았나요? 우리도 방 선생님 부인을 보고 싶은데요."라고 말했다.

방홍점은 듣고서 주 은행장이 신문에 실은 그 소식이 떠올라 황급히 가짜 학위를 산 것은 부친과 장인을 대응하기 위한 것이고, 그 장인 역시 명의만 걸쳐 놓은 것이니 미스 소에게 그를 비웃지 말라고 말했다. 미스 소는 이 모든 것은 사소한 일이니 너무 진지하게 받아들이지 말라고 하였고, 이어서 그녀의 사촌동생 당효부가 북경의 대학에서 공부하다가 학교가 전쟁 때문에 내륙으로 옮겨가서 휴학하고 집에 있는데, 오늘 아침 우리 집에 와서 놀고 있다고 말했다. 말하면서 바로 그녀를 데리고 나와 방홍점에게 소개하여 알게 해주었다.

미스 당은 스무 살 가량으로 아무런 화장도 하지 않았지만 오히려 예쁘고 단정했다. 방홍점은 그녀의 마음에 좋은 인상을 남기고 싶었다. 미스 당이 그녀가 대학에서 정치를 공부했다고 말하자, 방홍점은 바로 "여자는 타고난 정치가입니다. 현대 정치가의 수완은 여자가 태어나면서 바로 가지고 있지요. 여자가 정치를 배운다는 것은 그야말로 금상첨화이지요. 여자는 정치를 배울 필요가 없습니다만 정치가들이 성공하길 원한다면 오히려 여자에게서 배워야합니다. 국가 사회를 여자에게 맡긴다면 수많은 장점들이 있는데, 여자는 싸움을 할 줄 모르므로 최소한 전쟁은 줄어들 것입니다."라고 말했다.

미스 당이 듣고서 "저는 방 선생님이 정치를 멸시하는 것인지 아니면 여자를 멸시하는 것인지 모르겠지만 최소한 모두 좋은 말은 아니네요."라고 말했다.

미스 소가 "대학에서 공부할 때 그는 여학생들을 보면 얼굴이 빨개졌는데, 외국을 한번 다녀오더니 이렇게 말을 번지르르하게 하는 것을 배워왔어. 아마도 미스 포 같은 그런 여자들과 함께 지내며 훈련된 것일 거야."라고 말했다.

그 때 나이가 서른 가까워 보이고 덩치가 큰 한 사람이 들어왔다. 미스 소는 또 방홍점에게 조신미는 소씨 집안의 대대로 교분이 있는 사람이며 미국 유학생으로 원래는 외교기관의 처장이었지만 지금은 신문사에서 정치부 편집인을 하고 있다고 알려주었다.

조신미는 소파에 기대어 담배를 피며 눈은 공중의 전등을 보면서 방홍점에게 어디서 무슨 일을 하며, 외국에서 무엇을 공부했는지를 물었다. 방홍점이 공부한 것이 철학이라는 것을 알고는 억지로 웃음을 지으며 "우리같이 실제 일을 하는 사람들의 눈으로 보면 철학을 배우는 것은 아무것도 배우지 않은 것과 다르지 않습니다."라고 말했다.

"그럼 빨리 안과 의사를 찾아 진찰을 받아보셔야만 하겠네요. 그런 눈은 분명히 문제가 있을 테니까요." 방홍점은 말을 마치고 하하 크게 웃었다. 조신미는 잠시 어떻게 대답할지 몰랐다. 미스 소는 웃음을 참으면서도 조금 불안했다. 미스 당은 옆에서 보고 담담하게 웃었다. 방홍점은 이 조가가 자신에게 예의 없이 구는 것은 자신을 오해하여 그의 연적으로 여기기 때문임을 갑작스레 깨달았다. 사실 그는 조신미가 미스 소를 사랑하는 것을 전혀 방해하고 싶지 않았다. 미스 소는 오히려 그들 두 사람이 오해하기를 바랐는데, 만약 그렇지 않으면 한 사람만 남아 자신의 주변이 너무 조용할 것이기 때문이다. 조신미는 전쟁에 대한 자신의 관점을 끊임없이 이야기했고, 가려고 할 때 미스 소에게 저녁을 함께 먹자고 초대하였다. 미스 소는 저녁에 일이 있어 나중에 같이 외식하자고 말했고, 내일 오후 4시 반에 와서 차를 마시며 함께 새로 귀국하는 심 선생 부부를 환영하자고 그들을 초대하였다. 또 조신미의 얼굴을 보면서 방홍점에게 "홍점 씨, 조금 더 앉아 계세요. 당신과 할 말이 조금 있어요."라고 말했다. 조신미가 가고 난 후, 미스 당도 소씨 집안의 차를 타고 돌아갔다. 미스 소는 방홍점에게 "오늘 저녁에 아무 일도 없는데 조신미가 당신에게 너무 예의 없이 구는 것을 보고, 나는 그가 오만하게 구는 것을 원치 않아서 그와 외식하러가지 않았어요."라고 말했다.

방홍점은 황공해하며 "당신은 나에게 너무 잘 해주는군요!"라고 말했다.

미스 소가 그를 힐끗 한번 보고는 머리를 숙이고 "간혹 당신에게 정말 이렇게 잘 하면 안 되는데……"라고 말했다.

이때 방홍점의 입언저리는 마치 수많은 사랑의 말을 해야 할 것 같았지만 그는 말하고 싶지 않아서 소파 위에 놓인 미스 소의 손을 보고는 바로 자기 손을 내밀어 그녀의 손등을 두드렸다. 미스 소가 손을 움츠려 빼고 부드러운 목소리로 "가세요. 내일 일찍 와요."라고 말했다. 방홍점이 계단을 내려가는데 그녀가 또 "홍점 씨!" 하고 불렀다. 방홍점은 그녀에게로 돌아와 무슨 일이 있냐고 물으니, 그녀는 웃으며 "아무것도 아니에요, 당신은 왜 고개도 한번 안돌아 보고 앞만 보고 뛰나요?……내일 좀 일찍 와요."라고 말했다.

방홍점은 미스 소의 집에서 나와 자기도 봄날의 일부분이 되었다고 느껴, 길을 걸어갈 때 발걸음이 특별히 가벼웠다. 전차 역에 도착했을 때 차가 완전히 멈추는 것을 기다리지 않고 바로 뛰어내리다가 하마터면 넘어질 뻔했다.

이튿날 그가 미스 소의 집에 가니 미스 당은 이미 도착해 있었다. 그가 아직 자리에 앉지 않았는데 조신미도 왔고 아는 체하며 인사를 한 후, "방 선생님, 어제는 늦게 가더니 오늘은 일찍 왔네요? 아마도 은행에서 키운 좋은 습관인가 봐요?"라고 말했다.

방홍점은 원래 조신미가 어제는 조퇴하고 오늘 지각한 것이 관청에서 배운 관료 기질이라고 말하려고 했으나, 생각만하고 말하지 않고 꾹 참으며 조신미에게 선의의 미소를 지었다. 조신미는 그가 이렇게 저항하지 않을 것이라고는 생각지도 못했다. 미스 당의 얼굴에는 의아한 기색이 드러났다. 미스 소도 이상하다고 여겼지만, 이것은 방홍점이 그녀 자신이 사랑하는 사람이 그임을 알기 때문에 조신미와 문제 삼지 않는다는 것을 갑자기 깨달았다.

심 선생 부부가 왔다. 자리를 잡고 앉은 후에 심 선생은 일찍이 프랑스인들에게 "남경에서 철퇴한 후에 그들은 모두 중국이 끝났다고 했습니다. 나는 그들에게 '제1차 세계대전 때 당신들의 정부도 파리를 떠나지 않았나요? 그러나 당신들은 최후의 승리자였잖소.'라고 말했죠. 그들은 할 말이 없었지요."라고 선전했다고 말했다. 그는 또 그의 이런 이야기는 그의 부인에 의해 쓰여 신문에 실렸다고 말했다.

방홍점은 "저는 본 적이 없는데, 무슨 주제입니까?"라고 말했다.

조신미는 "당신들과 같은 그런 철학가들은 여태껏 실제 문제를 연구하지 않기에 신문도 보지 않은 거죠."라고 말했다. 사실 그도 그런 기사 내용을 보지 못했지만 그는 이번 기회를 이용하여 방홍점의 체면을 깎으려했다.

미스 소가 "당신은 그를 탓하면 안돼요. 그때 그는 시골로 피난을 갔었고 신문을 볼 수가 없었어요. 홍점 씨, 맞죠?"라고 말했다.

미스 당이 오늘 미스 소의 집에 차를 마시러 온 것은 원래 다시 한 번 조신미와 방홍점 두 사람이 어떻게 다투는지 보고 싶었던 것인데, 생각지도 않게 방홍점은 조신미의 도전에 저항하지 않는 태도를 취해서 매우 실망했다. 그녀가 이 뜻을 방홍점에게 알리자 방홍점은 "조 선생은 나와 당신 사촌언니의 관계를 오해했어요. ……어쩌면 당신도 같은 오해를 할지 모르겠지만……나는 그에게 나와 그 사이에 이해나 충돌이 전혀 없음을 알게 하려고 한 겁니다."라고 말했다.

미스 당이 "그저 사촌언니가 분명히 말을 한다면 이 오해는 없어지지 않나요?"라고 말했다. 그녀는 미스 소가 그들이 서로 오해하기를 바라는 것을 몰랐다.

식사할 때 방홍점은 미스 당에게 내일 그녀와 그녀의 사촌언니를 초대하여 식사를 하겠다고 말했다. 미스 당은 웃으며 승낙했다.

방홍점은 또 미스 소가 그를 배웅할 때 미스 소에게도 같은 말을 했다. 미스 소는 웃으면서 "좋아요! 바로 우리 두 사람만이죠?"라고 말한 후, 그녀는 또 이것은 불필요한 질문이었다고 느꼈다.

방홍점은 말을 더듬으며 "아니요, 당신 사촌동생도 있어요."라고 말했다.

"아, 그녀요? 당신, 그녀를 초대했나요?"

"초대했어요, 그녀는 오기로 했고……와서 당신을 모시겠다고 대답했어요."

미스 소는 "좋아요."라고 한마디하고는 바로 그에게 "안녕히 가세요."라고 말했다.

다음날 이른 아침, 방홍점이 아직 집을 나서지 않고 있는데 미스 소에게 전화가 와서 그녀가 몸이 좋지 않아 저녁에 식사하러가지 못한다고 말했다. 방홍점은 이로 인해 미스 당 역시 올지 안 올지 몰라서 거듭 걱정이 되어 일을 하면서도 여러 군데 잘못 처리하였다. 퇴근 후에 그는 약속한 식당에 도착했고, 잠시 기다리자 미스 당이 왔다. 방홍점은 매우 감격하여 인사를 하고나서 "미스 소는 오늘 올 수가 없대요."라고 말했다.

미스 당은 알고 있다고 말했고, 또 방홍점에게 "사촌언니가 전화로 나에게 올 수 없다고 알려서 그럼 나도 가지 않겠다고 했는데, 사촌언니는 나에게 직접 당신 전화번호를 알려 주었어요. 전화를 받은 건 한 여자의 목소리였는데, 당신이 외출했다고 말했고 또 '미스 소, 시간 있으면 놀러 와요.'라고 나를 사촌언니로 여겼어요."라고 말했다.

"그 분은 나의 친척 주 선생의 부인인데, 당신의 사촌언니는 내가 외출하기 전에 전화를 했었어요. 그래서 주 선생 부인이 언니가 전화한 것이라고 여긴 것이에요."

"그런 뒤에 사촌언니는 또 두 번 더 전화를 했고, 당신의 은행 전화번호까지 나에게 알려주며 반드시 내가 당신에게 갈 수 없다는 것을 말하길 바랐고, 나에게 사촌언니가 있는 그곳으로 식사하러오라고 했어요. 나는 조금 화가 나서 사촌언니에게 나도 몸이 매우 안 좋아서 어디에도 가지 않겠다고 답했죠. 사촌언니는 정말 웃기죠? 난 기필코 당신과 식사를 하려고 다시 당신에게 전화를 하지 않았어요."

방홍점은 듣고서 감격하여 "미스 당, 당신은 오늘 정말 고난에 처한 사람을 구제한 거예요. 만약 초대한 손님이 한 명도 오지 않았다면, 나 같은 주인은 매우 체면을 잃었을 거예요!"라고 말했다.

방홍점은 많은 요리를 주문한 후 미스 당에게 먹으라고 권하며 자신은 매우 조금 먹었다. 겨우 9시인데 미스 당은 가려고 하였다. 방홍점은 그녀와 내일 미스 소의 병문을 가기로 약속하였다.

미스 당은 집으로 돌아와서 마침 방에서 옷을 갈아입는데, 여자가정부가 미스 소에게서 전화가 왔다고 말했다. 미스 당은 전화를 받으려고 계단을 내려가다가 반 쯤 가서 한번 생각해보고서는 다시 내려가지 않고, 여자가정부에게 "사촌언니에게 아가씨가 몸이 좋지 않아 일찍 잔다고 알려요."라고 말했다. 미스 당은 매우 화가 났다. 그녀는 '이것은 분명 사촌언니가 자기가 집에 있는지 아닌지를 엿보는 것이야. 사촌언니는 사람을 정말 괴롭혀! 방홍점이 사촌언니의 것도 아닌데 기어코 그와 더 친하게 지내려고 하네.'라고 생각했다.

四、哲学家和诗人

第二天下午，方鸿渐来到苏家。苏小姐向他表示抱歉，又问他认识不认识一位在英国留学的曹元朗，他在剑桥研究文学，是位新诗人，新近回国，今天要来。一会儿，唐小姐也来了。苏小姐因为唐小姐昨天晚上不接电话，便说她架子大。唐小姐说，别人请客都请不动的人架子才大呢。

正说着，诗人曹元朗来了。彼此介绍以后，他拿出自己的诗集。方鸿渐打开一看，第一首是十四行诗，题目叫《拼盘姘伴》[1]，里面的每一句都注着出处，便没兴趣看下去。唐小姐看了，只说自己学问浅，里面的外国字都不认识。

曹元朗道："不认识外国字的人更能欣赏。因为题目叫《拼盘姘伴》，所以里面有这个人的诗句，有那个人的诗句，中文里面又有外文。唐小姐有这个印象，就已经领会到诗的精华了，不必去求诗的意义。诗有意义是诗的不幸。"

苏小姐又拿出来一把女用折扇，上面也有一首诗。曹元

1) 拼盘姘伴(pīnpán pīnbàn)：诗的题目。拼盘是由两种以上的凉菜放在一个盘子里做成的菜。姘伴的意思是有不正当性关系的异性伴侣。
시의 제목이다. '拼盘'은 두 가지 이상의 냉채를 한 접시에 담아 만든 요리이다. '姘伴'은 정당하지 않은 성관계를 가진 이성 짝을 의미한다.

朗念了两遍，连声说好，还说有古代民歌的风味。

方鸿渐看见诗后有一个青年政客的名字，以为是他写的，就说："一心想着做官的人写不出好诗来。" 苏小姐听了说他"讨厌"。方鸿渐又看了一遍，大声叫道："这首诗是偷来的。" 因为他上大学学欧洲文学史时学过，是德国十五六世纪的民歌。他还问苏小姐记得不记得。苏小姐说不出话；唐小姐低下了头。

第二天方鸿渐到唐家，唐小姐见面后就说："方先生，你昨天闯了大祸，知道吗？"

方鸿渐想了一想，笑道："是不是因为我批评了那首诗，你表姐跟我生气？"

"你知道那首诗是谁作的？"她发现方鸿渐还不明白——"是表姐作的，不是那个政客；他只是写了字罢了。"

方鸿渐这才明白事情太糟了，要赶快回去写信向苏小姐请罪。

回家吃过晚饭，方鸿渐用文言给苏小姐写了信，意思是说：那首诗写得很好，只因为看到是政客写的，所以他偏说是偷来的，请不要见怪。第二天他把信送了出去，晚上回家的时候，就接到苏小姐来的电话。她说："信收到了，我并没有怪你呀！”

“这样的好诗偏是政客作的，太不公平了。”

“我告诉你，这首诗是我做着玩儿的。”电话里传来了苏小姐快乐的笑声，还约他明天下午见面。

那天晚上，方鸿渐又把给苏小姐的信的底稿抄了一份，寄给了唐小姐，因为唐小姐要看看方鸿渐在信上是怎样把事情说清楚的。以后一个多月里，方鸿渐不断地和唐小姐见面，给她写信，唐小姐也给他回信。唐小姐和苏小姐的来往反而比以前减少了，可是方鸿渐还不得不常去看望苏小姐。苏小姐等着他正式求爱，怪他太慢；方鸿渐想找机会向她说明他并不爱她，却恨自己没有勇气。

一个星期六下午，方鸿渐请唐小姐喝了茶后回家，看见桌子上放着赵辛楣明天请吃晚饭的请帖。第二天上午在苏家，苏小姐说辛楣请他务必光临，客人还有辛楣的两个朋友，但是没有曹元朗。因为，一来赵辛楣并不认识他，二来苏小姐说赵辛楣和方鸿渐都是小心眼儿，见了曹元朗又要发生冲突，所以不让他们见面。

方鸿渐到饭馆的时候，那两个客人已先到了，赵辛楣作了介绍：一位是哲学家褚慎明，一位是大才子董斜川。方鸿渐问道："褚先生最近研究些什么哲学问题？"

褚慎明却叫道："老赵，苏小姐该来了。我这样等女人，还是第一次。"

赵辛楣把菜单给了侍者，正要回头回答，看见董斜川在写诗，忙说："我的那位苏小姐也是诗人，回头把你的诗给她看看。"

董斜川一边继续写一边回答道："女人作诗，至多是第二流。鸟里能唱的都是雄的，比如鸡。"

说着，苏小姐来了。彼此招呼、坐定以后，褚慎明对方鸿渐道："你刚才问我研究什么哲学问题，这句话有毛病。哲学家遇见问题，首先研究它是不是问题，不成问题的是假问题，不用解决，也不可解决。如果是问题，第二步研究解决，从前的解决是不是正确，要不要修正。你刚才的意思恐怕不是问我研究什么问题，而是研究什么问题的解决。"

方鸿渐道："我只在哲学系混了一年，看了几本参考书，在褚先生面前只能是学生。"

褚慎明道："哪里，哪里！不过听方先生的话，好像把一个个哲学家作为单位，来看他们的著作。这只算研究哲学家，算不得研究哲学。我喜欢用自己的头脑来思考，科学、文学的书我都看，可是不到万不得已绝不看哲学书。现在许多被认为是哲学家的人，严格说来，该叫哲学家学家。”他说这个“哲学家学家”的词是Bertie(罗素的乳名)告诉他的。罗素2)跟他够得上朋友，曾请他解答了许多问题，他由此而问方鸿渐对数理逻辑有过研究没有。

方鸿渐说：“我知道这东西太难了，没有学过。”

“这话还是有语病，你没有学过，怎么会‘知道’它太难呢？你的意思是：听说这东西太难了。”

苏小姐道：“褚先生太厉害了！我都不敢开口了。”

褚慎明道：“不开口没有用，心里的思想还是混乱、不合逻辑，这病根没有去掉。”

苏小姐撅嘴道：“你太可怕了！我们心里的自由都没有了。我看你就没有本事钻到人心里去。”

褚慎明一生中还是第一次有美貌少女跟他讲到“心”，激动得把眼镜都掉进牛奶杯子里，溅得衣服上桌子上都是牛奶，幸好眼镜没有破。

---

2) 罗素(Luósù)：1872～1970，英国唯心主义哲学家，数学家，逻辑学家。在数学上，从事过数理逻辑和数学基础的研究。
1872~1970, 영국의 유심론 철학가이자 수학자, 논리학자이다. 수학에서는 수리논리학과 수학기초의 연구에 종사했다.

董斜川道："虽然'马前泼水'[3]，可也'破镜重圆'[4]，我们的大哲学家将来的婚姻一定有悲有喜，特别有意思。"

方鸿渐却说道："希望褚先生不要像罗素那样闹三四次离婚。"

褚慎明生气道："这就是你学的哲学！"苏小姐说："鸿渐，我看你醉了。"方鸿渐真的有些醉了，因为刚才褚慎明跟他大谈哲学问题时，赵辛楣要丢他的脸，一再说他输了，罚他喝了很多酒。

褚慎明又道："关于Bertie结婚离婚的事，我也跟他谈过。他说英国有句古话，说结婚好像鸟笼子，笼子外面的鸟想飞进去，笼子里面的鸟想飞出来，所以结了又离，离了又结。"

---

3) 马前泼水(mǎqián pō shuǐ)：相传，汉代有个叫朱买臣的人原来很穷困，他的妻子因此而离开了他。后来他当了大官，他的妻子拦住他的马，要求恢复夫妻关系。朱买臣给了她一碗水，让她泼在地上，说：如果你能把这水收回来，我就可以同意你的要求；意思是他决不同意。这个典故常常用来指夫妻中的一方被另一方抛弃。
전해지는 이야기로, 한나라 때 주매신이라고 불리는 한 사람은 원래 매우 빈곤하였는데, 그의 아내는 이 때문에 그를 떠났다고 한다. 그 뒤에 그는 대관이 되었는데, 그의 아내가 그의 말을 막고서는 부부관계를 회복해달라고 했다. 주매신은 아내에게 물을 한 그릇을 주며 바닥에 물을 뿌리게 하고서 만약에 당신이 그 물을 다시 거두어 담으면, 난 당신의 요구를 받아들이겠다고 말했다. 그가 절대로 동의하지 않았다는 의미이다. 이 이야기는 늘 부부 중 한 쪽이 다른 한 쪽을 버리는 것을 가리키는데 쓰인다.

4) 破镜重圆(pòjìng chóng yuán)：成语。中国南北朝时，南朝陈国将亡，驸马徐德言预料可能与妻子乐昌公主离散，便把一面镜子分为两半，夫妻双方各拿一半，以便日后相认。后来经过种种艰难曲折，夫妻终于团圆，那面镜子也得以重新合在一起。这个成语常指夫妻离散后重新团圆。
성어이다. 중국 남북조 때, 남조 진나라가 곧 멸망하려하자 부마 서덕언은 아내 낙창공주와 헤어질 것을 예상하고 나중에 다시 만나면 서로 알아보도록 하기위하여 거울 한 개를 반으로 나누어 부부가 각각 한 조각씩을 나눠가졌다. 그 뒤에 여러 가지 어려운 사정을 겪고서 부부는 끝내 다시 만났고, 그 거울도 다시 합칠 수 있었다. 이 성어는 주로 부부가 헤어진 후 다시 만나는 것을 가리킨다.

苏小姐道："法国也有这样的话，不过说是被围困的城堡，城外的人想冲进去，城里的人想逃出来。"

接着，诗人董斜川又讲起了诗，说普通留学生对中国的旧诗5)根本不懂。他又拿出自己写的诗来，方鸿渐看了，心里产生很多问题，但怕董诗人说自己不懂，不敢提出来。赵辛楣又要方鸿渐也写几首诗让大家看看，方鸿渐连忙说不会作诗。董斜川讲他诗里的用典6)，大家都不知道。赵辛楣说："方先生，你是学中国文学的，你怎么也不知道！"说着又罚方鸿渐酒。方鸿渐终于醉了，跑到旁边吐了起来。吐完以后，他说："我头有点痛，想回家去了。"

赵辛楣正希望他快点回去，就说："我吩咐人叫车送你回去。"

苏小姐道："不用，他坐我的车，我送他回家。"

赵辛楣今天要方鸿渐在苏小姐面前丢脸的计划差不多完全成功了，可是，他的成功只证实了他的失败。

---

5) 旧诗(jiùshī)：指中国的古诗。
중국의 고시(古典 诗歌)를 가리킨다.

6) 用典(yòngdiǎn)：诗文中引用古书中的词句或故事。
시문 중에 옛날 책 속의 문구 또는 이야기를 인용한 것이다.

生词 (어휘)

1. 抱歉(bàoqiàn) : 미안해하다, 미안하게 생각하다, 죄송합니다.
2. 架子(jiàzi) : 거만한(건방진) 표정(태도), 거드름피우는(뽐내는) 태도, 허세, 티.
3. 诗集(shījí) : 시집.
4. 十四行诗(shísì háng shī) : 십사행시(유럽의 서정시체), 소네트(sonnet).
5. 出处(chūchù) : 인용문 · 전고(典故) 등의 출처.
6. 兴趣(xìngqù) : 흥미, 흥취, 취미.
7. 欣赏(xīnshǎng) : 감상하다.
8. 印象(yìnxiàng) : 인상.
9. 领会(lǐnghuì) : 깨닫다, 이해하다, 파악하다, 터득하다, 납득하다.
10. 精华(jīnghuá) : 정화, 정수(精髓).
11. 折扇(zhéshàn) : 쥘부채, 접선(摺扇).
12. 风味(fēngwèi) : 맛, 색채, 기분, 멋, 풍미. (주로 지방적인 색채를 가리킴.)
13. 政客(zhèngkè) : 정객. (정치에 종사하는 사람.)
14. 讨厌(tǎoyàn) : 싫어하다, 미워하다, 혐오하다.
15. 糟(zāo) : (일 또는 상황이) 나쁘다, 좋지 않다, 잘못되다, 망치다, 그르치다.
16. 请罪(qǐngzuì) : 죄를 자인하고 처벌을 요청하다, 용서를 빌다, 사죄(사과) 하다.
17. 文言(Wényán) : 문어, 문장어, 글말. (고대 중국어를 기초로 하는 문어체 글말.)
18. 见怪(jiànguài) : 탓하다, 타박하다, 나무라다, 언짢아하다.
19. 公平(gōngpíng) : 공평하다, 공정하다.
20. 底稿(dǐgǎo) : (글 · 공문 · 편지 등의) 초고, 원본.
21. 求爱(qiúài) : 구애하다.
22. 请帖(qǐngtiě) : 청첩장, 초대장.
23. 务必(wùbì) : 반드시, 꼭, 기필코, 반드시(꼭, 기필코) ~해야 한다.
24. 光临(guānglín) : 광림하다, 광고(光顾) 하다. (남이 찾아오는 일을 높여서 이름.)

25. 小心眼儿(xiǎoxīnyǎnr) : 마음이 좁다, 옹졸하다.
26. 才子(cáizǐ) : 재자. (재능이 출중한 사람.)
27. 菜单(càidān) : 메뉴, 식단, 차림표.
28. 回头(huítóu) : (뒤로) 고개(머리)를 돌리다.
20. 至多(zhìduō) : 많아야, 기껏해야.
30. 第二流(dìèrliú) : 이류, 두 번째.
31. 雄(xióng) : 수컷.
32. 解决(jiějué) : 해결하다, 풀다.
33. 修正(xiūzhèng) : 수정하다, 고치다, 바로잡다.
34. 混(hùn) : 아무 일도 하지 않고 나날을 보내다, 허송세월하다, 빈둥거리다.
35. 参考书(cānkǎoshū) : 참고서.
36. 单位(dānwèi) : 직장, 기관, 단체, 회사. (기관·단체 내의) 부처, 부서, 단위.
37. 著作(zhùzuò) : 저작, 저작하다.
38. 思考(sīkǎo) : 사고하다, 사색하다, 사유하다, 깊이 생각하다.
39. 万不得已(wànbùdéyǐ) : 정말 방법이 없다. (만)부득이하다, 하지 않을 수 없다.
40. 乳名(rǔmíng) : 아명, 어릴 때 부르는 이름.
41. 够得上(gòu de shàng) : (어떤 기준에) 이르다, 자격이 되다.
42. 数理逻辑(shùlǐ luójí) : 수리 논리학.
43. 语病(yǔbìng) : 어폐(语弊).
44. 混乱(hùnluàn) : 혼란하다, 문란하다, 어지럽다.
45. 病根(bìnggēn) : 고질병, 지병, 병의 근원.
46. 撅嘴(juēzuǐ) : (불만을 나타내거나 기분 나빠서) 입을 뾰족이(뾰로통히) 내밀다.
47. 美貌(měimào) : 용모(외모)가 아름답다, 얼굴이 예쁘다.
48. 溅(jiàn) : (액체가) 튀다.
49. 幸好(xìnghǎo) : 다행히, 운 좋게, 요행으로.
50. 闹(nào) : 떠들썩하다, 시끌벅적하다.
51. 离婚(líhūn) : 이혼.
52. 罚(fá) : 벌, 벌하다.
53. 笼子(lóngzi) : 농(笼), 잡물(杂物) 상자, 커다란 상자.
54. 围困(wéikùn) : 겹겹이 포위하여(둘러싸서) 곤경에 빠뜨리다.
55. 城堡(chéngbǎo) : 성보. (보루식의) 작은 성.
56. 证实(zhèngshí) : 실증하다, 사실을 증명하다.
57. 剑桥(Jiànqiáo) : 영국의 케임브리지(Cambridge) 대학교.

思考题

연습문제

<想一想>

1. 看了苏小姐折扇上的诗，方鸿渐认为：（　　）

   ① 这首诗写得很好，但因为是青年政客写的，所以他偏说不好
   ② 这首诗是偷来的
   ③ 因为是苏小姐写的，所以写得很好

2. 方鸿渐喝醉了酒，是因为：（　　）

   ① 他本来不会喝酒
   ② 他听褚槇明讲哲学问题听得很高兴，喝了很多酒
   ③ 赵辛楣罚他喝了很多酒

3. 赵辛楣要在苏小姐面前丢方鸿渐的脸，最后：（　　）

   ① 方鸿渐丢了脸，赵辛楣成功了
   ② 方鸿渐虽然丢了脸，但是赵辛楣失败了
   ③ 方鸿渐并没有丢脸

[参考答案]

1. ②　　2. ③　　3. ②

<说一说>

1. 请你说一说“围城”是什么意思？
2. 为什么说赵辛楣成功地让方鸿渐在苏小姐面前丢了脸，却只证实了他自己的失败？

[参考答案]

1. 作者钱锺书在小说作品里指“围城”说：“围在城里的人想逃出来，城外的人想冲进去。对婚姻也罢，职业也罢，人生的愿望大都如此。”

2. 虽然赵辛楣要方鸿渐在苏小姐面前丢脸的计划差不多完全成功了，可是，他的成功只证实了他的失败。通过赵辛楣对方鸿渐的种种行为，苏小姐终于看破了赵辛楣是个小心眼儿的人。因为苏小姐正等着方鸿渐正式求爱，所以她拒绝了赵辛楣安排车送醉酒的方鸿渐，偏要吩咐人叫车自己送方鸿渐回去。

【참고번역】

4. 철학가와 시인

이튿날 오후, 방홍점은 미스 소의 집에 도착했다. 미스 소는 그에게 미안함을 표했고, 또 그에게 영국에서 유학한 조원랑을 아는지 물었다. 그는 케임브리지 대학교에서 문학을 연구한 신시를 쓰는 시인이고 최근 귀국해서 오늘 오려한다고 했다. 잠시 후 미스 당이 왔다. 미스 소는 미스 당이 어제 저녁에 전화를 받지 않았기 때문에 그녀가 거만하다고 말했다. 미스 당은 다른 사람이 초대를 했는데도 오지 않는 사람이 오히려 더 거만하다고 말했다.

마침 말을 하고 있는데 시인 조원랑이 왔다. 서로 소개한 후, 그는 자신의 시집을 꺼내었다. 방홍점이 한번 펴보니 첫 번째 시는 소네트로 제목은 ≪병반평반≫이라 하였고, 시집 안의 한 구절마다 모두 주석이 달려있어서 계속 읽어내려 갈 흥미가 없었다. 미스 당은 보고나서 자신의 학문이 얕아 시집 안의 외국 글자를 모두 알지 못한다고 말할 뿐이었다.

조원랑은 "외국 글자를 모르는 사람이 더욱 잘 감상할 수 있습니다. 왜냐하면 제목을 ≪병반평반≫이라 부르기 때문에 안에 이 사람의 시구도 있고 저 사람의 시구도 있으며 중국어 속에 또 외국어가 있습니다. 미스 당에게 그런 인상이 있다면 이미 시의 정수를 깨달았으므로 시의 의미를 찾을 필요가 없어요. 시가 의미를 담고 있는 것은 시의 불행이에요."라고 말했다.

미스 소는 또 여성용 쥘부채를 꺼내왔고 부채에도 한 수의 시가 있었다. 조원랑은 두 번 읽고 계속해서 좋다고 말하며 고대 민요의 느낌이 난다고 말했다.

방홍점은 시 뒤에 한 청년 정객의 이름이 있는 것을 보고 그 정객이 쓴 것이라고 생각하고는 바로 "오로지 관리가 되려고만 생각하는 사람들은 좋은 시를 써낼 수 없죠."라고 말했다. 미스 소는 듣고 그에게 "미워요."라고 말했다. 방홍점이 또 한 번 보고는 큰 소리로 "이 시는 훔쳐온 것입니다."라고 말했다. 왜냐하면 그가 대학에서 유럽문학의 역사를 배울 때 배운 적이 있는 독일 15·16세기의 민요였기 때문이다. 그는 미스 소에게 기억 못하겠냐고 물었다. 미스 소는 아무 말도 하지 못했고, 미스 당은 고개를 숙였다.

이튿날 방홍점은 미스 당의 집에 갔는데, 미스 당은 만나자마자 바로 "방 선생님, 당신은 어제 큰 사고를 치셨어요. 아세요?"라고 말했다.

방홍점은 잠시 생각해보고 웃으면서, "내가 그 시를 비평했기 때문에 당신 사촌언니가 나에게 화를 낸 것 말인가요?"라고 말했다.

"당신은 그 시를 누가 지은 것인지 아세요?" 그녀는 방홍점이 아직 모르고 있다는 것을 발견하고서 "사촌언니가 지은 것이지, 그 정객이 지은 것이 아니에요. 그는 단지 이름만 썼을 뿐이에요."라고 말했다. 방홍점은 그제야 일이 크게 잘못된 것을 알고서 빨리 돌아가서 편지를 써 미스 소에게 사과를 구하려고 했다. 집에 돌아와 저녁을 먹고 나서 방홍점은 문언을 사용하여 미스 소에게 편지를 썼는데, 그 시는 매우 잘 썼지만 단지 정객이 썼다는 것을 보았기 때문에 그래서 그가 일부러 훔쳐온 것이라고 말하였으니 제발 책망하지 말라고 하는 의미의 내용이었다. 다음날 그는 편지를 보냈고, 저녁에 집에 돌아 왔을 때 바로 미스 소가 걸어온 전화를 받았다. 그녀는 "편지 받았어요. 저는 결코 당신을 책망하지 않아요!"라고 말했다.

"이처럼 좋은 시가 하필 정객이 쓴 것이라니 너무 불공평합니다."

"내가 당신에게 일러드릴게요. 이 시는 제가 장난삼아 지은 것이에요." 전화에서 미스 소의 즐거운 웃음소리가 전해져왔고, 그와 내일 오후에 만나기로 약속했다.

그날 저녁 방홍점은 또 미스 소에게 보낸 편지의 원고를 한 부 베껴서 미스 당에게 부쳤는데, 왜냐하면 방홍점이 편지에서 어떻게 사정을 분명하게 설명했는지 미스 당이 한번 보려했기 때문이다. 이후 한 달 남짓 방홍점은 미스 당과 계속해서 만났고, 그녀에게 편지를 썼으며 미스 당도 그에게 회신하였다. 미스 당과 미스 소의 왕래는 이전보다 오히려 감소하였지만, 방홍점은 여전히 미스 소를 보러가지 않을 수 없었다. 미스 소는 그가 정식으로 구애해주기를 기다리면서 그가 너무 늦장을 부린다고 책망했다. 방홍점은 기회를 찾아 그녀에게 그가 결코 그녀를 사랑하지 않는다고 설명할 생각이었으나 스스로 용기가 없음을 한스러워했다.

어느 토요일 오후 방홍점은 미스 당을 초대해 차를 마시고 집으로 돌아갔는데, 탁자위에 조신미가 내일 저녁식사에 초대한다는 초대장이 놓여있는 것을 보았다. 다음날 오전 미스 소의 집에서 그녀는 "조신미가 방홍점은 반드시 왕림해야한다고 초대하였고, 손님으로 조신미의 친구 두 명이 더 있지만 조원랑은 없다."고 하였다. 왜냐하면 첫째는 조신미가 조원랑을 아예 모르기 때문이고, 둘째는 미스 소가 조신미와 방홍점 둘 다 속이 좁아 조원랑을 만나면 또 충돌이 발생할 것이므로 그들을 만나지 않도록 해야 한다고 말했기 때문이다.

방홍점이 식당에 도착했을 때 그 손님 두 명이 이미 먼저 도착해 있었는데, 조신미가 이 분은 철학가 저신명이고 또 이 분은 큰 재주꾼 동사천이라고 소개하였다. 방홍점은 "저 선생님은 최근 어떤 철학문제를 연구하십니까?"라고 물었다.

저신명은 오히려 "조 형, 미스 소가 왔어야지요. 내가 이렇게 여자를 기다리는 것은 정말 처음이요."라고 말했다.

조신미가 메뉴판을 종업원에게 주고 고개를 돌려 대답하려다가 동사천이 시를 쓰는 것을 보고 황급히 "나의 그 미스 소도 시인인데, 조금 있다가 당신의 시를 그녀에게 좀 보여주세요."라고 말했다.

동사천은 한편으로 시를 계속 써내려가며 다른 한편으로 "여자가 지은 시는 기껏해야 이류죠. 예를 들면 닭처럼 새 중에 노래가 가능한 것은 모두 수컷이잖아요."라고 대답했다.

말하는 중에 미스 소가 왔다. 그들은 서로 인사하며 자리에 앉은 후에, 저신명은 방홍점에게 "당신이 방금 나에게 어떤 철학문제를 연구하는지 물었는데, 이 말에는 문제가 있어요. 철학가가 문제를 만나면 먼저 그것이 문제인지 아닌지 연구하고, 문제가 되지 않는 것은 가정적 문제로 해결할 필요가 없고 해결할 수도 없어요. 만약 문제라면 그 다음 단계로 해결책을 연구해야 하는데, 이전으로부터의 해결이 정확한지 아닌지, 수정해야 하는지 아닌지를 연구해야 합니다. 당신의 방금 전 그 물음의 뜻은 아마도 내가 어떤 문제를 연구하느냐를 물은 것이 아니라 어떤 문제의 해결을 연구하는지 일겁니다."라고 말했다.

방홍점이 "나는 단지 철학과에서 되는대로 1년을 보냈고 참고서 몇 권만 봤기에, 저 선생님 면전에서는 그저 학생일 뿐입니다."라고 말하였다.

저신명은 "무슨 말씀을요! 그런데 방 선생님의 말을 들어보니 마치 한 사람 한 사람의 철학가를 하나의 단위로 삼아서 그들의 저작을 본 것 같군요. 이것은 단지 철학가를 연구한 셈이지, 철학을 연구했다고 할 수 없습니다. 나는 자신의 머리를 사용해 사고하는 것을 좋아하기에 과학, 문학책은 모두 보지만 부득이한 경우가 아니라면 절대 철학책을 보지 않습니다. 지금 많은 철학자라 여겨지는 사람들은 엄격히 말해서 마땅히 '철학가 학자' 라고 불러야합니다."라고 말했다. 그는 이 '철학가 학자'라는 단어는 Bertie(루소의 어릴 때 이름)가 그에게 알려준 것이라고 말했다. 루소와 그는 친구가 될 수 있을 정도로 일찍이 그는 매우 많은 문제의 해답을 그에게 청하였고, 이로 말미암아 그는 방홍점에게 수리논리학에 대해 연구한 적이 있는지를 물었다.

방홍점은 "나는 이 학문이 매우 어렵다는 것을 알아서 배운 적은 없어요."라고 말했다.

"이 말도 여전히 어폐가 있어요. 당신은 배운 적이 없는데 어떻게 그것이 어렵다는 것을 알고 있나요? 당신의 뜻은 이것이 매우 어렵다고 다른 사람이 하는 말을 들은 것이죠."라고 말했다.

미스 소는 "저 선생님, 참으로 대단하시군요! 나도 감히 입을 못 열겠어요."라고 말하였다.

저신명이 "입을 못 여는 것은 소용이 없고 마음속의 생각이 여전히 혼란스럽고 논리적이지 않으니 이 병의 뿌리가 제거되지 않는 것입니다."라고 말하였다.

미스 소가 입을 삐죽 내밀며 "당신은 정말 무섭군요! 우리들 마음속의 자유도 없군요. 내가 보기에 당신은 다른 사람의 마음속을 뚫고 들어가는 능력이 없네요."라고 말했다.

저신명은 한평생 이처럼 미모의 아가씨와 '마음'을 이야기하기는 처음이어서 격동하여 안경을 우유 잔속에 떨어뜨렸는데, 옷과 탁자위에 모두 우유가 튀었지만 다행히도 안경은 깨지지 않았다.

동사천이 "비록 부부 중에서 한쪽이 다른 한쪽을 버려도(즉 우유가 튀었지만),

헤어진 부부가 다시 결합할 수도 있습니다(즉 안경은 깨지지 않았다). 우리 대철학가 장래의 결혼은 반드시 슬픔이 있고 기쁨도 있을 테니 특별히 재미있겠네요."라고 말했다.

방홍점은 도리어 "저 선생님은 루소처럼 그렇게 서너 차례 이혼하지 않길 바랍니다."라고 말하였다.

저신명이 화를 내며 "이것이 바로 당신이 배운 철학이요?"라고 말했다. 미스 소는 "홍점 씨, 내가 보기에 당신 취한 것 같네요."라고 말했다. 방홍점은 정말 조금 취했는데, 왜냐하면 방금 저신명과 그가 철학문제를 이야기할 때 조신미가 그의 체면을 깎으려고 거듭 그에게 졌다고 하며 매우 많은 술을 마시게 했기 때문이다.

저신명은 또 "Bertie의 결혼과 이혼에 관해서 나도 그와 이야기했었습니다. 그는 영국에 있는 옛말에는 '결혼은 마치 새와 새장 같아서 새장 밖의 새는 날아서 들어가려고 하고 새장 안의 새는 날아서 나가려 한다.'라고 했는데, 그래서 결혼했다가 또 이혼하고 이혼했다가 또 결혼한다."라고 말했습니다.

미스 소는 "프랑스에도 이런 말이 있는데, 포위된 성곽에서 성 밖의 사람은 뛰어 들어가려고 하고 성 안의 사람은 도망쳐 나오려고 한다는 이야기 정도죠."라고 말했다.

계속해서 시인 동사천은 또 시에 대해 말하기 시작했는데, 보통 유학생은 중국의 고시(고전 시가)에 대해 근본적으로 이해하지 못한다고 말했다. 그는 또 자기가 지은 시를 꺼내었고, 방홍점이 보고서 마음속에 많은 의문이 생겼지만 동 시인이 자기가 이해를 못한다는 말을 할까봐 두려워서 감히 제기하지 못하였다. 조신미는 또 방홍점도 몇 수의 시를 써서 모두에게 보여주길 요구했는데, 방홍점은 황급히 시를 지을 수 없다고 말하였다. 동사천은 그의 시 안에 인용된 전고를 이야기하였는데 모두들 알지 못했다. 조신미는 "방 선생님, 당신은 중국문학을 배운 사람인데 어떻게 모를 수가 있죠?"라고 말하며, 또 방홍점에게 벌로 술을 마시게 했다. 방홍점은 결국 취했고 옆으로 뛰어가 토하기 시작했다. 다 토한 후에 그는 "머리가 조금 아파서 집에 돌아가고 싶군요."라고 말했다.

조신미는 마침 그가 좀 빨리 돌아가길 바라고 있었기에, 바로 "내가 사람을 시켜 차를 불러 당신을 보내드릴게요."라고 말했다.

미스 소는 "그럴 필요 없어요. 그는 내차를 타고 내가 그를 집으로 돌아가게 바래다드릴게요."라고 말했다.

조신미는 오늘 미스 소의 면전에서 방홍점의 체면을 깎게 하려는 계획을 거의 완전히 성공하였으나, 그의 성공은 단지 그의 실패를 증명할 뿐이었다.

五、苏小姐和唐小姐(二)

第二天上午和下午，苏小姐都给方鸿渐打电话，问他怎么样了。晚上又来电话约他去夜谈。

方鸿渐来到苏家，苏小姐领他到园中欣赏月色。那天是旧历四月十五[1)]，月亮很美。方鸿渐怕在这个环境中坠入情网，但苏小姐偏不让他走，他没有勇气抵抗她。

苏小姐胜利地微笑着，用法文低声说："Embrasse-moi (吻我)！"方鸿渐没法躲避，轻轻地吻了她。他怕苏小姐会提订婚结婚的事，跟他讨论将来的计划，说："月亮使我做了傻事，我要回家了！"苏小姐也不敢再留他。

方鸿渐回家后，给苏小姐写了一封信。信上说：从过去至今夜的事，都是我不好，请你原谅。希望你忘掉我这个软弱没有勇气的人。

苏小姐接到信后，不马上打开来看，却先打电话问他信上写了什么，要方鸿渐把信里的话亲口告诉她。方鸿渐听

1) 旧历四月十五(jiùlì Sìyuèshíwǔ)：按中国的旧历，每月十五都是月亮圆的日子。
중국의 음력에 의하면, 매월 15일은 모두 달이 둥글게 차는 날(보름날)이다.

了，知道苏小姐误会这是一封求婚的信，不得不用法文告诉她："我——我爱一个人——爱一个女人另外，懂？我求你原谅。"

"你——你这浑蛋！"苏小姐用中文骂他，声音微颤。

事后方鸿渐怕苏小姐会因失恋自杀，又赶忙写信去请她原谅，请她珍重，说他不值得她爱。下午四点多钟，他接到一封电报。他以为苏小姐出了什么事，急忙打开看，原来是三闾大学校长高松年打来的，请他去做教授，每月薪水三百四十元。电报是从湖南平成打来的，三闾大学以前没听说过，也许是新成立的吧！高松年他也不认识，不过当国立大学的教授还是一件很体面的事。晚上他把这个消息告诉了周经理夫妇，他们都很高兴。他又写信告诉了唐小姐，请她帮助决定去不去。第二天一早把信送了出去，下午又亲自去唐家；到了唐家门口，看见停着苏小姐的汽车，就没敢进去，可是一连几天，唐小姐都没有回信；去看她，她的女用人又说小姐不在家。

有一天，从早晨起就下着雨，一直到下午没有停过。方鸿渐冒雨去唐家，终于见到了唐小姐。唐小姐脸上毫无笑容地问他那天到了门口为什么不进来？原来，那天苏小姐的司机看见方鸿渐到了唐家门口，却没有进去，觉得奇怪，便告诉了苏小姐，苏小姐又告诉了唐小姐。唐小姐还说，苏小姐已把他的信给她看了，并把从船上到那天晚上的事全告诉了她。方鸿渐想苏文纨一定说了很多不符合事实的话，准备给唐小姐作些说明、解释。唐小姐却不给他说话的机会，说："你要解释可以对我表姐去讲。表姐还告诉我几件关于方先生的事，不知道正确不正确：方先生现在住在周家，听说并不是普通的亲戚，是丈人家，方先生以前结过婚——"方鸿渐要插嘴，唐小姐不让他分辩。"方先生在回国的船上曾跟一位鲍小姐打得火热，是不是？鲍小姐走了，你立刻又跟表姐好，直到——我不用再说了。并且，听说方先生在欧洲念书，得过美国的学位——"

"我跟你说过我有学位没有？那是开的玩笑。"方鸿渐不得不解释说。

"方先生人很聪明，一切都可以开玩笑，可是我们这种傻瓜，把你开的玩笑都看得很认真——我只希望方先生前途无量。"

方鸿渐听到最后一句话，明白事情已经无望，抬起头来两眼是泪，然后起身离开了唐家。

唐小姐鼻子忽然酸了。她站在窗口看到方鸿渐出了门，但没有马上离去，却冒着大雨站在对面的马路上，过了好一会儿才起步远去；她怕他在路上出事，给他打了几次电话，他都没有回家。最后一次去电话的时候，方鸿渐刚回家。用人告诉他，“苏小姐电话”，他跳出房门，拿起电话，大声说道：“好不要脸！你捣的什么鬼？”唐小姐听了赶忙放下电话，气得人都发晕了。

第二天方鸿渐刚起床，唐家用人送来一个纸包，他知道这是自己以前给唐小姐的信，他垂头丧气，也把唐小姐给自己的信交给那用人带走了，唐小姐看到方鸿渐把自己的信保存得那样好，想起关于方鸿渐的事都只是听表姐一个人说的，又想起以前周家的人曾经把她当做苏小姐，昨天的电话也许也是误会，但彼此已经决裂，她不想再去证实这些事了。

可是唐小姐心里忘不了方鸿渐，终于生病了，苏小姐每天来看望她，并告诉她自己已跟曹元朗订婚了。唐小姐病好以后，参加了苏小姐的婚礼，就跟父亲一起到重庆去了。

生词 (어휘)

1. 夜谈(yètán) : 밤에 담화하다.
2. 月色(yuèsè) : 월색, 달빛.
3. 情网(qíngwǎng) : 사랑의 늪, 사랑의 올가미.
4. 吻(wěn) : 입맞춤하다, 키스하다.
5. 躲避(duǒbì) : 회피하다, 숨다.
6. 傻事(shǎshì) : 어리석은 일, 고지식하거나 융통성이 없는 일.
7. 软弱(ruǎnruò) : 연약하다, 가냘프다.
8. 浑蛋(húndàn) : 개자식, 망할(어리석은) 놈(자식), 머저리 같은 놈.
9. 微颤(wēichàn) : 경미하게 떨다.
10. 失恋(shīliàn) : 실연하다, 연애(사랑)에 실패하다.
11. 自杀(zìshā) : 자살.
12. 珍重(zhēnzhòng) : 아끼고 중시하다, 소중히 하다.
13. 值得(zhíde) : ~할 만한 가치가 있다, ~할 만 하다.
14. 教授(jiàoshòu) : 교수. (지식이나 기능을) 가르치다, 교수하다, 전수하다.
15. 薪水(xīnshuǐ) : 봉급, 급료, 급여, 삯, 임금, 노임.
16. 体面(tǐmiàn) : 체면, 체통, 면목.
17. 冒雨(màoyǔ) : 비를 무릅쓰다, 비를 맞다.
18. 毫无(háowú) : 조금도(전혀) ~이 없다.
19. 司机(sījī) : (자동차 · 전차 · 기차 등의) 기사, 운전사, 기관사, 조종사.
20. 解释(jiěshì) : 해석하다, 분석하다, 밝히다.
21. 插嘴(chāzuǐ) : 말참견하다.
22. 分辩(fēnbiàn) : 변명하다.
23. 傻瓜(shǎguā) : 바보, 멍텅구리, 멍청이. (욕하거나 농담조의 말.)
24. 前途无量(qiántú wúliàng) : 전도가 양양하다.
25. 无望(wúwàng) : 희망(가망)이 없다, 희망을 걸지 않다.
26. 酸(suān) : (맛 · 냄새 등이) 시큼하다, 시다.
27. 起步(qǐbù) : 가기(움직이기) 시작하다, 발걸음을 떼다.
28. 不要脸(bú yàoliǎn) : (욕하는 말로) 뻔뻔스럽다, 파렴치하다.

29. 捣鬼(dǎo guǐ) : 음모(모략)를 꾀하다, 나쁜 짓을 획책하다.

30. 发晕(fā yūn) : 현기증이 나다, 어질어질하다, 어지럽다.

31. 垂头丧气(chuítóu shàngqì) : 의기소침하다, 풀이 죽고 기가 꺾이다.

32. 彼此(bǐcǐ) : 피차, 상호, 서로, 쌍방, 양쪽.

33. 决裂(juéliè) : (감정・관계 등) 사이가 벌어지다, 끊어지다, 결별하다, 결렬되다.

34. 终于(zhōngyú) : 마침내, 결국, 끝내.

35. 三闾大学(Sānlǘ dàxué) : 삼려대학교.

36. 湖南(Húnán) : 호남성, '湘(Xiāng)'으로 약칭하며, 성도는 장사(长沙) 임.

37. 平成(Píngchéng) : 평성, 호남성(湖南省)에 위치한 중국 지명.

38. 重庆(Chóngqìng) : 중경, 중국 직할시(直辖市)의 하나, '渝(Yú)'로 약칭함.

思考题

연습문제

<说一说>

1. 唐小姐为什么不给方鸿渐回信，也不愿意见他？
2. 方鸿渐在电话里骂苏小姐"捣鬼"，苏小姐捣了什么鬼？

[参考答案]

1. 唐小姐从苏文纨那儿知道了方鸿渐过去经历过的一些丑事，尤其知道了从英国回来时在船上和鲍小姐发生过的事，还有周家的事等等，因此她决意跟方鸿渐分手。因为唐小姐不想再去证实这些，所以她就不给方鸿渐回信，也不愿意见他。
2. 苏小姐把关于方鸿渐的几件事告诉了唐小姐。例如方鸿渐住在周家的事、留学回国时在船上和鲍小姐打得火热，而鲍小姐走了以后立刻又追苏小姐的事、在欧洲读书可取得的是美国的学位的事等等。

【참고번역】

5. 미스 소와 미스 당(2)

다음날 오전과 오후에 미스 소는 방홍점에게 전화를 해서 그의 몸이 어떠하냐고 물었다. 저녁에 또 전화를 해 야담을 하러가자고 약속했다.

방홍점이 소문환 집에 도착하자 미스 소는 그를 데리고 자기 집 뜰에 가서 달빛을 구경했다. 그날은 음력 4월 15일 보름이었기에 달이 매우 아름다웠다. 방홍점은 이러한 분위기속에서 애정의 덫에 빠질까봐 걱정했지만 미스 소가 기필코 그를 가지 못하게 하였기에 그는 그녀를 저항할 용기가 없었다.

미스 소는 승리의 미소를 지으면서 프랑스어로 “Embrasse-moi!(키스해주세요!)” 라고 작은 목소리로 말했고, 방홍점은 피할 방법이 없어서 가볍게 그녀에게 키스했다. 그는 미스 소가 약혼과 결혼하는 일을 언급하며 그에게 장래의 계획을 토론할까봐 두려워 “달이 내게 바보짓을 하게 했네요. 난 집에 돌아가야겠어요!” 라고 말했다. 미스 소도 더 이상 그를 잡지 못했다.

방홍점은 집에 돌아간 후에 미스 소에게 편지 한 통을 써 보냈다. 편지에 ‘이전부터 오늘밤까지의 일은 모두 내가 잘못한 것이니 당신의 용서를 구합니다. 당신이 나 같은 이런 유약하고 용기 없는 사람을 잊길 바랍니다.’라고 썼다.

미스 소는 편지를 받고 난 후에 곧바로 열어보지 않고 먼저 방홍점에게 전화를 해서 편지에 뭐라고 썼는지 묻고, 그에게 편지 속의 말을 직접 그녀에게 말하도록 했다. 방홍점은 듣고서 미스 소가 이 편지를 청혼하는 편지로 오해했음을 깨닫고는 부득이하게 프랑스어로 그녀에게 “나……나는 한 사람을 사랑하는데……다른 한 여인을 사랑하는데, 이해하죠? 당신의 용서를 구합니다.”라고 말해주었다.

“당신……너, 이 나쁜 놈!” 미스 소가 중국어로 그를 욕했는데, 목소리는 떨렸다.

일이 벌어진 후 방홍점은 미스 소가 실연으로 인해 자살을 할까봐 걱정되어서 또 황급하게 편지를 써서, 그녀에게 용서를 구하고 건강을 잘 돌보라고 부탁하며 그는 그녀가 사랑할만한 가치가 없다고 말했다. 오후 4시쯤 되어서 그는 전보 한 통을 받았다. 그는 미스 소에게 무슨 일이 일어난 것으로 여겨서 급하게 열어보았는데, 알고 보니 삼려대학교 총장인 고송년이 보낸 것으로 그를 대학교수를 하러오게 초빙했으며 매달 월급은 340원이었다. 그 전보는 호남성 평성으로부터 온 것이었으며, 삼려대학교는 이전에 들어본 적이 없으니 아마도 새로 설립한 학교일 것이다! 고송년을 그 또한 알지 못했지만 그래도 국립대학교 교수가 되는 것은 역시 매우 체면이 서는 일이었다. 저녁에 그는 이 소식을 주 은행장 부부에게 알렸더니 그들도 매우 기뻐했다. 그는 또 편지를 써서 미스 당에게 이야기를 했고, 그녀에게 갈지 안 갈지 결정하는 것을 도와달라고 부탁했다. 다음날 일찍 편지를 보냈고, 오후에는 또 직접 미스 당의 집에 갔다. 미스 당의 집 대문에 도착했는데 미스 소의 차가 서있는 것을 보고는 감히 들어가지 못했다. 그러나 요 며칠 동안 미스 당은 답장을 하지 않았다. 그녀를 보러가니 그녀 집의 가정부가 또 아가씨는 집에 없다고 말했다.

어느 날, 새벽부터 비가 내리고 있었고 줄곧 오후까지 그치질 않았다. 방홍점은 비를 맞는 것을 무릅쓰고 미스 당의 집에 가서 마침내 미스 당을 만나게 되었다. 미스 당은 얼굴에 전혀 웃음기도 없이 그에게 그날 현관에 도착해서 왜 들어오지 않았는지 물었다. 알고 보니 그날 미스 소의 운전기사가 방홍점이 미스 당의 집 대문 앞에 와서도 들어가지 않는 것을 보고서는 이상하다고 느껴서 바로 미스 소에게 알렸고, 미스 소는 또 미스 당에게 알렸다. 미스 당은 또 미스 소가 이미 그의 편지를 그녀에게 보여주었고, 아울러 배에서부터 그날 저녁의 일까지 전부 그녀에게 알려주었다고 말했다. 방홍점은 소문환이 분명히 사실에 맞지 않는 많은 말들을 했을 것이라 생각하여 미스 당에게 설명하려고 했다. 미스 당은 그에게 말할 기회도 주지 않고서 "해명하려거든 사촌언니에게 가서 해명하세요. 사촌언니는 또 나에게 방 선생님의 몇 가지 일에 관해서 이야기했는데 정확한지 아닌지 모르겠네요. 방 선생님은 지금 주씨 집에서 살고 있고, 듣자하니 보통 친척이 아니라 장인의 집이며 방 선생님은 이전에 결혼한 적이 있다고 하던데요.……"라고 말했다. 방홍점은 해명을 하려고 했으나 미스 당은 그가 변명을 못하게 했다.

"방 선생님은 귀국하는 배에서 일찍이 미스 포라는 여자와 뜨겁게 교제했다는데, 그렇지 않나요? 미스 포가 떠난 뒤에는 곧 사촌언니와 다정하게 지내고는 그 다음에는 지금까지 줄곧……난 더 말할 필요가 없어요. 뿐만 아니라 듣자하니 방 선생님은 유럽에서 공부했는데 미국의 학위를 취득했다던데요.……"

"내가 당신과 나에게 학위가 있는지 없는지에 대해서 말한 적이 있나요? 그건 농담한 것이에요." 방홍점은 어쩔 수 없이 해명했다.

"방 선생님은 사람이 총명하니 모든 것을 농담이라 할 수 있지만 우리와 같은 이런 바보는 당신의 농담도 모두 진심으로 받아드려요……난 다만 방 선생님의 앞날이 무한하길 바랄게요."

방홍점은 마지막 말을 듣고서는 상황이 이미 희망이 없음을 알고서 고개를 드니 두 눈에는 눈물이 흘렀고, 그 후에 미스 당의 집을 떠났다.

미스 당은 코가 갑자기 찡했다. 그녀는 창문에 서서 방홍점이 현관을 나가는 것을 보았지만, 그는 바로 떠나지 않고 큰 비를 무릅쓰고 맞은편 길 위에 서 있다가 한참 지난 뒤에야 발길을 움직여 멀리 갔다. 그녀는 그가 길에서 무슨 사고가 날 까봐 걱정되어 그에게 몇 차례 전화를 했지만, 그는 집에 돌아오지 않았다. 마지막으로 한번 전화를 했을 때, 방홍점은 막 집에 돌아왔다. 가정부가 그에게 "미스 소의 전화에요."라고 알려주자, 그는 방문을 뛰쳐나와 전화기를 들고서는 큰 소리로 "정말 뻔뻔하네요! 당신 도대체 무슨 짓을 하는 거요?"라고 말했다. 미스 당은 듣고 황급히 전화를 끊었고 머리가 어지러울 정도로 화가 났다.

다음날 방홍점이 막 일어나자 미스 당 집의 가정부가 종이상자를 가져왔는데, 그는 이것이 자신이 이전에 미스 당에게 보낸 편지라는 것을 알았다. 그는 풀이 죽어서 또 미스 당이 자기에게 준 편지를 건네주어 그 가정부가 가져가도록 했다. 미스 당은 방홍점이 자신의 편지를 그렇게 잘 본존하고 있는 것을 보고서는 방홍점에 관한 일은 모두 단지 사촌언니 한사람이 말한 것만 들은 것을 생각했고, 또 이전에 주씨 집의 사람이 일찍이 그녀를 미스 소라고 여겼기에 어제의 전화도 어쩌면 오해일 것이라고 생각했지만, 피차 이미 깨졌으므로 그녀는 다시 이러한 일들을 증명하고 싶지 않았다.

하지만 미스 당은 마음속으로 방홍점을 잊지 못했고 마침내 병에 걸렸다. 미스 소가 매일 그녀를 병문했으며, 또 그녀에게 자기는 이미 조원랑과 약혼했다고 알려주었다. 미스 당은 병이 나은 이후에 미스 소의 결혼식에 참석했고, 곧 아버지와 함께 중경으로 갔다.

六、不食周粟

方鸿渐把唐小姐的信交给了唐家人以后，就回楼上洗脸。周太太昨晚听用人告诉她方鸿渐在电话里骂人，想问问他发生了什么事，吃早饭的时候，就在饭桌旁等他，可是方鸿渐连早饭也没有吃就出门去了。周太太很生气，说："现在他吃周家的饭，住周家的房子，在周家的银行里做事，却瞒了我在外面胡闹，早晨出门也不打个招呼，还算是念书人家的儿子！什么女子会喜欢他？！"

方鸿渐不吃早饭就出门，的确是因为不愿意见到周太太。他这时怕有人问他，更怕有人怜悯他、教训他。来到银行，想起了三闾大学的邀请，他叹了口气，就复电同意了。接着，周经理派人请他去办公室，问他："是怎么回事？你丈母犯病了。我出门时，正在找医生呢。"

方鸿渐说："今天早晨到现在我还没见过她呢。"

周经理道："你丈母从女儿去世后，身体一直不好，你不要让她生气。"

方鸿渐道："我知道了，要不要我打个电话问问她现在好了没有？”

“你不要打，她正在跟你生气呢。”

方鸿渐回到自己的办公桌后，想，不能再在周家住下去了。周经理中午吃了午饭回到银行，又找方鸿渐谈话，第一句就问他复了三闾大学的电报没有。方鸿渐明白他的意思，说“复了”。周经理又道：“好。在我们银行里混，不是好办法。从今天起，你要忙着准备出发，就可以不来银行了。我送你四个月的薪水。”还说请他“不要误会”。方鸿渐高傲地说：“我不要钱，我有钱。”然后跑出了银行。他想，昨天女朋友离开了自己，今天丈人又不要自己了，现在突然回到自己的家里，家里人会怎么想呢？反正在家住不了几天，就要去三闾大学。这时侯他才想起，还没有把三闾大学的事情告诉父母呢。

回到家里，方老先生对他说：“我正要找你。你丈母今天早晨来电话，说你在外面跟女人胡闹。你回家来住吧，免得人家讨厌。”

方鸿渐羞愤地说：“我是想明天搬回来。我丈母太爱无事生非了！”

方老太太问他：“那位苏小姐怎么样了？只要你真喜欢

她，家里会照你的意思办的。”

方鸿渐随口胡编道：“她已经跟人订婚了。”他没有告诉他们唐小姐的事，而把三闾大学的电报给方老先生看了。方老先生和方老太太果然很高兴，说，这才是留学生做的事，比在小银行混好多了，又说：“周家到底是商人，现在看不起我们了。”

方鸿渐吃了晚饭，又一个人去看电影，等周经理夫妇都睡了，才慢慢回到周家。他整理好自己的东西，睡了一会儿，第二天一早，就离开了周家。

在家里住了近十天，三闾大学没有消息，方鸿渐却收到了赵辛楣的信，约他下午去赵家。信里说：“以前的事，都是误会；今天有重要的事情告诉你。”那天上午，方鸿渐看到当天报上登了曹元朗和苏文纨订婚的启事。这也许就是赵辛楣要告诉他的“重要事情”吧，他想。

下午，方鸿渐跟赵辛楣见了面。赵辛楣说：“那天喝醉酒的事不要再提了，以后咱们要好好地交个朋友。”说起苏小姐订婚的事，赵辛楣又说：“我以为她一定嫁给你。谁知道是姓曹的！我们都受她骗了。现在咱们同病相怜，将来又是同事——”

"什么？你也去三闾大学？"

于是，赵辛楣告诉他：三闾大学是一个新成立的大学，校长高松年是他的老师。本来高松年要请他去当政治系主任，但他离不开苏小姐，就悄悄地把方鸿渐介绍给高松年，好让方鸿渐离开苏小姐，可是高松年坚持请他去，他又得到了苏小姐订婚的消息，就复电同意了。赵辛楣又说，上海还有几个人，他们可以一起去。

方鸿渐这才知道，高松年请他去当教授是赵辛楣介绍的，便道："我应该好好儿谢谢你。"接着他告诉赵辛楣，他爱的不是苏小姐，而是唐小姐，不过现在也被唐小姐甩了。赵辛楣听了知道自己以前完全搞错了，态度轻松了许多。他留住方鸿渐，又打电话叫来了董斜川，三个人一起去吃晚饭。

吃饭的时候，谈起三闾大学。方鸿渐对赵辛楣道："应当介绍斜川去。"

赵辛楣道："斜川？他肯去吗？那种地方只有我们一对失恋的废物才肯去，斜川家里有年轻漂亮的太太。"

董斜川笑道："别胡说，我对教书没有兴趣。"

方鸿渐道："对呀。我呢，回国以后等于失业，教书也算有了事做。辛楣，你在报馆做事，以后还可以做官，去那里岂不可惜？”

赵辛楣道：“办报和教书都是为了教育群众；再说，教书也可以干政治，你看现在许多中国大政客，都是教授出身。”

方鸿渐道：“大教授干政治，小政客办教育。从前的愚民政策是不让人民受教育，现在愚民政策是只让人民受一种教育。不受教育的人，因为不识字，受人骗；受教育的人，因为识了字，也受人骗。你们的报纸就是骗人的东西。”

赵辛楣冷笑道：“他年龄才二十八岁，因为失了一次恋，就看破了教育，看破了政治，看破了一切。真没有志气！”

董斜川也道：“不要为了一个女孩子——”

方鸿渐听着不高兴，愤然走出饭馆回家去了。回到家里刚坐下，赵辛楣、董斜川就来电话向他道歉。

从上海一起去三闾大学的还有三位。一位是中国文学系主任李梅亭，高松年的老同事，四十来岁，态度傲慢。一位是顾尔谦，高松年的亲戚，近五十岁的干瘦男人，他被聘为历史副教授，好像很高兴。第三位是孙柔嘉小姐，是赵辛楣同事的女儿，刚大学毕业，赵辛楣介绍她当了外国语文系的助教；她初来时还叫他"叔叔"。几个人商量好一起坐船到宁波。赵辛楣说，船票由他去买，五张都买头等舱。李梅亭说他有个朋友在轮船公司，可以直接帮忙买票。赵辛楣说："那再好没有。拜托拜托！"方鸿渐却讨厌这个人，说他没有学问。

开船的日子是九月二十二日，方鸿渐很不愿意地去周家辞行，但是一个人都没见到。过了一天，周家送来四色路菜1)，方鸿渐坚决不吃。方老先生说儿子是"不食周粟"2)。

---

1) 路菜(lùcài)：送给出远门的人吃的菜，用来代替设宴送行。
먼 길을 떠나는 사람에게 주는 음식으로, 연회를 베풀어 송별하는 것을 대신해 쓰인다.

2) 不食周粟(bùshí Zhōusù)：中国古代商王朝的后裔伯夷和叔齐反对武王讨伐商朝，后来武王灭亡了商朝，建立了周王朝，伯夷和叔齐不吃周朝的粟(粟：一种粮食)，来到大山里，最后饿死在那里。这个典故的意思是赞美人有气节。周家的"周"，刚好跟周王朝的"周"是同一个字。
중국 고대 상 왕조의 후예인 백이와 숙제는 무왕의 상 왕조 토벌을 반대했는데, 후에 무왕이 상 왕조를 멸망시키고 주 왕조를 건립하자, 백이와 숙제는 주 왕조의 조(양식의 일종)를 먹지 않았고 큰 산(首阳山)에 들어가 최후에는 그곳에서 굶어죽었다. 이 전고의 의미는 사람이 절개가 있음을 찬미하는 것이다. 주씨 집안의 '주'는 마침 주 왕조의 '주'와 같은 글자이다.

生词 (어휘)

1. 瞒(mán) : 속이다, 감추다.
2. 胡闹(húnào) : 제멋대로 굴다, 막무가내로 굴다.
3. 教训(jiàoxùn) : 훈계하다, 가르치고 타이르다.
4. 叹气(tànqì) : 탄식하다, 한숨짓다, 한탄하다.
5. 复(电)(fù diàn) : 답전(회답 전보)을 치다.
6. 犯病(fànbìng) : 병이 재발하다, 병이 도지다.
7. 反正(fǎnzhèng) : 아무튼, 어떻든, 어쨌든, 여하튼.
8. 免得(miǎnde) : ~하지 않도록, ~않기 위해서.
9. 羞愤(xiūfèn) : 부끄럽고 분하다.
10. 无事生非(wúshì shēngfēi) : 공연히 말썽거리를 만들다, 공연히 생트집 피우다.
11. 随口(suíkǒu) : 입에서 나오는 대로, 엉겁결에, 얼떨결에, 생각 없이 되는대로,
12. 胡编(húbiān) : 멋대로 날조하다, 근거 없이 조작하다.
13. 启事(qǐshì) : 광고, 공고.
14. 交(朋友) jiāo(péngyou) : 친구를 사귀다,
15. 同病相怜(tóngbìng xiānglián) : 동병상련, 처지가 같은 사람끼리 동정하다.
16. 同事(tóngshì) : 동료, 한 직장에서 같이 일하다,
17. 主任(zhǔrèn) : 장, 주임.
18. 悄悄(qiāoqiāo) : 은밀히, 몰래.
19. 轻松(qīngsōng) : 수월하다, 가볍다, 부담이 없다, 편하게 하다.
20. 废物(fèiwù) : 폐품, 쓸모없는 사람, 무능한 사람.
21. 失业(shīyè) : 일(직업)을 잃다, 실직하다.
22. 岂不(qǐbù) : (반어의 어기를 강조하여) 어찌 ~이 아닌가?
23. 出身(chūshēn) : 신분, 출신.
24. 愚民政策(yúmín zhèngcè) : 우민 정책.
25. 骗人(piàn rén) : (남을) 속이다, 기만하다.
26. 看破(kànpò) : 간파하다, 꿰뚫어 보다, 똑똑히 보다.
27. 志气(zhìqi) : 패기, 기개, 향상심, 진취성, 포부.
28. 愤然(fènrán) : 화를 내는 모양, 벌컥 화내다, 발끈하다.
29. 道歉(dàoqiàn) : 사과하다, 사죄하다.

30. 傲慢(àomàn) : 거만하다, 오만하다, 도도하다, 건방지다.

31. 干瘦(gānshòu) : 빼빼 마르다, 여위다, 뼈만 앙상하다.

32. 聘(pìn) : 초빙하다, 모시다, 모셔 오다.

33. 副教授(fùjiàoshòu) : 부교수.

34. 助教(zhùjiào) : 조교.

35. 头等(tóuděng) : 최상의(등급), 일등의, 첫째가는, 가장 중요한.

36. 拜托(bàituō) : 삼가 부탁드립니다, 부탁드리다.

37. 辞行(cíxíng) : (먼 길을 떠나기 전에) 작별인사를 하다.

38. 色(sè) : 종류, 모습, 모양, 상황.

39. 宁波(Níngbō) : 영파, 절강성(浙江省)에 위치한 항구도시.

思考题

연습문제

<想一想>

1. 方鸿渐同意去三闾大学，是因为：（　　）

① 他失恋了
② 教书比在银行里混饭好得多
③ 周经理和周太太不喜欢他

2. 周经理问方鸿渐“复了三闾大学的电报没有”，他的意思是：（　　）

① 要给他钱
② 希望方鸿渐离开他的银行
③ 要让他好好儿准备

3. 赵辛楣把方鸿渐介绍给了三闾大学校长高松年，是：（　　）

① 因为高松年是赵辛楣的老师，赵辛楣为了帮助他
② 因为方鸿渐离开银行失业了
③ 为了让方鸿渐离开苏小姐

4. 赵辛楣同意去三闾大学是因为：（　　）

① 他得到了苏小姐订婚的消息
② 教书和办报都是为了教育群众
③ 他想做官，中国的政客都是教授出身

[参考答案]

1. ①　2. ②　3. ③　4. ①

<说一说>

1. 周家为什么不喜欢方鸿渐？他们对方鸿渐的态度有什么变化？
2. 跟方鸿渐、赵辛楣一起去三间大学的还有谁？请介绍一下他们的情况。

[参考答案]

1. 方鸿渐住周家的房子，吃周家的饭，在周家的银行里做事，可是在外面胡闹，早晨出门也不打个招呼等，让周家太太很不高兴。因此，周家的人不喜欢方鸿渐，还对他失望了。

2. 跟方鸿渐、赵辛楣一起去三闾大学的还有三个人：李梅亭、顾尔谦、孙柔嘉。
   ① 李梅亭是高松年的老同事，四十来岁，态度傲慢。
   ② 顾尔谦是高松年的亲戚，近五十岁的干瘦男人。
   ③ 孙柔嘉是赵辛楣同事的女儿，刚大学毕业，赵辛楣介绍她当外国语文系的助教。

【참고번역】

6. 주가네 음식을 먹지 않다

방홍점은 미스 당의 편지를 당씨 집의 사람에게 건네주고 난 뒤, 바로 위층으로 돌아와 세수를 했다. 주 은행장의 부인은 어제 저녁 방홍점이 전화로 사람에게 욕을 했다고 하인이 일러준 것을 듣고, 그에게 무슨 일이 생겼는지 물어보고 싶어서 아침을 먹을 때 바로 식탁 옆에서 그를 기다렸으나 방홍점은 아침조차도 먹지 않고 나가버렸다. 주 은행장의 부인은 매우 화가 나서 "지금 그는 주씨 집의 밥을 먹고 주씨 집에서 살며 주씨 집안의 은행에서 일하면서도, 나를 속여서 밖에서 소란을 피우고 아침에 집을 나가면서도 인사를 하지 않으니, 그러고도 어찌 서생 집안의 자식이라고 할 수 있겠어! 어떤 여자가 그를 좋아할 수 있겠어?!"라고 말했다.

방홍점이 아침을 먹지 않고 바로 나온 것은 확실히 주 은행장의 부인을 만나고 싶지 않았기 때문이었다. 그는 이때 어떤 사람이 그에게 묻는 것이 두려웠고, 어떤 사람이 그를 동정하거나 훈계하는 것이 더더욱 두려웠다. 은행에 도착해서 삼려대학교의 초청을 떠올리고 한숨을 쉬고서는 바로 동의하는 전보를 보냈다. 이어서 주 은행장이 사람을 보내 그를 사무실로 오게 하고서는 그에게 "어찌된 일인가? 자네 장모의 지병이 도졌다네. 내가 나올 때 막 의사를 찾는 중이었어."라고 물었다.

방홍점은 "오늘 아침부터 지금까지 저는 장모님을 뵌 적이 없는데요."라고 말했다.

주 은행장은 "자네 장모는 딸아이가 죽은 후부터 몸이 줄곧 좋지 않으니 자네가 장모를 화나게 하지 말게나."라고 말했다.

방홍점이 "알겠습니다. 제가 전화를 걸어 장모님에게 몸이 좀 나아지셨는지 물어볼까요?"라고 말했다.

"전화 걸지 말게! 자네 장모는 지금 자네에게 화가 나 있으니."

방홍점은 자신의 사무실 책상으로 돌아와서 더 이상은 주씨 집에 살 수 없겠다고 생각했다. 주 은행장은 정오에 점심을 먹고 은행으로 돌아와서 또 방홍점을 찾아 이야기를 했는데, 첫마디에 바로 그에게 삼려대학교의 전보에 회답을 했는지를 물었다. 방홍점은 그의 뜻을 알아채고는 "회답했습니다."라고 말했다. 주 은행장은 또 "그래. 우리 은행에서 그럭저럭 되는대로 지내는 것은 좋은 방법이 아니지. 오늘부터 자넨 출발준비로 바빠야 하니 은행에는 나오지 않아도 되네. 내가 자네에게 네 달치의 월급을 주겠네."라고 말했고, 아울러 그에게 "오해하진 말게."라고 말했다. 방홍점은 오만하게 "저 돈 필요 없습니다. 저도 돈 있습니다."라고 말하고는 은행을 뛰쳐나왔다. 그는 '어제는 여자친구가 자신을 떠났고 오늘은 장인이 또 나를 원치 않는데, 지금 갑자기 자기 집으로 돌아간다면 가족들이 어떻게 생각할까? 어쨌든 집에서 며칠 못 지내고 곧 삼려대학교로 갈 텐데……'라고 생각했다. 그제야 비로소 그는 삼려대학교의 일을 아직까지 부모님께 알리지 않았다는 것을 생각해냈다.

집으로 돌아오니, 방홍점의 부친이 그에게 "내가 마침 너를 찾고 있었다. 네 장모가 오늘 아침에 전화를 걸어와서 네가 밖에서 여자와 소란을 피운다고 말하더구나. 남들이 싫어하고 꺼려하지 않도록 집으로 돌아와 살도록 해라."고 말했다.

방홍점은 부끄러운 나머지 화를 내며 "저는 내일 옮겨서 돌아오려고 했어요. 장모는 공연히 생트집 잡는 것을 너무 좋아하네요!"라고 말했다.

방홍점의 모친이 그에게 "그 미스 소는 어떻게 됐니? 네가 정말 그녀를 좋아한다면 집안에선 네 뜻에 따라 처리할 것이야."라고 물어보았다.

방홍점은 "그녀는 이미 다른 사람과 약혼했어요."라고 엉겁결에 입에서 나오는 대로 아무렇게나 말해버렸다. 그는 그들에게 미스 당의 일은 말하지 않고 삼려대학교의 전보를 부친에게 보여주었다. 방홍점의 부친과 모친은 과연 기뻐하며, 이것이야말로 유학생이 해야 할 일이며 작은 은행에서 그럭저럭 되는대로 지내는 것보다 훨씬 좋은 일이라고 말했다. 또 "주씨 집안은 역시 장사꾼이라 지금 우리를 업신여기는 게야."라고 말했다.

방홍점은 저녁을 먹고 또 혼자서 영화를 보러 갔다가, 주 은행장 부부가 모두 잠이 들기를 기다리고서야 천천히 주씨 집으로 돌아갔다. 그는 자신의 물건을 다 정리하고 잠시 자고는 다음날 일찍 주씨 집을 떠났다.

집에서 열흘 가까이 지냈는데 삼려대학교에서는 소식이 없고 방홍점은 오히려 조신미의 편지를 받았는데, 그가 오후에 조신미의 집으로 가도록 약속을 했다. 또 편지에서 "이전의 일은 모두 오해입니다. 오늘은 당신에게 중요한 일을 알려주겠습니다."라고 하였다. 그날 오전, 방홍점은 그날 신문에 주원랑과 소문화의 약혼 광고가 실린 것을 보았다. 이것이 어쩌면 바로 조신미가 나에게 알려줄 '중요한 일'일 것이라고 그는 생각했다.

오후에 방홍점은 조신미와 만났다. 조신미는 "그날 술에 취한 일은 더 이상 언급하지 말아요. 앞으로 우리 친구로 잘 사귀어봅시다."라고 말했다. 미스 소가 약혼한 일을 말하기 시작하면서 조신미는 또 "난 그녀가 분명히 당신에게 시집갈 것이라 여겼어요. 누가 조가인 줄 알았겠어요! 우리 모두 그녀에게 속았어요. 지금 우리는 동병상련이고, 장래에는 또 직장동료가……"라고 말했다.

"뭐라고요? 당신도 삼려대학교에 갑니까?"

그래서 조신미는 그에게 삼려대학교는 새로 설립된 대학이고, 총장 고송년은 그의 스승이라고 알려주었다. 원래 고송년은 조신미를 초빙해 정치학과 학과장을 맡기려고 했지만, 그는 미스 소를 떠날 수가 없어서 슬그머니 방홍점을 고송년에게 소개시켜 방홍점이 미스 소를 떠나게 하려고 했다. 그러나 고송년은 조신미가 와주기를 고수하였고, 그는 또 미스 소가 약혼한다는 소식을 듣고는 바로 답전을 보내 동의하였다. 조신미는 또 상해에 몇 사람이 더 있고 그들이 함께 갈 수 있을 것이라고 말했다.

방홍점은 그제야 비로소 고송년이 그를 초빙하여 교수직을 맡게 한 것이 조신미가 소개한 것인을 알고서 곧바로 "당신에게 톡톡히 감사해야겠네요."라고 말했다. 이어서 그는 조신미에게 그가 사랑한 사람은 미스 소가 아니고 미스 당이었지만, 이젠 미스 당에게도 차였다고 말했다. 조신미는 듣고서 자신이 이전에 완전히 잘못 알았다는 것을 알고는 태도가 많이 부드러워졌다. 그는 방홍점을 잡아두고 또 전화를 걸어 동사천을 불러와서 세 사람이 함께 저녁을 먹으러 갔다.

식사를 할 때 삼려대학교 이야기를 꺼내자, 방홍점은 조신미에게 "사천 씨가 가도록 소개했어야만 하는데요."라고 말했다.

조신미는 "사천요? 그가 가려고 하겠어요? 그런 곳은 우리들처럼 실연당한 무능한 사람이나 가려고하지, 사천은 집에 젊고 예쁜 부인이 있어요."라고 말했다.

동사천이 웃으며 "허튼소리 말아요. 나는 교직에 관심이 없어요."라고 말했다.

방홍점이 "그래요. 나는 말이죠, 귀국한 이후 실업한 거나 다름없었는데 공부를 가르치는 것도 일이 생겨서 하게 된 셈이에요. 신미 씨, 당신은 신문사에서 일하면 나중에 관리가 될 수 있는데 그곳에 가면 아깝지 않겠어요?"라고 말했다.

조신미는 "신문을 발행하는 것과 글을 가르치는 것은 모두 대중을 교육하기 위한 것이에요. 다시 말해서 글을 가르치는 것 역시 정치하는 것이라고 할 수 있어요. 보세요, 지금 중국의 수많은 대 정객들은 모두 교수 출신이잖아요."라고 말했다.

방홍점이 "대 교수는 정치를 하고, 소 정객은 교육 사업을 하지요. 종전의 우민정책은 인민으로 하여금 교육을 받지 못하게 하고, 지금의 우민정책은 단지 한 종류의 교육만 받게 하지요. 교육을 받지 못한 사람은 글자를 모르기 때문에 남에게 속임을 당하고, 교육을 받은 사람은 글자를 알기 때문에 역시 속임을 당하지요. 당신들의 신문이 바로 사람을 속이는 물건이죠."라고 말했다.

조신미는 차갑게 웃으며 "이 사람은 나이가 이제 겨우 스무 여덟 살인데 한번 실연한 것 때문에 교육을 다 아는 것같이 말하고, 정치를 다 아는 것같이 말하며, 모든 것을 다 간파해버렸네요. 정말 패기가 없군요!"라고 말했다.

동사천도 "한 여자애를 위해서 그러지 말고……"라고 말했다.

방홍점은 듣자니 기분이 나빠서 발끈하며 식당을 나가 집으로 돌아갔다. 집에 돌아와 앉자마자 조신미와 동사천이 바로 전화를 걸어와 그에게 사과했다.

상해에서 함께 삼려대학교으로 가는 사람이 세 명 더 있었다. 한 사람은 중국문학과 학과장인 이매정으로, 고송년의 오랜 동료이고 마흔 살 남짓 되었으며 태도가 아주 거만했다. 또 한 사람인 고이겸은 고송년의 친척이고 쉰 살 가까이 된 깡마른 남자로, 역사학과의 부교수로 초빙되었는데 매우 기뻐하는 것 같았다. 세 번째 사람은 손유가 양으로, 조신미 동료의 딸이고 막 대학을 졸업했으며 조신미가 그녀를 외국어문학과의 조교를 맡게 소개했다. 그녀는 처음 왔을 때 여전히 그를 '아저씨'라고 불렀다. 몇 사람이 상의하여 함께 배를 타고 영파로 가기로 했다. 조신미가 배표는 그가 사러 가는데 다섯 장 모두 일등석으로 사겠다고 말했다. 이매정은 그가 여객선회사에 일하는 친구가 있으니 표를 사는 것을 직접 도울 수 있다고 말했다. 조신미는 "그러면 더 이상 좋을 게 없네요. 부탁드립니다!"라고 말했다. 방홍점은 오히려 이매정이 싫었고, 그가 학식이 없다고 했다.

출항날짜는 9월 22일이었고, 방홍점은 아주 원치 않으면서도 주씨 집에 작별인사를 하러갔지만 한사람도 만나지 못했다. 하루 지나서 주씨 집에서 먼 길을 떠나는 사람에게 주는 네 가지 종류의 송별음식을 보내왔지만, 방홍점은 한사코 먹지 않았다. 방홍점의 부친은 아들이 "(기개가 있어) 주가네 음식을 먹지 않는다."고 말했다.

七、艰苦的旅行

到了船上，方鸿渐和赵辛楣是同舱，孙小姐也遇见了，只找不到李梅亭和顾尔谦二人，三个人都很着急。正在这时候，茶房跑来说，三等舱里有客人找他们。赵、方二人下去一看却是李先生和顾先生，顾先生说李先生的朋友只买到三张头等舱的票，所以他和李先生就坐了三等舱。赵先生说："其实，应该你们两位先生坐头等舱，我们年轻人应当苦一些。"李先生道："没什么！"

晚饭后，方鸿渐跟赵辛楣来到甲板上。赵辛楣忽然说："我觉得李和顾都在撒谎。其实，五张头等舱的票都能买到，他们是为了省钱，还要我们感激他们。"

"我想你猜得对。可是三闾大学给每人都寄来了旅费，为什么还要省？"

赵辛楣道："他们都是上了年纪、有了孩子的人，也许家里需要钱，不过，如果把大部分钱留在了家里，带的行李又这么多——你看李梅亭的大铁箱，万一路上钱不够，岂不耽误了大家的事。"他又说，学校没有给孙小姐旅费。

方鸿渐道："这太岂有此理了。我们是有职业、有薪水的，倒可以不要学校的旅费，孙小姐第一次出来做事，怎么让她自己出旅费呢？你到了学校，一定要为她去争。"

"我也这样想，大概不成问题。——你这样关心孙小姐，要不要我替你介绍介绍？"

"别胡说！我经过了这一次挫折，不知哪年哪月才会结婚。不过我想你要是真的跟苏小姐结了婚，也没有什么意思。我记得褚慎明还是苏小姐讲过什么'围城'，近来我对一切事情都这样想。比如当初我很希望到三闾大学去，后来又想不如留在上海，只是没有勇气退回去。"

说起苏小姐，赵辛楣告诉方鸿渐，他去参加她的婚礼了，婚礼上见到了唐小姐。方鸿渐听了，心上隐隐作痛。

说了一会儿，他们就回船舱去，刚转弯，只见孙小姐从椅子上站起来招呼他们。他们担心刚才的谈话孙小姐都听到了。

第二天一早，船到了宁波。赵辛楣等三人因为坐的是头等舱，先坐小船上了岸。李、顾二人同三等舱的人一起等着第二批上岸，正在这时，响起了空袭警报，但是并没有发生空袭。李、顾上岸后，语气里表示出好像他们代赵辛楣等三人受了这空袭的恐怖。不过赵、方这次并没有向他们表示感激。

他们在旅馆住了一夜，就往溪口出发。天下起雨来。李先生爱惜他的新雨衣，把它放在箱子里了，孙小姐便把自己的绿色小阳伞借给他用，没想到伞上的颜色都掉在了李先生的衣服上。孙小姐红了脸，连忙道歉。

他们来到了一个茶馆，吃了点心，继续前进。走到一座没有栏杆的长桥旁边，别的人都过去了，只剩下孙小姐和胆小的方鸿渐。孙小姐道："方先生怕吗？要不要我在前边走，你跟着我，胆子可以大些。"方鸿渐跟着孙小姐过了桥，心里想，女人有时还真能体贴人。

天越来越黑，下起了大雨。不知走了多少时候，只觉得雨下不停，路走不完，鞋子越来越重，好不容易来到了一个镇上住下。

一觉醒来，天气晴朗。前面的路程有公共汽车，但据说车票很难买，除非有证件。他们五人都没带证件，只有李先生拿出了名片，名片上写着"国立三闾大学主任"、"新闻学研究所所长"，背面还有英文字。方鸿渐说："这东西一定有用。"说着就要拿了去车站。赵辛楣说："你这样子去不得！"

原来方鸿渐两天没刮胡子，衣服也让雨淋湿了。还是赵辛楣换了一身西服，陪李先生一起去了车站。站长却认错了人，把赵辛楣叫“李先生”、“李所长”，说明天先给两张票，后天再给三张，又问他在哪个报馆做事，希望多指教。赵辛楣回来把经过给大家讲了，顾尔谦愤愤地说：“只重衣衫不重人——当然，赵先生也是名人。”赵辛楣连忙说：“没有李先生的名片，衣服再新也没有用。”

第二天早晨，大家先送李、顾上车。李梅亭见自己的大铁箱没有上车，心里很着急，但也没有办法。又过了一天，赵、方、孙三人拿到票，好不容易挤上了车。这车子很旧，好像年纪大了，只是因为抗战，才没有退休。一路上它走一段停一下，停下来的时候，开车的就大声地骂，骂得车上的女人都红了脸。直到天黑，车才到金华，不过行李却要过一天才到。三人住进了一家小旅馆。

旅馆名叫“欧亚大旅社”。方鸿渐等洗了脸，出来吃饭。他们惊异地发现，这里虽然没有欧洲人住过，却还真有咖啡，便要了三杯。没想到那咖啡上面有一层白沫，看了恶心，原来要的饭菜也叫人吃不下去，只能另要。三人勉强吃完了饭，赵辛楣说：“咱们今天幸好没跟李梅亭、顾尔谦在一起，要了东西不吃，会给他们骂死的。可是我实在吃不下。”

正在说话的时候，有一个三四岁的女孩子来到女主人身边，女主人便在她头发里捉虱子。大家看了也觉得身上痒起来。躺下以后，更是浑身痒，便在床上捉吃血的小动物，一夜没有睡好。早晨看见孙小姐，脸上有些红点，也说痒了一夜。三人找到了比他们早到一天的李、顾，搬进了他们住的旅馆。

行李过了好几天才陆续来到，李梅亭担心他铁箱里的东西有没有损失，连忙打开来检查。大家来看时，只见里面装了不少卡片，都是关系中国文学系课程的；还有各色各样的药品，数量很多，一个人是用不了的。大家奇怪他为什么要带那么多。

在金华耽误了几天，赵辛楣说，钱已经花了不少，大家把剩下的全拿出来，看看共有多少。结果果然像他们在船上想的那样，李、顾二人没有把学校给的旅费全部带来。大家决定打电话给高松年，请他寄钱到吉安。赵辛楣说："到吉安以前，大家都要节约，香烟也不要抽了。"李梅亭道："我昨天刚买了烟，当然可以抽。"

五人坐火车到了鹰潭，取出行李，汽车已经开走了，又只得住下。汽车站的人说要三天以后才有票。大家担心身上的钱连吉安也到不了了，都没精打采。在旅馆的房间里，他们发现对面楼上有一个妇人打扮得十分妖艳，站在窗口，眼睛看着这边。赵辛楣和方鸿渐吓得不敢到窗口去，因为这样打扮的妇人一看就知道是妓女。李梅亭却跟她谈起话来，并说："公共汽车车票难买得很，你认识人多，有没有办法？"那女人说，可以坐军队的车，她认识一位营长，一会儿来看她，到那时跟他商量。一会儿，那女人果然又在窗口叫他们，说营长来了，请李先生过去。李梅亭穿好了西服，打好了领带，临走时说："妓女家里是不能随便去的，花的钱要大家分担。"大家说没问题，只要事情办好了，还有酬劳。六点钟，李梅亭回来了，说明天中午开车，晚上九点钟那位营长来看行李。军车是到广东去的，到了广东再坐车到湖南，这样，花的钱要比坐公共汽车直接到湖南贵一倍。方鸿渐说："到广东再到湖南，不是绕远了吗？"李梅亭生气道："这事我没有办好。要是方先生去，也许这位营长会给派专车。"还说花的钱也不要大家负担了。别人连忙劝解，双方总算没吵起来。

九点钟，营长来看行李，李、方、赵、顾都下楼来。营长道："军车是不带人的，懂不懂？因为你们是教书先生，我才给你们方便，懂不懂？我不要钱，懂不懂？可是我的弟兄要几个香烟钱，懂不懂？"他看了李梅亭的大铁箱，说："这不能带——"正在这时孙小姐走下楼来，他又道："这也是跟你们一起走的？女人不能带。要是能带，我早把对面那女人带走了。"孙小姐听后气得哭出了声。方鸿渐等那营长走了便骂："浑蛋！"赵辛楣和顾先生劝孙小姐不要介意："这种人嘴里没有好话。"李梅亭向孙小姐道歉说："我事情没办好！"方鸿渐倒不好再说他什么了。

在鹰潭这几天，方鸿渐很不痛快，后悔这次旅行跟李、顾二人混在一起。赵辛楣笑他经不起打击。

三天以后，他们又坐汽车出发。车上挤得只能放下两只脚，恰好孙小姐身旁放了一个麻袋，赵辛楣便让孙小姐坐。那麻袋的主人却不让，道："这是米，你知道不知道？米是要吃到嘴里去的呀——"孙小姐羞得忙道："我不要坐了！"那人又道："你们男人坐，可以，你们这位太太坐，那不行！这是米，吃到嘴里去的。"赵辛楣等四人跟他吵，他才拿出一件旧棉衣放在上面，高声道："你坐吧！"大家又劝孙小姐，孙小姐这才坐下。

车到了宁都，李先生在旅馆的柜台上看见了昨天的报，第一条消息是长沙大火1)，吓得他说不出话。大家听了这消息，急得忘了吃饭。方鸿渐从来是没有办法的人。李梅亭后悔不如留在上海，出来吃了许多苦，最后还是要回上海。赵辛楣说："要回上海也没有钱。我的意见是，到吉安领了学校的钱再作计划。"顾尔谦却聪明地说："假如学校没有寄钱来就糟了。"方鸿渐说："我们五人中先去一个人，如果吉安有钱就打电报来叫大家去；没有钱，也免得大家都去，白花车钱。"

赵辛楣赞同道："这样好，钱是寄给我的，我去；鸿渐陪我去。"

孙小姐道："我也去。"

顾尔谦对李梅亭笑道："我也想跟他们走，在这儿住下去没有意思。"

---

1) 长沙大火(Chángshā dàhuǒ)：长沙，中国湖南省的省会。1938年冬，日本侵略军占领中国中部的重要城市武汉，进入湖南北部，国民党政府惊慌失措，下令火烧长沙，自11月12日晚至14日全城房屋大部分烧毁，居民被烧死二万余人。
장사는 중국 호남성의 성도이다. 1938년 겨울, 일본의 침략군이 중국 중부의 중요 도시 무한을 점령하고 호남의 북부로 진입하자, 국민당 정부는 놀라고 당황하여 어찌할 바를 몰라 장사를 불 질러 태우라고 명하여서, 11월 12일 저녁부터 14일까지 도시전체의 가옥 대부분이 타버렸고, 주민 2만 여명이 불에 타죽었다.

李梅亭的行李还没来，不能走，生气地道："你们都去了，留下我一个人！没关系，我行李里的那些药在这儿卖了，我回上海。"

顾尔谦连忙说："梅亭先生，我在这儿陪你等行李。"

李梅亭又批评方鸿渐的主意不对，吵了半天，大家还是决定一起去。回到房间里，方鸿渐埋怨赵辛楣处处让着李梅亭。

好不容易到了吉安，住定旅馆以后，一算只剩十来块钱了。五人上银行，银行说钱已经到了几天了。可是领钱要保人，他们刚到，谁也不认识，找谁当保人呢？他们想起了教育局，可是局长说，他从来没有听说过三闾大学的名字，不肯做保人，顾先生忽然眼睛一亮，道："你们看见路上有个妇女协会没有？请孙小姐去试试，也许能行。"孙小姐一口答应了。赵辛楣不好意思地说："你父亲让我路上照顾你，怎么能让你辛苦呢？"

第二天，孙小姐去到妇女协会，在那里，遇见了一位穿军装的女同志，在她的帮助下，终于把钱领了出来。同时还拿到了高松年的电报，上面说请他们放心到学校，长沙战事并无影响。当天晚上，为了表示庆祝和感谢，他们请那位女同志一起在饭馆里大吃了一顿。原来这几天怕钱不够用，他们连饭都不敢多吃。

离开吉安，来到了江西边界，要换乘湖南的汽车。他们一路坐车很辛苦，决定休息一夜再走。饭后，四个男人睡午觉。孙小姐坐在外间看书，也睡着了。她醒来以后，头痛、吃不下东西，第二天就病了。李梅亭带了很多药，可是他想卖药，不愿意给她吃。孙小姐远离了家，半路生病，没人照顾，心里痛苦得掉下了眼泪。

他们又坐了四五天汽车，最后一天又换坐轿子，因为学校在山里，不通汽车。方鸿渐坐在轿子里想，今天到学校了，不知是个什么样子，反正自己不抱太大的希望，虽然这么说，他还是很兴奋，就下了轿子自己走。赵辛楣也下了轿子，两人走在了一起。赵辛楣说："这次旅行添了不少经验，现在总算要结束了。李、顾二人以后可以敬而远之了。"他又道："经过长期的艰苦旅行而彼此不讨厌的人，才可以做朋友。"

方鸿渐问道："你经过这次旅行，对我的感想怎么样？讨厌不讨厌？"

赵辛楣说："你不讨厌，可是一点儿用处也没有。"

方鸿渐觉得赵辛楣说得很坦白，但是这坦白让他不高兴，于是又上了轿子。

生词(어휘)

1. 茶房(cháfáng) : (찻집 · 기차 · 배 · 여관 등에서 차 심부름을 하는) 심부름꾼.
2. 撒谎(sāhuǎng) : 거짓말을 하다, 허튼소리를 하다.
3. 省(钱) shěng(qián) : (돈을) 아끼다, 절약하다.
4. 猜(cāi) : 추측하다, 알아맞히다, 추정하다.
5. 旅费(lǚfèi) : 여행 경비, 여행비, 노자(路资).
6. 上年纪(shàng niánji) : 연로하다, 나이가 들다.
7. 万一(wànyī) : 만일, 만약, 만일에, 만약에.
8. 岂有此理(qǐ yǒu cǐ lǐ) : 어찌 이럴 수가(이런 경우가 어디) 있단 말인가?
9. 挫折(cuòzhé) : 좌절, 실패, 좌절시키다.
10. 当初(dāngchū) : 당초, 애초, 맨 처음, 이전.
11. 隐隐作痛(yǐnyǐn zuò tòng) : 은근하게 아프다, 살살 아프다, 욱신거리다.
12. 转弯(zhuǎnwān) : 모퉁이를 돌다, 말을 돌리다.
13. 空袭(kōngxí) : 공습하다.
14. 警报(jǐngbào) : 경보.
15. 恐怖(kǒngbù) : 공포를 느끼다, 전율을 느끼다, 무섭다.
16. 爱惜(àixī) : 아끼다, 소중히 여기다, 잘 보살피다.
17. 阳伞(yángsǎn) : 양산.
18. 点心(diǎnxīn) : 간식, 가벼운 식사.
19. 栏杆(lángān) : 난간.
20. 胆小(dǎnxiǎo) : 담이 작다, 용기가 없다, 겁이 많다, 소심하다.
21. 体贴(tǐtiē) : 자상하게 돌보다(보살피다).
22. 晴朗(qínglǎng) : 쾌청하다, 구름 한 점 없이 맑다.
23. 路程(lùchéng) : 노정, 총 노선 거리, 소요거리.
24. 除非(chúfēi) : 오직 ~하여야(비로소), ~한다면 몰라도.
25. 证件(zhèngjiàn) : (학생증 · 신분증 등의) 증명서, 증거 서류.
26. 名片(míngpiàn) : 명함.
27. 胡子(húzi) : 수염.
28. 淋(lín) : (물이나 액체에) 젖다.

29. 指教(zhǐjiào) : 가르침을 주다, 지도편달 바라다.
30. 重(zhòng) : 중요하게 여기다, 중시하다.
31. 抗战(kàngzhàn) : 항일 전쟁(1937~1945).
32. 退休(tuìxiū) : 퇴직하다, 퇴임하다, 은퇴하다.
33. 惊异(jīngyì) : 놀랍다, 이상하다, 경이롭다.
34. 白沫(báimò) : 흰 거품, 게거품.
35. 恶心(ěxin) : 구역질이 나다, 속이 메스껍다.
36. 勉强(miǎnqiǎng) : 억지로 ~하다, 마지못하다, 내키지 않다.
37. 捉(zhuō) : (손에) 잡다, 들다, 쥐다, 사로잡다, 포획하다.
38. 虱子(shīzi) : 이(동물).
39. 痒(yǎng) : 가렵다, 간지럽다.
40. 浑身(húnshēn) : 전신, 온몸.
41. 陆续(lùxù) : 끊임없이, 연이어, 계속해서, 잇따라.
42. 损失(sǔnshī) : 손실, 손해, 잃어버리다, 손실되다, 손해보다.
43. 卡片(kǎpiàn) : 종이카드.
44. 没精打采(méijīng dǎcǎi) : 맥이 풀리다, 풀이 죽다, 의기소침하다, 기운이 없다.
45. 妖艳(yāoyàn) : 요염하다, 요사하고 아름답다.
46. 妓女(jìnǚ) : 기생, 창기, 매춘부.
47. 领带(lǐngdài) : 넥타이.
48. 酬劳(chóuláo) : 사례금, 보수, 사례하다, 노고에 보답하다.
49. 绕远(ràoyuǎn) : 멀리 돌아가다, 멀리 에돌다.
50. 专车(zhuānchē) : 전용차, 특별 열차, 특별 차량.
51. 劝解(quànjiě) : (싸움 등을) 말리다, 중재하다, 화해시키다.
52. 吵(chǎo) : 말다툼하다, 입씨름하다, 시끄럽다, 떠들썩하다.
53. 介意(jièyì) : (유쾌하지 않은 일을) 마음속에 두다, 신경 쓰다, 개의하다.
54. 后悔(hòuhuǐ) : 후회하다, 뉘우치다.
55. 经不起(jīng bu qǐ) : 감당할(이겨낼) 수 없다.
56. 打击(dǎjī) : 타격을 주다, 공격하다, 의욕이나 기를 꺾다, 손상시키다.
57. 麻袋(mádài) : 마대.

58. 主意(zhǔyi) : 방법, 생각, 아이디어, 의견.
59. 埋怨(mányuàn) : 탓하다, 불평하다, 원망하다.
60. 让(ràng) : 양보하다, 사양하다.
61. 保人(bǎoren) : 보증인.
62. 协会(xiéhuì) : 협회.
63. 放心(fàngxīn) : 마음을 놓다, 안심하다.
64. 边界(biānjiè) : 경계선, 경계, 범위.
65. 轿子(jiàozi) : 가마.
66. 通(tōng) : 통하다, 관통하다, 뚫리다.
67. 抱(bào) : 안다, 껴안다, 포옹하다.
68. 兴奋(xīngfèn) : 감정을 불러일으키다, 격동하다, 격분하다, 흥분하다.
69. 敬而远之(jìng ér yuǎn zhī) : 공경하되 가까이 하지 않다.
70. 用处(yòngchu) : 용도, 용처, 쓸모.
71. 坦白(tǎnbái) : 담백하다, 솔직하다, 격의 없다, 허심탄회하다.
72. 溪口(Xīkǒu) : 계구, 절강성(浙江省)에 위치한 중국지명.
73. 金华(Jīnhuá) : 금화, 절강성(浙江省)에 위치한 중국지명.
74. 欧亚大旅社(Ōu-Yà dàlǚshè) : 유라시아 여관.
75. 吉安(Jíān) : 길안, 강서성(江西省)에 위치한 중국지명.
76. 鹰潭(Yīngtán) : 응담, 강서성(江西省)에 위치한 중국지명.
77. 广东(Guǎngdōng) : 광동성, '粤(Yuè)'으로 약칭하며, 성도는 광주(广州)임.
78. 宁都(Níngdū) : 영도, 강서성(江西省)에 위치한 중국지명.
79. 江西(Jiāngxī) : 강서성, '赣(Gàn)'으로 약칭하며, 성도는 남창(南昌)임.

思考题

연습문제

<想一想>

1. 在去宁波的船上，李梅亭和顾尔谦坐了三等舱，是因为：（　　）

   ① 他们认为年纪大的人应当苦一些，把头等舱的票让给了赵、方、孙三人
   ② 头等舱的船票只买到三张
   ③ 他们为了省钱

2. 车站的站长同意卖车票给李梅亭和赵辛楣他们，是因为：（　　）

   ① 李梅亭的名片上写着“三闾大学主任、新闻学研究所所长”
   ② 赵辛楣穿了一身西服，站长“只重衣衫不重人”
   ③ 车票有很多

3. 在鹰潭，有个营长可以让赵辛楣等人坐车走，而因为什么他们没有走成：（　　）

   ① 军车不能带女人
   ② 这辆军车要先到广东，路太远了
   ③ 营长向他们要钱，所以他们没有坐军车

4. 经过了这次艰苦的旅行，赵辛楣认为可做朋友的人是：（　　）

   ① 李梅亭
   ② 顾尔谦
   ③ 方鸿渐

[参考答案]

1. ③　　2. ①　　3. ①　　4. ③

<说一说>

1. 他们知道了长沙大火的消息后，都是怎么想的？
2. 在吉安，他们是怎么把钱从银行里取出来的？

[参考答案]

1. 大家都很惊慌，李梅亭后悔不如留在上海，方鸿渐却没有想法。赵辛楣想他们手里没有钱，所以先去吉安领了学校的钱再做计划。
2. 孙小姐去了当地的妇女协会，遇见了一位穿军装的女同志。在她的帮助下，他们终于把钱从银行里取了出来。

【참고번역】

7. 고생스러운 여행

배 위에 도착해보니 방홍점과 조신미는 같은 방이었고 미스 손도 만났는데, 오직 이매정과 고이겸 둘만 찾지 못하여 세 사람 모두 매우 초조했다. 마침 그때 심부름꾼이 달려와 삼등실에 어떤 손님이 그들을 찾는다고 말했다. 조신미와 방홍점 두 사람이 내려가서 한번 보니 역시 이 선생과 고 선생이었고, 고 선생은 이 선생의 친구가 일등실 표 세 장만 사서 그와 이 선생은 삼등실에 탔다고 말했다. 조신미는 "사실은 당신 두 분께서 일등실에 타야하고, 우리 젊은 사람들이 응당 조금 더 고생해야하는데요."라고 말했다. 이 선생은 "괜찮아요!"라고 말했다.

저녁식사 후에 방홍점과 조신미는 갑판 위로 올라왔다. 조신미는 갑자기 "난 이 선생과 고 선생 둘 다 거짓말한다고 생각해. 사실은 일등실 표 다섯 장을 다 살 수 있는데도 그들이 돈을 아끼기 위해서 사지 않은 것인데, 우리가 그들에게 감격해야 하는 건가."하고 말했다.

"자네의 추측이 맞는다고 생각해. 하지만 삼려대학교에서 사람마다 모두 여행경비를 부쳐왔는데, 왜 또 돈을 아끼려하지?"

조신미는 "그들은 모두 나이도 들었고 아이가 있는 사람들이어서 아마 집안에 돈이 필요할 것이야. 그런데 만약 대부분의 돈을 집에 남겨두고도 지닌 짐은 또 이렇게 많으면……자네 이매정의 트렁크를 보게, 만일 길에서 돈이 부족하면 어찌 모두의 일에 지장을 주지 않겠는가."라고 말했다. 그는 또 학교에서 미스 손에게는 여행경비를 주지 않았다고 말했다.

방홍점은 "그건 정말 가당치도 않군. 우리는 직업이 있고 월급도 있으니 오히려 학교의 여행경비가 필요하지 않을 수 있지만, 미스 손은 처음으로 일하러 나왔는데 어찌 그녀 스스로 여행경비를 내게 하는가? 자네가 학교에 도착하면 반드시 그녀를 위해 따져서 챙겨주게."라고 말했다.

“나 역시 그렇게 생각하네, 아마 문제가 되지 않을 거야. 자네 이렇게 미스 손에게 관심을 보이니 내가 자네에게 소개를 좀 시켜줄까?”

“허튼소리하지 말게! 나는 이번 좌절을 겪고 나서는 언제 어느 때쯤에야 결혼을 할 수 있을지 모르겠어. 그런데 난 자네가 만약 정말로 미스 소와 결혼했어도 역시 별다른 재미가 없었을 것이라고 생각해. 나는 저신명 아니면 미스 소가 무슨 ‘포위된 성곽(위성)’에 대해 이야기한 것을 기억하는데, 요즘에 난 모든 일에 대해서 다 그렇게 생각해. 예를 들면 처음에 난 삼려대학교에 가기를 희망했는데, 나중엔 또 상해에 남아있는 것보다 못 하다고 생각하면서도 단지 용기가 없어서 되돌아가지 못했어.”

미스 소 이야기를 꺼내자 조신미는 방홍점에게 그가 그녀의 결혼식에 참석하러 갔는데, 결혼식장에서 미스 당을 만났다고 말했다. 방홍점은 듣고서 마음이 은근히 아팠다.

잠시 이야기하고 그들은 바로 선실로 돌아갔는데, 막 모퉁이를 돌자 미스 손이 의자에서 일어나 그들에게 인사하는 것만 보였다. 그들은 방금 전의 대화를 미스 손이 모두 들었을까봐 걱정했다.

다음날 이른 아침, 배는 영파에 도착하였다. 조신미 등 세 사람이 탄 것은 일등실이었기 때문에 먼저 작은 배를 타고 상륙했다. 이 선생과 고 선생 두 사람은 삼등실 사람들과 함께 두 번째 상륙을 기다리고 있었는데, 마침 그때 공습경보가 울렸지만 공습은 발생하지 않았다. 이 선생과 고 선생은 상륙한 후에 말투에서 마치 그들이 조신미 등 세 사람을 대신하여 그 공습의 공포를 느낀 것처럼 나타냈다. 그러나 조신미와 방홍점은 이번엔 결코 그들에게 감격을 표시하지 않았다.

그들은 여관에서 하룻밤을 머물고 바로 계구로 출발하였다. 날이 비가 내리기 시작했다. 이 선생이 그의 새 우의를 아껴서 그것을 트렁크 안에 넣자, 미스 손은 곧 자신의 작은 녹색 양산을 그에게 쓰도록 빌려주었지만 양산의 색깔(물감)이 모두 이 선생의 옷 위에 떨어지리라고는 생각하지 못했다. 미스 손은 부끄러워 얼굴을 붉히며 급히 사과했다.

그들은 한 찻집에 도착하여 간식을 먹고 계속해서 전진했다. 난간이 없는 긴 다리 옆에 이르러서는 다른 사람들은 모두 지나가고 미스 손과 간이 작은 방홍점만 남았다. 미스 손이 "방 선생님, 무서우세요? 제가 앞에 갈까요, 저를 따라오면 간이 좀 크질 거예요."라고 말했다. 방홍점은 미스 손을 따라서 다리를 건넜고, 마음속으로 여자가 어떤 때는 정말 사람을 살뜰히 보살필 줄 안다고 생각했다.

날이 점점 어두워지고 큰 비가 내리기 시작했다. 얼마나 걸었는지 모르지만 비는 계속해서 내리고 길은 다 가지도 못하고서 신발은 걸을수록 무거워지는 것만 느꼈는데, 어렵사리 한 마을에 도착하여 머물렀다.

잠에서 깨어나 보니 날씨가 쾌청하였다. 앞으로의 여정에 버스를 타야 했지만 들리는 말에 의하면 신분증 없이는 차표를 사기 매우 어렵다고 했다. 그들 다섯 명은 모두 신분증을 갖고 있지 않았고 오직 이 선생만이 명함을 꺼냈는데, 그 명함에는 '국립삼려대학교 학과장', '신문학연구소 소장'이라고 써져 있었고 뒷면에는 영문자도 있었다. 방홍점은 "이 물건은 필히 유용할 것이에요."라고 말했다. 말하면서 바로 가지고서 정거장으로 가려고 했다. 조신미가 "자네 이 모습으로 가선 안 돼!"하고 말했다. 알고 보니 방홍점은 이틀 동안 수염을 깎지 않았고 옷도 비에 흠뻑 젖어있었다. 그래서 조신미가 양복으로 갈아입고 이 선생을 데리고 함께 정거장으로 갔다. 정거장 소장은 오히려 사람을 잘못 알고 조신미를 '이 선생', '이 소장'이라고 부르며 내일 먼저 두 장의 표를 주고 모레 다시 세 장을 주겠다고 하였다. 또 그에게 어느 신문사에서 일하는지 묻고서 많은 가르침을 바란다고 말했다. 조신미가 돌아와 과정을 모두에게 말하자, 고이겸이 몹시 화를 내며 "옷만 중시하지 사람은 중시하지 않는군……물론 조 선생도 유명인사이지만."하고 말했다. 조신미는 급히 "이 선생의 명함이 없었으면 옷이 아무리 새 것이라도 소용없었어요."라고 말했다.

이튿날 아침, 모두는 먼저 이 선생과 고 선생을 차에 태워 보냈다. 이매정은 자신의 큰 트렁크가 차에 실리지 않은 것을 보고 마음을 졸였지만 방법이 없었다. 또 하루가 지나고 조신미, 방홍점, 미스 손 세 사람은 표를 받고서 어렵게 차에 비집고 올랐다. 그 차는 매우 낡았는데 마치 나이가 많은데도 항전 때문에 아직 퇴역을 하지 못한 것 같았다. 길에서 차가 조금 가다가 멈춰 서곤 했는데 멈췄을 때, 운전기사가 차에 탄 여자들이 모두 얼굴을 붉힐 정도로 큰 소리로 욕을 했다. 날이 어두워져서야 차가 비로소 금화에 도착했지만 짐은 도리어 하루 더 지나야만 도착하였다. 세 사람은 작은 여관에 들어가 묵었다.

여관명은 '유라시아 여관'이었다. 방홍점 일행은 세수를 하고 밖으로 나와서 밥을 먹었다. 그들은 놀랍게도 여기에 비록 유럽인이 묵은 적은 없지만 커피가 있다는 것을 발견하고는 바로 세 잔을 주문했다. 뜻밖에도 그 커피 위에 흰 거품 한 층이 있는 것을 보고서 속이 메스꺼웠고, 원래 주문한 식사도 먹을 수가 없어서 다른 것을 주문할 수밖에 없었다. 세 사람은 억지로 밥을 다 먹었고, 조신미는 "우리는 오늘 다행히도 이 선생, 고 선생과 함께 있지 않았으니 망정이지 주문한 음식을 먹지 않으면 그들에게 심하게 욕먹었을 거야. 하지만 난 정말로 못 먹겠어."라고 말했다.

마침 이야기를 하고 있을 때, 어떤 서너 살 가량의 여자아이 한 명이 여주인 옆에 오자 여주인은 곧 아이의 머릿속에서 이를 잡았다. 모두들 보고서 몸이 가려워오는 것을 느꼈다. 자리에 누운 이후엔 더욱 온몸이 가려웠고, 곧 침대에서 피를 먹는 작은 동물을 잡느라고 밤새도록 잠을 잘 자지 못했다. 아침에 미스 손을 보니 얼굴에 약간의 붉은 점이 있었는데, 역시 밤새도록 가려웠다고 말했다. 세 사람은 하루 일찍 도착한 이 선생과 고 선생을 찾았고, 그들이 머무르는 여관으로 옮겨갔다.

짐은 며칠이 지나서야 비로소 연이어 도착했고, 이매정은 그의 트렁크 속의 물건에 손실이 있는지 없는지 걱정되어 황급히 열어서 검사했다. 모두가 와서 봤을 때, 그 안에 적지 않은 종이카드가 포장되어 있는 것만 보였는데 모두 중국문학과의 교육과정과 관련된 것이었다. 뿐만 아니라 각양각색의 약품이 있었는데 수량이 많아서 한 사람이 다 쓸 수 없는 것이었다. 모두들 그가 왜 그렇게 많이 가지고 다니려하는지 이상하게 여겼다.

금화에서 며칠을 지체하고, 조신미는 돈을 이미 적지 않게 썼다며 모두 남긴 돈을 전부 꺼내어 합계가 얼마나 되는지 보자고 했다. 결과는 과연 그들이 배에서 생각했던 것과 같이 이 선생과 고 선생 두 사람은 학교에서 준 여행비용 전부를 가져오지 않았다. 모두들 고송년에게 전화를 걸어서 그에게 길안으로 돈을 부쳐달라고 요청하기로 결정했다. 조신미는 "길안에 도착하기 전까지 모두들 절약해야 하고, 담배도 피우지마세요."라고 하였다. 이매정은 "나는 어제 막 담배를 샀으니 당연히 피울 수 있어요."라고 말했다.

다섯 사람은 기차를 타고 응담에 도착하여 짐을 챙겼는데, 차가 이미 떠나서 또 어쩔 수 없이 머물게 되었다. 정거장의 사람이 사흘 후에나 표가 있을 것이라고 말했다. 다들 몸에 지닌 돈으로는 길안까지도 가지 못할까 걱정이 되어 모두 맥이 풀렸다. 여관방 안에서 그들은 반대편 건물에 매우 요염하게 화장한 한 부인이 창가에 서서 이쪽을 보고 있는 것을 발견했다. 조신미와 방홍점은 그렇게 화장한 여성이 한 눈에 바로 기녀인 것을 알았기 때문에 놀라서 감히 창가에 다가가지 못했다. 이매정은 오히려 그녀와 이야기하기 시작했고, 게다가 "버스표를 사기가 너무 어려운데, 당신은 아는 사람도 많으니 방법이 있겠죠?"라고 말했다. 그 여자는 군용차를 타면 되는데 그녀가 대대장 한 명을 알고 있고 조금 있다가 자기를 보러오니 그때 그와 상의해보라고 말했다. 조금 있다가 그 여자는 과연 창가에서 그들을 불러 대대장이 왔으니 이 선생에게 건너오라고 말하였다. 이매정은 양복을 다 입고 넥타이를 매고서 막 가려고 할 때 "기녀 집에 아무나 제멋대로 갈 수 있는 것이 아니니 쓰는 돈은 모두가 분담해야 될 거요."라고 말했다. 다들 문제없다며 일만 잘 처리 된다면 사례도 있을 거라고 말했다. 6시에 이매정이 돌아와서 내일 정오에 차가 출발하는데 오늘 저녁 9시에는 그 대대장이 짐을 보러올 거라고 말했다. 군용차는 광동으로 가는 것이어서 광동에 도착하여 다시 차를 타고 호남으로 가는데, 이렇게 하면 쓰는 돈이 버스를 타고 호남으로 바로 가는 것보다 두 배가 들었다. 방홍점이 "광동으로 갔다가 다시 호남으로 가는 것은 멀리 돌아가는 게 아닌가요?"라고 말하자, 이매정은 화를 내며 "이 일은 내가 잘 처리하지 못했네요. 만약에 방 선생이 갔더라면, 아마도 그 대대장은 전용차를 보내줬을 거예요."라고 말했다. 또 쓴 돈 또한 다들 분담할 필요가 없겠다고 말했다. 다른 사람들이 급히 말려서 둘은 간신히 싸우지 않았다.

9시에 대대장이 짐을 보러오자, 이매정, 방홍점, 조신미, 고이겸은 모두 아래층으로 내려왔다. 대대장은 "군용차는 사람을 태우지 않습니다. 알겠습니까? 당신네들이 학교선생들이기 때문에 내가 당신들에게 편의를 봐준 겁니다. 알겠습니까? 나는 돈이 필요 없습니다. 알겠습니까? 그러나 우리 형제들은 담배 몇 개비 값이 필요합니다. 알겠습니까?"라고 말했다. 그는 이매정의 트렁크를 보고서 "이것은 가지고 갈 수 없습니다.……”라고 말했다. 바로 그때 미스 손이 아래층으로 내려오자 그는 또 “이 사람도 당신들과 함께 갑니까? 여자는 데려갈 수 없습니다. 만약에 데려갈 수 있다면, 난 벌써 맞은편의 그 여자를 데려갔을 것입니다.”라고 말했다. 미스 손은 듣고 화가 나서 울음을 터트렸다. 방홍점은 그가 가는 것을 기다렸다가 “망할 자식!”이라고 욕했다. 조신미와 고 선생은 미스 손에게 개의치 말라고 달래며 “저런 사람의 주둥이에는 좋은 말이 나올 리가 없어요.”라고 하였다. 이매정은 미스 손에게 “내가 일을 잘 처리하지 못했어요!”라며 사과했다. 방홍점은 그가 어떠하다고 다시 말하기 싫었다.

응담에서 요 며칠간 방홍점은 기분이 매우 좋지 않았고, 이번여행을 이 선생과 고 선생 두 사람과 섞여 함께한 것을 후회했다. 조신미는 그가 어려움을 이겨내지 못한다고 비웃었다.

사흘 후, 그들은 또 차를 타고 출발했다. 차 안은 단지 두 발만 놓을 수 있을 정도로 복잡했는데, 때마침 미스 손 옆에 마대자루 하나가 놓여있어서 조신미는 바로 미스 손을 앉게 했다. 그러나 그 마대자루의 주인은 허락하지 않으며 “이것은 쌀이요. 알겠소? 쌀은 먹어서 입으로 들어가는 것이라고요.……”라고 말했다. 미스 손은 무안해하며 급히 “난 앉지 않겠어요!”라고 말했다. 그 사람은 또 “남자들이 앉는 것은, 괜찮아요, 저 부인이 앉는 것은, 그건 안 돼요! 이것은 쌀이요, 먹어서 입으로 들어가는 것이라고요.”라고 말했다. 조신미 등 네 사람이 그와 다투자 그는 비로소 오래된 솜옷 한 벌을 꺼내 위에 놓고, 큰소리로 “앉으시오!”라고 말했다. 모두들 미스 손에게 권하자 미스 손은 그제야 앉았다.

차는 영도에 도착했고, 이 선생은 여관 카운터에서 어제 신문을 보았는데 첫 번째 소식이 장사에 전쟁이 났다는 것이어서 그는 말을 꺼낼 수 없을 만큼 놀랐다. 모두들 이 소식을 듣고서 식사도 잊을 정도로 다급해졌다. 방홍점은 여태껏 방법이 없는 사람이었다. 이매정은 상해에 머무는 것만 못하고, 나와서 많은 애를 먹고선 결국은 상해로 돌아가야 한다고 후회하였다. 조신미는 “상해로 돌아가려 해도 돈이 없어요. 제 의견은 길안에 도착해서 학교의 돈을 받고 다시 계획을 세우는 것입니다.”라고 말했다. 고이겸이 오히려 똑똑하게 “만약에 학교에서 돈을 부치지 않았다면 낭패예요.”라고 말했다. 방홍점은 “우리 다섯 중에 한 사람이 먼저 가서, 만약 길안에 돈이 부쳐와 있으면 전보를 쳐서 모두를 부르도록 하죠. 돈이 (부쳐오지 않아서) 없어도 모두가 가서 헛되이 차비를 쓰지 않아도 되죠."라고 말했다.

조신미는 "이러면 좋겠네요. 돈은 나에게 부친 것이니 내가 갈게요. 방홍점이 나와 함께 갈 거예요."라고 말했다.

미스 손이 "저도 갈게요."라고 말했다.

고이겸은 이매정에게 "나도 그들과 가겠소, 여기서 계속 묵는 것은 재미가 없소."라고 웃으며 말했다.

이매정의 짐이 아직 오지 않아서 갈수가 없자, 화를 내며 "당신들 모두 가면 나 혼자만 남잖소! 상관없소, 짐 안의 그 약들을 여기서 팔고 난 상해로 돌아가겠소."라고 말했다.

고이겸은 급히 "이매정 선생, 내가 여기서 당신과 함께 짐을 기다리겠소."라고 말했다.

이매정은 또 방홍점의 생각이 틀렸다고 비판했고, 한참을 다투고서야 모두 끝내 함께 가기로 결정했다. 방으로 돌아와 방홍점은 조신미가 무엇이든 이매정에게 양보하는 것을 원망했다.

어렵사리 길안에 도착하여 묵을 여관을 정한 후, 계산을 한번 해보니 겨우 십여 원만 남았다. 다섯 사람은 은행에 갔고, 은행에서는 돈이 이미 도착한지 며칠이 되었다고 하였다. 그러나 돈을 찾으려면 보증인이 필요한데 이제 막 길안에 도착했기에 누구도 알지 못하는 상황에서 누구를 찾아 보증인으로 삼지? 그들은 교육국을 생각해냈지만 국장이 여태껏 삼려대학교의 이름을 들어본 적이 없다며 보증인이 되어주지 않으려 하자, 고 선생은 갑자기 눈을 번뜩이며 "당신들, 길에서 여성협회가 있는 걸 못 보셨어요? 미스 손에게 한번 가서 시도해보게 하면 아마 가능할지도 몰라요."라고 말했다. 미스 손은 두말없이 동의했다. 조신미는 겸연쩍어하며 "네 부친께서 여행길에 나에게 너를 잘 보살피라고 했는데, 어찌 네게 고생을 시킬 수 있겠니?"라고 말했다.

이튿날 미스 손은 여성협회로 갔고, 거기서 군복을 입은 한 여성동지를 만나 그녀의 도움아래 마침내 돈을 찾아내었다. 동시에 또 고송년의 전보도 받았는데,

장사에서 전쟁이 난 것은 전혀 영향이 없으니 마음 놓고 학교로 오라고 쓰여 있었다. 그날 저녁, 축하와 감사를 표하기 위해 그 여성동지를 초청해 함께 식당에서 거하게 한 끼를 먹었다. 원래 그들은 요 며칠 돈이 쓰기에 부족할까 두려워 밥조차도 감히 많이 먹지 못하였다.

길안을 떠나 강서성 경계지역에 도착해서 호남으로 가는 버스로 바꿔 타려했다. 그들은 계속해서 차를 타는 것이 너무 힘들어 하룻밤 쉬고 다시 가기로 결정했다. 식사를 한 후 남자 넷은 낮잠을 잤다. 미스 손은 바깥에서 책을 보다가 역시 잠이 들었다. 그녀는 잠에서 깬 뒤 머리가 아프고 음식도 먹지 못하더니 그 이튿날 병이 났다. 이매정은 많은 약을 가져왔지만 그는 약을 팔고 싶어서 그녀에게 주기를 원치 않았다. 미스 손은 집을 멀리 떠나 도중에 병이 났는데도 보살펴 주는 사람이 없으니 아프고 힘들어 눈물이 났다.

그들은 또 네댓새 가량 차를 탔고 마지막 날에 가마로 바꿔 탔는데, 이는 학교가 산속에 있어 차가 지나갈 수 없었기 때문이다. 방홍점은 가마에 앉아서 오늘 학교에 도착하게 되면 어떤 모습일지 모르겠으나 어쨌든 자신은 그리 큰 기대를 하지 않는다고 생각했지만, 비록 이렇게 말하면서도 그는 오히려 흥분해서 가마에서 내려 직접 걸었다. 조신미도 가마에서 내려 두 사람은 함께 걸었다. 조신미가 "이번 여행을 통해서 적지 않은 경험을 했는데, 이제 드디어 끝나려하는군. 이 선생과 고 선생 두 사람은 나중에 공경하되 가까이하지 않아야겠어."라고 말했다. 그는 또 "장기간의 고생스러운 여행을 겪고도 서로 싫지 않은 사람들이야말로 비로소 친구가 될 수 있겠어."라고 말했다.

방홍점은 "이번 여행을 겪으면서 나에 대한 감정과 생각이 어떠하니? 싫니, 싫지 않으니?"라고 물었다.

조신미는 "자네가 싫지는 않지만, 조금의 쓸모도 없어."라고 말했다.

방홍점은 조신미가 너무 솔직하게 말한다고 생각했지만, 이 솔직함이 방홍점을 즐겁지 않게 하여 다시 가마에 올랐다.

八、教授生涯(一)

三闾大学校长高松年是理科出身。文科出身的人不容易得到校长这样的职务，如果当了校长，一定是在政治舞台上失败了，所以也不觉得光荣。理科出身的人当校长则是政治生涯的开始。

高松年校长是很精明的人。今年春天几个老朋友为他饯行吃饭的时候，大家说起新办的学校恐怕请不到有名的教授。高松年笑道："请到名教授好是好，可是他们有架子，不会好好地为学校服务，也不会服从领导。没有名的呢，他们要依靠学校，能努力为学校服务。"大家听了都说他说得太好了。

因为高松年有这样的"原则"，李梅亭、顾尔谦，还有方鸿渐都被聘来做教授。他们那天下午到了学校，高松年来教员宿舍打了一个招呼。自从长沙危急以来，原来请的教授有很多打电报来说有别的事情，不能来了，今天一下来了四个教授，所以，回到办公室以后，他还是很高兴。只是李梅亭和方鸿渐怎么办呢？他原来请李梅亭当中国文学系主任，可是部里的汪副部长介绍汪处厚来当主任。汪处厚是汪副部长的伯父，资格比李梅亭老；他还怕李梅亭这些上海人因长沙战事来不了，就请了汪处厚。现在李梅亭真来了，他不知道这位老朋友能不能体谅他。姓方的青年人呢，那不难。赵辛楣介绍说他是留学德国的博士，可是方鸿渐自己写来的履历上，并没有说自己有学位，也不是学政治的，所以不能请他当教授，至多做副教授。这些话可以让赵辛楣告诉他。

为了避开战火，三闾大学建在平成乡下，因为建了大学，附近的镇上也繁荣起来。方鸿渐他们四个男人到校的当天一起到镇上理了发，洗了澡，回校的时候，看见布告板上有个布告，说今天晚上七时半，中国文学同学会举行茶会，欢迎李梅亭先生。李梅亭高兴得直说："讨厌，讨厌!我累得很，今天还想早一点儿睡觉呢！"

方鸿渐说："你们都知道自己是什么系，我还不知道自己是哪个系的教授呢，高校长给我的电报并没有说明白。"

赵辛楣说："你可以教哲学，也可以教国文——"

李梅亭神气地说："教国文要得到我的同意，方先生好好地巴结我一下，什么都可以商量。"

一会儿，孙小姐来了。他又笑着说："孙小姐不要去外国语文系办公室了，当我的助教吧！”

晚上近九点钟，方鸿渐在赵辛楣的房间里说话，李梅亭敲门进来了，两人见他脸色不好，便说：“怎么欢迎会这么早就结束了？”他一句话也不说，两人又问怎么啦，他拍桌子大骂高松年，原来今天的欢迎会是汪处厚安排的，高松年没有出席。他一进会场，就听到同事和学生声声地叫“汪主任”，心里就产生了疑问。汪处厚见了他道：“早已听到先生的大名，我们天天在等你来。高校长打电报要我来做中国文学系的主任，我的年纪大了，不想来，他又请我的侄子——”这时早来的几位先生同声说：“汪主任是汪副部长的伯父。”“——来劝我，我就只好来了。今天李先生来了，我真高兴，我想这个系一定办得好——”李梅亭听了心里很不高兴，忍住气勉强应付了几句，喝了杯茶，说头痛，就回来了。

赵、方两人安慰了他一会儿，劝他回房间睡觉，明天再跟高松年说。李梅亭临走道：“不知道老高对你们俩又会怎么样。咱们一起行动，怕他什么！”李梅亭走后，方鸿渐说：“真不成话！”他又担心起自己的事来。

第二天上午，赵辛楣对方鸿渐说，他要去见高松年，谈方鸿渐的事，叫他等着，听了回话再去见高松年。方鸿渐等了一个多钟头，赵辛楣还没有回来，他就自己去见高松年了。

高松年见了方鸿渐，忙问："见过赵辛楣没有？"方说没有。高松年又问："方先生，收到我的信没有？"方又说没有。高松年道："我还怕方先生收到那封信后不会再来了呢。现在你来了，我真高兴。我原来想请先生来当政治系的教授，因为赵辛楣介绍说你是留学德国的博士，可是先生自己写来的履历上并没有学位，而且不是学政治的，赵辛楣全搞错了。当然我关心的是学问，不是学位。不过，部里有规定，按照先生的情况，只能当讲师。我相信辛楣的介绍不会错，所以还是破格请你做副教授，月薪二百八十元，下学年再升教授。我写信给你就是说的这件事。" 他又道："课程也很成问题，只有一年级学生的论理学，将来再想办法吧。"

方鸿渐回到自己房里，又羞又恨。赵辛楣来了，他知道方鸿渐已经见过高松年，忙说："都是我不好。我的印象你是博士，当初只希望这件事能快一些成功——""你是为了苏小姐。" "——不提这事了。" 赵又说："李梅亭去校长办公室大吵，高松年请我劝他，最后他要学校按他提出的价格买他的药。我心里想着你的事，所以先赶回来看你。”高松年晚上请新来的老师吃饭，表示欢迎。方鸿渐不想去，经不起赵辛楣苦劝，高松年又亲自来请，总算有了面子，最后还是去了。

三闾大学的图书馆里只有不到一千本书，又破又旧，方鸿渐居然在这里找到了一本≪理学纲要≫，非常高兴，因为他什么参考书也没有，只能靠这本书来教学生。星期日，他正在编写讲稿，孙小姐来了，她笑着对方鸿渐说道：“今天来谢谢方先生和赵先生，因为昨天下午学校把我的旅费补送来了。”

“这是赵先生为你争来的，跟我没有关系。”

“不，我知道。”孙小姐温柔地说道，“是你提醒赵先生的。你在船上——”孙小姐的脸红起来了。

方鸿渐想起船上的谈话，果然这女孩子全听见了，自己也觉得不好意思。

孙小姐又告诉方鸿渐，外文系主任刘东方要她教一个组的英文，而且是入学考试英文成绩最差的一组。她担心教不好，说“为什么不让外国人来教？”方鸿渐不知道这儿还有外国人。孙小姐告诉他道：“就是历史系主任韩学愈的太太。

有人说她是白俄人，有人说她是犹太人，她丈夫说她是美国人。韩先生要她在外文系当教授，刘先生说她英文都不会讲，不答应。韩先生生了气，骂刘先生算什么东西，还要辞职。”

“你这许多消息是从什么地方听来的？”

孙小姐笑道：“是我的同屋范小姐告诉我的。这个学校像个大家庭，什么秘密都保不住。昨天刘先生的妹妹来了，听说是历史系毕业的。大家都说，刘先生跟韩先生可以和好了，拿一个历史系的助教换一个外文系的教授。”

生词(어휘)

1. 理科(lǐkē) : 이과.
2. 文科(wénkē) : 문과.
3. 职务(zhíwù) : 직무.
4. 生涯(shēngyá) : 생애, 일생, 생활.
5. 精明(jīngmíng) : 영리하다, 총명하다, 교활하다.
6. 饯行(jiànxíng) : 송별연을 하다, 연회를 베풀어 송별하다.
7. 危急(wēijí) : 위급하다, 급박하다, 화급하다, 다급하다.
8. 伯父(bófù) : 큰아버지, 백부, 어르신, 아저씨.
9. 资格(zīgé) : 자격, 관록, 근속.
10. 体谅(tǐliàng) : (남의 입장에서) 알아주다, 이해하다, 양해하다.
11. 战火(zhànhuǒ) : 전화, 전쟁.
12. 布告(bùgào) : 게시문, 포고문, 공고하다, 통고하다.
13. 布告板(bùgàobǎn) : 게시판.
14. 茶会(cháhuì) : 다과회, 손님을 초대하여 다과를 대접하는 사교 모임.
15. 神气(shénqì) : 표정, 안색, 기색, 으스대다, 뽐내다, 우쭐대다, 활기차다.
16. 巴结(bājie) : 권력에 아첨하다, 아부하다, 빌붙다, 비위를 맞추다.
17. 脸色(liǎnsè) : 안색, 얼굴색, 낯빛, 기색, 혈색, 표정.
18. 安排(ānpái) : 안배하다, 일을 처리하다, 준비하다.
19. 出席(chūxí) : 회의에 참가하다, 참석하다, 출석하다.
20. 疑问(yíwèn) : 의문, 의혹.
21. 大名(dàmíng) : 명성, 명망, 존함, 고명,
22. 侄子(zhízi) : 조카.
23. 不成话(bùchénghuà) : 언행이 상식 밖이다, 말이 안 되다, 어불성설이다.
24. 回话(huíhuà) : 대답, 회답, 응답, 대답하다, 회답하다, 응답하다.
25. 讲师(jiǎngshī) : 대학의 전임강사.
26. 破格(pògé) : 파격하다, 일정한 격식을 깨뜨리다, 전례(관습)를 깨다.

27. 论理学(lùnlǐxué) : 논리학, '逻辑学(논리학)'의 옛 명칭.

28. 纲要(gāngyào) : 강령, 대요, 개요, 대강.

29. 吵(chǎo) : 시끄럽다, 떠들썩하다, 말다툼하다, 입씨름하다.

30. 经不起(jīng bu qǐ) : 감당할 수 없다, 이겨낼 수 없다.

31. 参考书(cānkǎoshū) : 참고서.

32. 编写(biānxiě) : 창작하다, 편저하다, 편집하여 저술하다, 엮어서 짓다.

33. 补(bǔ) : 메우다, 보충하다, 채워 넣다, 수선하다, 고치다.

34. 温柔(wēnróu) : 온유하다, 부드럽고 상냥하다.

35. 提醒(tíxǐng) : 일깨우다, 깨우치다, 주의를 환기시키다, 상기시키다.

36. 辞职(cízhí) : 사직하다, 직장을 그만두다, 직무에서 물러나다.

37. 秘密(mìmì) : 비밀, 기밀.

38. 保(bǎo) : 보호하다, 보위하다, 보장하다, 보증하다, 책임지다.

39. 和好(héhǎo) : 화해하다, 사이가 다시 좋아지다, 화목한 관계를 회복하다.

40. 白俄(Bái É) : 백계(白系) 러시아인.

思考题

연습문제

<想一想>

1. 李梅亭参加了中国文学系的欢迎会：（　　）

   ① 他很讨厌，因为他不能早一点睡觉
   ② 他很不高兴，因为汪处厚当了系主任
   ③ 他很高兴，因为大家都欢迎他

2. 关于请方鸿渐当教授，后来又改为副教授的事，高松年：（　　）

   ① 写信告诉了方鸿渐，但他没有收到
   ② 写信告诉了方鸿渐，他也收到了
   ③ 根本没有写信告诉方鸿渐

[参考答案]

1. ②　　2. ③

<说一说>

1. 高松年校长认为请什么样的教授好？
2. 外文系主任刘东方和历史系主任韩学愈发生了什么矛盾？

[参考答案]

1. 他认为请没有名的教授好。因为有名的教授有架子，不会好好地为学校服务，也不会服从领导。但是没有名的教授要依靠学校，能努力为学校服务，所以高校长认为没有名的教授更好。

2. 历史系主任韩学愈教授要他的夫人当外文系的教授，可是外文系主任刘东方教授说她不会讲英文，不答应。由于这件事，他们之间产生了矛盾。

【참고번역】

8. 교수생활(1)

삼려대학교 총장 고송년은 이과출신이다. 문과출신의 사람은 총장인 이 직무를 얻기가 쉽지 않는데, 만약 문과출신의 사람이 총장을 맡았다면 분명 정치무대에서 실패한 것이라서 영광스럽게 여기지도 않는다. 이과출신의 사람이 총장을 맡게 된다면 바로 정치생애의 시작인 것이다.

고송년 총장은 매우 영리하고 총명한 사람이다. 올해 봄에 오랜 친구 몇 명이 그를 위해 송별연을 열어 식사를 할 때, 모두들 새로 세운 학교는 아마도 유명한 교수를 초빙하지 못할 것이라고 말을 끄집어냈다. 고송년은 웃으면서 "유명한 교수를 초빙하게 된다면 좋긴 좋은데, 그들은 허세가 있어서 학교를 위해 잘 일할 리 없고 지도자에게 복종하지도 않을 것이네. 유명하지 않은 사람은 어떠한가, 그들은 학교를 의지할 것이고 학교를 위해 열심히 일할 수 있지."라고 말했다. 모두들 듣고는 그가 말을 참 잘한다고 말했다.

고송년이 이러한 '원칙'을 갖고 있었기 때문에 이매정, 고이겸, 그리고 방홍점 모두 초빙되어 교수를 맡게 된 것이다. 그들은 그날 오후 학교에 도착했고, 고송년은 교원기숙사에 와서 인사를 했다. 장사가 위급한 이래로 원래 초청한 교수들이 많이들 전보를 보내와서 다른 일이 있어서 올 수가 없다고 했는데, 오늘 갑자기 네 명의 교수가 오게 되니 사무실로 돌아온 후에도 그는 여전히 매우 기뻤다. 다만 이매정과 방홍점은 어찌하지? 그는 원래 이매정을 초빙해 중국문학과 학과장을 맡기려고 했지만 (상위) 부서의 왕 차관은 왕처후가 와서 학과장을 맡도록 소개했다. 왕처후는 왕 차관의 백부로 경력이 이매정보다 오래되었다. 그는 이매정과 같은 상해사람들이 장사 전쟁 때문에 올 수 없을까봐 두려워 곧 왕처후를 초빙했다. 그런데 지금 이매정은 정말 왔고, 그는 이 오랜 친구가 그를 이해할 수 있을지 어떨지 몰랐다. 성이 방가인 청년은 뭐 그다지 어렵지 않다. 조신미가 소개하며 말하길 그는 독일에서 유학한 박사라고 했으나, 방홍점이 스스로 쓴 이력서에는 결코 자신이 학위가 있다고 하지 않았으며, 또한 정치학을 배운 것도 아니어서 그를 초빙해 정교수를 맡길 수 없었고 기껏해야 부교수를 맡게 하였다. 이러한 말은 조신미로 하여금 그에게 알려주라고 하면 된다.

전쟁을 피하기위해서 삼려대학교는 평성 시골에 세워졌고, 대학을 설립했기 때문에 부근의 마을 역시 번창하기 시작했다. 방홍점을 포함한 네 명의 남자들은 학교에 도착한 그날 함께 읍내에서 이발하고 목욕을 하고서 학교로 돌아 왔을 때, 게시판에 오늘 저녁 7시 반에 중국문학과 학생회가 이매정 선생님을 환영하는 다과회를 연다고 쓰여 있는 게시물을 봤다. 이매정은 기뻐하면서도 바로 "귀찮아, 귀찮아! 나는 매우 피곤해서 오늘 일찍 좀 자고 싶은데!"라고 말했다.

방홍점은 "여러분들은 모두 자신이 무슨 학과인지 알잖아요. 나는 아직 내가 어느 학과의 교수인지도 몰라요. 고 총장이 나에게 보낸 전보에 결코 분명하게 말하지 않았어요."라고 말했다.

조신미는 "자네는 철학을 가르쳐도 되고, 또 국문을 가르쳐도 되고……"라고 말했다.

이매정은 우쭐대며 "국문을 가르치려면 나의 동의를 얻어야만 하죠. 방 선생이 나에게 아부를 잘하면 뭐든 다 상의할 수 있어요."라고 말했다.

잠시 후 미스 손이 왔다. 이매정은 또 웃으며 "미스 손, 외국어문학과 사무실에 가지 말고 나의 조교를 맡아요!"라고 말했다.

밤 9시쯤 방홍점은 조신미의 방에서 얘기를 하고 있었는데 이매정이 문을 두드리며 들어왔고, 두 사람은 그의 얼굴색이 좋지 않은 것을 보고 바로 "무슨 환영회가 이렇게 일찍 끝나요?"라고 말했다. 그는 한마디도 하지 않았고 두 사람이 다시 어떻게 된 일인지 묻자 그는 탁자를 치며 고송년을 욕했는데, 원래 오늘의 환영회는 왕처후가 준비한 것으로 고송년은 참석하지 않았다. 그가 연회장에 들어서자마자 바로 동료와 학생들이 말끝마다 '왕 학과장님'이라고 부르는 것을 듣고서 마음속에서 곧 의문이 생겼다. 왕처후는 그를 보고 "일찍이 선생님의 명성은 들었습니다. 우리는 매일같이 당신이 오시길 기다렸습니다. 고 총장께서 전보를 쳐 나에게 중국어문학과 학과장을 맡아달라고 하셨는데, 나는 나이도 많고 오고 싶지 않았지만 총장께서 또 내 조카에게 부탁을 하는 바람에……” 이때 일찍 온 몇몇의 선생들이 같은 목소리로 “왕 학과장은 왕 차관의 백부예요.”라고 말했다. “……와서 나를 설득하니, 올 수밖에 없었습니다. 나는 오늘 이 선생님이 와서 정말 기쁘고 이 학과가 반드시 잘될 것이라 생각합니다.”라고 말했다. 이매정은 듣고 속으로 매우 불쾌해 화를 참으며 억지로 몇 마디 얼버무렸고, 차를 마시고는 머리가 아프다고 말한 뒤 바로 돌아왔다.

조신미와 방홍점 두 사람은 그를 잠시 위로했고, 그에게 방으로 돌아가 잠을 잔 후 내일 다시 고송년과 얘기하라고 설득했다. 이매정은 막 떠나기 전에 “고 총장이 당신 둘에게 어떻게 할지 몰라요. 우리가 같이 행동하면 그를 무서워할 게 뭐있겠어요!”라고 말했다. 이매정이 간 후, 방홍점은 “정말 말도 안 돼!”라고 말했다. 그는 또 자신의 일을 걱정하기 시작했다.

이튿날 오후, 조신미는 방홍점에게 그가 방홍점의 일을 이야기하러 고송년을 보러가려고 한다고 말하며, 그에게 기다렸다가 자신의 대답을 듣고 다시 고송년을 보러가라고 했다. 방홍점은 한 시간 남짓 기다렸지만 조신미가 돌아오지 않자, 그는 직접 고송년을 보러갔다.

고송년은 방홍점을 보고서는 황급히 “조신미를 만나지 못했소?”라고 물었다. 방홍점은 만나지 못했다고 말했다. 고송년은 또 “방 선생, 내 편지는 받아보았소?”라고 물었고, 방홍점은 또 받은 적이 없다고 말했다. 고송년은 “나는 계속 방 선생이 그 편지를 받은 후에 다시 오지 않을까봐 걱정했었소. 지금 선생이 왔으니 나는 정말 기쁘오. 나는 원래 선생을 초빙해 와서 정치학 교수를 맡길 생각이었는데, 왜냐하면 조신미가 소개하길 당신이 독일에서 유학한 박사라고 말했기 때문이오. 하지만 선생 당신이 스스로 써온 이력서에는 결코 학위가 없을 뿐 아니라 정치를 공부하지도 않았기 때문에 조신미가 잘못 알았다고 생각했소. 물론 나의 관심은 학문이지 학위가 아니지만 말이오. 그러나 학교에는 규정이 있어서 선생의 상황에 따르면 오직 전임강사만 할 수 있소. 나는 조신미의 소개가 틀리지 않았다고 믿기에 파격적으로 당신에게 부교수를 맡도록 하고, 월급 280원에 다음 학기엔 정교수로 승진시켜 주겠소. 내가 선생에게 쓴 편지엔 바로 이 일이 쓰여 있었소.”라고 말했다. 그는 또 “교과목도 큰 문제인데, 1학년생의 윤리학 밖에 없소. 앞으로 방법을 다시 생각해봅시다."라고 말했다.

방홍점은 자신의 방으로 돌아와서 부끄럽기도 하고 한스럽기도 했다. 조신미가 왔고, 그는 방홍점이 이미 고송년을 만난 것을 알고 황급히 "모두 내 잘못이네. 나의 인상에는 자네가 박사였고, 그때 당시에는 단지 그 일이 조금 더 빨리 성공하기를 바라서……"라고 말했다. "자넨 미스 소를 위해서였잖아."라고 방홍점이 말하자 "……그 일은 꺼내지 말게나."라고 말했다. 조신미는 또 "이매정이 총장실에 가서 크게 다투자 고 총장이 나에게 그를 설득해달라고 부탁했는데, 결국 이매정은 학교가 그가 제시한 가격에 그의 약을 사게 했어. 나는 마음속으로 자네 일을 생각하고 있어서 자넬 보러 먼저 급히 돌아온 거야."라고 말했다. 고송년은 저녁에 새로 온 교수들에게 식사를 하자고 초대하며 환영을 표했다. 방홍점은 가기 싫었으나 조신미가 애써 설득하는 것을 이겨낼 수 없었고, 고송년 또한 직접 와서 초대했기에 간신히 체면이 서서 결국에는 갔다.

삼려대학교의 도서관에는 겨우 천 권에 못 미치는 책만 있었는데, 훼손되기도 했고 오래되기도 했다. 방홍점은 뜻밖에 여기서 ≪이학개요≫라는 책 한 권을 찾아내고서 매우 기뻤다. 왜냐하면 그는 어떤 참고서도 없어서 오직 이 책에만 의지해 학생을 가르칠 수밖에 없었기 때문이었다. 일요일에 그가 막 강의원고를 집필하려고 할 때, 미스 손이 왔고 그녀는 웃으면서 방홍점에게 "오늘은 방 선생님과 조 선생님에게 감사인사를 하려고 왔어요. 왜냐하면 어제 오후에 학교에서 제 여행경비를 보충 지급해주었거든요."라고 말했다.

"그건 조 선생이 당신을 위해 따낸 것이에요. 나와는 상관이 없어요."

"아니에요. 전 알아요." 미스 손은 부드럽고 상냥하게 "선생님이 조 선생님을 그렇게 하도록 일깨워 주셨잖아요. 선생님이 배 위에서……" 미스 손의 얼굴이 빨개지기 시작했다.

방홍점은 배 위에서의 이야기를 과연 이 여자가 모두 들었던 것이라고 생각하니 자신 역시 겸연쩍게 느껴졌다.

미스 손은 또 방홍점에게 외국어문학과 학과장 유동방이 그녀에게 한 반의 영어를 가르치도록 했고, 게다가 그 반은 입학시험의 영어성적이 가장 떨어지는 반임을 알려줬다. 그녀는 잘 가르치지 못할까봐 걱정하며 "왜 외국인에게 가르치게 하지 않죠?"라고 말했다. 방홍점은 이곳에 외국인이 있다는 사실을 몰랐다. 미스 손이 그에게 알려주며 말했다. "바로 역사학과 학과장 한학유 선생님의 부인 말이에요. 어떤 사람은 그녀가 러시아인이라고 말하고 또 어떤 사람은 그녀가 유태인이라고 말하는데, 그녀의 남편은 그녀가 미국인이라고 말한대요. 한 선생님은 그녀가 외국어문학과 교수를 맡았으면 했는데, 유 선생님이 그녀는 영어로 말할 수조차 없다고 하며 허락하지 않았어요. 한 선생님은 화가 나서 '유 선생, 그 작자가 뭐라고!'라고 욕을 하며 사직을 시켜야한다고 했어요."

"당신은 이 많은 소식을 어디서 듣는 거예요?"

미스 손은 웃으며 "내 룸메이트인 미스 범이 나에게 알려 준거에요. 이 학교는 하나의 대가정과 같아서 어떤 비밀도 보장할 수 없죠. 어제 유 선생님의 여동생이 왔는데, 듣자니 역사학과를 졸업했대요. 다들 역사학과 조교 한 명을 외국어문학과의 교수와 바꾸면 유 선생님과 한 선생님은 화해할 수 있다고 말해요."라고 말했다.

九、教授生涯(二)

上课一个多星期，方鸿渐跟住在一起的几个同事渐渐地熟了。历史系的陆子潇来拜访过他，所以一天下午，方鸿渐去回访他。

陆子潇对他很关心地说：“我知道了你的事，很为你不平。”

方鸿渐没想到自己的事人家早知道了，脸红道：“我倒没什么。不过——”

“不过你的待遇在副教授里是最高的了。”

方鸿渐不知道副教授里还分等。陆子潇道：“你们同来的我们系的顾尔谦就比你低两级。在系主任里，我们系主任韩先生比赵先生高一级，赵先生又比外文系的刘东方高一级。方先生初回国做事，所以弄不清楚。”

“为什么你们系主任薪水特别高呢？”

“因为他是博士。他毕业的那个大学据说很有名，叫什么克莱登大学。你知道吗？”

方鸿渐听了吓得直跳起来，好像自己的秘密给人家知道了一样。他说："我知道！我也是——"他没有把话说完。

陆子潇看他不愿意说下去，便起了怀疑，想问个明白。方鸿渐却是一句话也不再多说，回到自己的房间。他在德国买克莱登大学的博士文凭是为了应付父亲和丈人。自从唐小姐质问他这事以后，他就不希望再提起它。但是，因为他不愿意继续撒谎，高松年便没有给他教授的职位，韩学愈却得到了成功。撒谎也应该像韩学愈那样才行，要有勇气坚持到底。自己什么都不行，连撒谎都撒不好。

这一天，韩学愈来拜访他。他发现这位韩先生是个沉默寡言的人。按照现代人的看法，男子不善于说话，就表示有道德，最诚实，就像丑女人一定比漂亮女人有思想一样。韩学愈是来请他吃饭的，说话中谈起了美国。韩学愈问方鸿渐去过美国没有。

"没有去过。可是曾经想去，跟一个人通过信。"方鸿渐想弄明白韩学愈跟克莱登大学的关系，就说出了那个卖假文凭的人的名字。

"这个人是个骗子，是被克莱登大学开除了的小职员。克莱登是个好学校。他用学校的名义卖文凭。"

"真有克莱登这学校吗？"

“很认真严格的学校，虽然知道的人很少——普通学生不容易进去。”

“听陆先生说，你就是这个学校毕业的。”

“是的。”

因为第一次见面，方鸿渐不好意思问下去，他想如果有机会看看他的文凭，就知道他的克莱登是不是自己的克莱登了。回家的路上，韩学愈想，陆子潇的话是真的，幸亏方鸿渐没去过美国；只是不知道他是不是真的没买文凭。在韩家吃饭的时候，方鸿渐觉得韩太太的口音不够地道，要是赵辛楣来了就听得出来了。如果韩太太不是美国人，那么韩先生的博士就有问题。他把这个意思告诉了赵辛楣，赵辛楣劝他省点事吧。

过了几天陆子潇来闲谈，问方鸿渐知道孙小姐的事没有。方鸿渐问他什么事，他不说。方鸿渐了解他的脾气，也不问下去，过了一会儿，陆子潇自己把这事讲出来：学生知道孙小姐教他们英文以后，都表示反对，说为什么别的组是副教授教英文，丁组却是助教来教。今天孙小姐进教室的时候，见黑板上写着：“Beat down Miss S! Miss S is Japanese enemy!”孙小姐气得跑出了教室。正说着，孙小姐来了。陆子潇忙起身离去。方鸿渐问起孙小姐近来好不好，孙小姐忽然哭了起来。方鸿渐急忙去叫赵辛楣，赵辛楣来后问明情况，说："今天晚上我就去跟校长说。" 方鸿渐说："这一班的课孙小姐决不能再去教了，请校长找人代课。"

赵辛楣要请孙小姐吃晚饭，校长却派人来叫他陪客。孙小姐也说要回宿舍，方鸿渐看孙小姐哭得眼都肿了，让她洗了脸再出去。

方鸿渐送孙小姐出门，听见背后有人叫他，回头一看是李梅亭。李梅亭告诉他，高校长请他代理训导长；又对孙小姐笑着说："孙小姐越来越漂亮了！怎么不来看我，只去看小方？你们俩什么时候订婚——"然后笑着跑了。

跟孙小姐捣乱的学生受了处分。孙小姐的课没人代，刘东方为了不让韩太太来代，他亲自代课，代了一个星期课，又觉得很累，于是他想请赵辛楣代。赵辛楣又推荐方鸿渐，高松年说这是一个好办法。方鸿渐也大着胆子，小心地教起英文来。韩学愈知道这事以后，对高松年说，他太太不想这儿教英文，而且表示他对刘东方没有怨恨，愿意请他妹妹刘小姐当历史系的助教。高松年听了很高兴，说："大家应该团结共事，下学期一定请韩太太帮忙。"

方鸿渐发现他所教丁组的英文课上，有三个甲组学生来旁听，还常常提问，他很得意，告诉了赵辛楣。

元旦以后的一个晚上，赵辛楣跟方鸿渐商量寒假出去旅行，谈到深夜一点多。方鸿渐睡觉前去厕所，还没进门，就听见里面有人讲话。一个人道："你是闹肚子了？"另一个人呻吟说："今天晚上在韩先生家吃坏了。"听声音，方鸿渐知道是旁听自己英语课的学生。第一个人道："韩学愈为什么老请你们吃饭？是不是为了方鸿渐？"那个闹肚子的"嘘"了一声。方鸿渐吓得心直跳，回到房间，想了很久，不知韩学愈要干什么，决定明天当面质问他。早晨还没醒，校役送来了孙小姐的一封信。信上说，外面有人说他在上英文课的时候，在学生面前批评刘东方讲课的错误，刘东方自己也已经知道，请他小心。方鸿渐觉得很奇怪：怎么会有这样的事情呢？他忽然想起那三个旁听的学生都是历史系里上刘东方甲组英文课的，他们提的问题不怀好意。这些都是韩学愈在背后捣的鬼。他想了半天，怎么先跟刘东方说清楚。

方鸿渐到外文系办公室，孙小姐在看书。他见了刘东方，就说："有一位同事在外面说——这件事也是人家告诉我的——刘先生很不满意我教的英文，在甲组上课的时候，常常当学生的面批评我讲课的错误——”

“什么？”刘东方跳了起来，“谁说的？”孙小姐听了惊讶得忘了应该假装看书。

“——我本来英文不好，这次教英文也是因为刘先生的命令。我讲错了的地方希望刘先生当面跟我提出来。不过，听说这位同事跟刘先生有点意见，所以他的话我也不大相信。他还说，我班上三个旁听的学生也是刘先生派来的。”

“啊？什么三个学生——孙小姐，你去图书馆替我借本书来。”刘东方把书名告诉了她。

孙小姐出去了，刘东方听方鸿渐说出了这三个学生的名字，说道：“鸿渐兄，这三个学生是历史系的，我怎么能派得了？那个跟你说这事的人是不是历史系的负责人？你想想就明白了。”

方鸿渐成功了，他假装才明白过来，说：“韩学愈，他——”就把韩学愈买文凭的事都告诉了刘东方。

刘东方又惊又喜，听完后说：“我妹妹在历史系办公室，常听见历史系学生说你在课堂上骂我。”

方鸿渐说从来没有，刘东方道：“你想我会相信吗？韩学愈这样做的目的是要赶走你，叫他太太来上课，他想他已经请了我妹妹，赶走你以后，我能好意思不请他太太吗？喂，我给你看件东西，昨天校长办公室发下来的。”

他拿出了几张纸，是一个学生写给学校负责人的信，说方鸿渐教不了他们，要求换老师；还把他批改作业时忽略的地方写在上面，证明他英文不好。方鸿渐看后红了脸。刘东方说：“不用理他。丁组学生的水平写不了这东西，一定是那三个旁听生的主意，也许还是韩学愈干的。校长要我调查，我一定替你说清楚。”方鸿渐十分感谢，出了门，碰见孙小姐回来。孙小姐夸他跟刘东方谈话先声夺人。他听了很欢喜，但又想她也许看见了学生的信，半天心里不痛快。

刘东方果然有办法，方鸿渐上课时，那三个旁听生再也不来了。考试完毕那一天，汪处厚碰见方鸿渐，问他和赵辛楣寒假时哪天有空，要请他们吃饭，还说他的太太要给他们做媒。方鸿渐告诉他寒假要出去旅行。

生词(어휘)

1. 熟(shú) : 익숙하다, 잘 알다, 익다.
2. 回访(huífǎng) : 답방하다, 답례로 방문하다.
3. 不平(bùpíng) : 불공평하다, 평평하지 않다, 고르지 않다.
4. 待遇(dàiyù) : 대우, 대접.
5. 质问(zhìwèn) : 캐묻다, 추궁하다.
6. 职位(zhíwèi) : 직위.
7. 沉默寡言(chénmò guǎyán) : 과묵하다, 말수가 적다, 입이 무겁다.
8. 道德(dàodé) : 도덕, 윤리, 도덕적이다.
9. 诚实(chéngshí) : 진실하다, 참되다, 성실하다.
10. 骗子(piànzi) : 사기꾼.
11. 开除(kāichú) : 제명하다, 해고하다, 자르다, 면직시키다.
12. 职员(zhíyuán) : 직원, 사무원.
13. 名义(míngyì) : 명분, 명의, 자격.
14. 闲谈(xiántán) : 잡담하다, 한담하다.
15. 脾气(píqi) : 성격, 성질, 성미, 기질.
16. 代课(dàikè) : 대리 수업하다, 대신 강의(수업)하다, 대강하다.
17. 陪客(péikè) : 손님을 모시다, 손님을 접대하다.
18. 肿(zhǒng) : 붓다, 부어오르다.
19. 代理(dàilǐ) : 대리하다, 대신하다, 대행하다.
20. 训导长(xùndǎozhǎng) : 학생처장, 학생부장
21. 捣乱(dǎoluàn) : 말썽을 피우다, 소란을 피우다, 방해하다, 문제를 만들다.
22. 处分(chǔfèn) : 처벌, 처분, 처벌하다, 처리하다, 처분하다.
23. 推荐(tuījiàn) : 추천하다, 천거하다, 소개하다.
24. 怨恨(yuànhèn) : 미워하다, 증오하다, 혐오하다, 증오심, 적개심, 혐오, 반감.
25. 共事(gòngshì) : 함께 일하다.
26. 旁听(pángtīng) : 청강하다, 방청하다.
27. 旁听生(pángtīngshēng) : 청강생.

28. 呻吟(shēnyín) : 신음하다.

29. 嘘(xū) : 탄식하다. (제지함을 나타내어) 쉬, 쉿.

30. 校役(xiàoyì) : 학교의 고용인, 급사, 사환.

31. 不怀好意(bùhuái hǎoyì) : 호의를 갖고 있지 않다.

32. 假装(jiǎzhuāng) : 가장하다, 짐짓 ~체하다.

33. 有意见(yǒu yìjiàn) : 감정이 있다, 이의가 있다.

34. 批改(pīgǎi) : 정정하다, 고치다, 바로잡다, 수정하다.

35. 忽略(hūlüè) : 소홀히 하다, 등한히 하다, 등한시하다, 부주의하다.

36. 先声夺人(xiān shēng duó rén) : 먼저 큰 소리를 쳐서 상대방의 기세를 꺾다.

思考题

연습문제

<想一想>

1. 韩学愈请方鸿渐吃饭，是因为：（　　）

   ① 他们是同事
   ② 他们都是克莱登大学毕业的
   ③ 韩学愈要向方鸿渐说明他是克莱登大学毕业的

2. 韩学愈和克莱登大学的关系：（　　）

   ① 克莱登是一个很认真严格的学校，韩学愈是这个学校的博士
   ② 美国有克莱登大学，但韩学愈没有在这里学习过
   ③ 美国没有克莱登大学，韩学愈的文凭是假的

3. 三个在甲组学习英文的学生来听方鸿渐的英文课，还常常提问，是因为：（　　）

   ① 方鸿渐的英文课上得好
   ② 韩学愈在背后捣鬼
   ③ 这三个学生学习很认真

4. 方鸿渐对刘东方说，有人告诉他，刘东方常在课上批评方鸿渐讲英语课的错误，事实是：（　　）

   ① 刘东方没有在课上批评方鸿渐，也没有人对方鸿渐这样说过
   ② 刘东方没有在课上批评方鸿渐，有人这样告诉方鸿渐，方鸿渐不应该相信
   ③ 确实有这样的事

[参考答案]

1. ③　　2. ③　　3. ②　　4. ①

<说一说>

1. 韩太太的英文说得好不好？韩学愈为了让他的太太到外文系当教授用了哪些办法？
2. 在孙小姐的英文课上发生了什么事情？结果怎么样？

[参考答案]

1. 大家都不清楚韩太太的英文到底说得怎么样。只是方鸿渐觉得她的英语不像美国人，恐怕她的英文说得不好。韩学愈要太太在外文系当教授，刘东方说她英文都不会讲，不答应。韩学愈为了让太太到外文系当教授，并为了赶走方鸿渐，他在背后捣鬼说方鸿渐在学生面前批评刘东方讲课的错误等。后来经过高校长的调查，他不得不表示他的太太不想在这儿教英文，而且表示他对刘东方没有怨恨，愿意请他妹妹刘小姐当历史系的助教。

2. 学生知道孙小姐教他们英文以后，都表示反对，说为什么别的组是副教授教英文，丁组却是助教来教。有一天孙小姐进教室的时候，见黑板上写着："Beat down Miss S! Miss S is Japanese enemy!"孙小姐气得跑出了教室。后来跟孙小姐捣乱的学生受了处分。孙小姐的课没人代，刘东方为了不让韩太太来代，他自己亲自代课。代了一个星期课，又觉得很累，于是他想请赵辛楣代。赵辛楣又推荐方鸿渐，最后由方鸿渐来代课。

【참고번역】

9. 교수생활(2)

수업한 지 일주일이 조금 지나자, 방홍점은 함께 사는 몇몇 동료들과 점점 친해졌다. 역사과의 육자소가 그를 인사차 찾아왔던 적이 있어서 하루는 오후에 방홍점이 그를 답방하러갔다.

육자소는 그에게 관심이 있는 듯이 "내가 당신의 일을 아는데, 당신에게 불공평해요."라고 말했다.

방홍점은 자신의 일을 다른 사람이 이미 알고 있다고는 생각하지 못해서 부끄러워 얼굴을 붉히며 "나야 괜찮아요. 그런데……"라고 말했다.

"하지만 당신의 대우는 부교수 중에서 제일 높아요."

방홍점은 부교수 안에도 등급이 나눠지는지 몰랐다. 육자소는 "당신들과 함께 온 우리 학과의 고이겸 선생은 바로 당신보다 두 등급 낮아요. 학과장 중에서도 우리 학과 학과장 한 선생은 조 선생보다 한 등급 높고, 조 선생은 또 외국어문학과의 유동방 선생보다 한 등급이 높지요. 방 선생님은 귀국해서 처음 일을 하기 때문에 잘 모르는 거예요."라고 말했다.

"어째서 당신 학과 학과장의 봉급이 특별히 높은 거죠?"

"그가 박사이기 때문입니다. 그가 졸업한 그 대학이 듣자하니 매우 유명하다던데, 무슨 클라이든 대학이래요. 당신 알아요?"

방홍점은 듣고서 그야말로 뛸 듯이 놀랐는데, 마치 자신의 비밀을 다른 사람이 알게 된 것 같았다. 그는 "나는 알아요! 나도……" 그는 말을 끝까지 하지 않았다.

육자소는 그가 계속 말하기를 원하지 않는 것을 보고서 바로 의심이 생겼고, 분명하게 물으려고 했다. 방홍점은 오히려 한마디 말도 더는 하지 않고 자신의 방으로 돌아왔다. 그가 독일에서 클라이든 대학의 박사 졸업증서를 산 것은 부친과 장인을 대처하기 위한 것이었다. 미스 당이 그에게 그 일에 대해서 질문한 이후로부터 그는 그것을 다시 언급하기를 원하지 않았다. 하지만 그는 계속해서 거짓말하는 것을 원치 않았기 때문에, 고송년은 그에게 정교수의 직위를 주지 않았고 한학유는 오히려 성공할 수 있었다. 거짓말을 하는 것도 한학유처럼 그렇게 해야만 비로소 통하고, 또 용기를 가지고 끝까지 견지해야만 한다. 자신은 무엇도 제대로 못하지만 거짓말조차도 잘하지 못했다.

이날 한학유가 그를 인사차 찾아왔다. 그는 이 한 선생이 말수가 아주 적은 사람이란 것을 발견했다. 현대인의 견해에 따르면, 남자가 말하는 데에 뛰어나지 않는 것은 곧 도덕이 있고 가장 성실한 것을 나타내는데, 이는 마치 못생긴 여자가 예쁜 여자에 비해 반드시 생각(사상)이 있는 것과 같았다. 한학유는 그를 식사에 초대하려고 온 것인데, 말하는 중에 미국에 대한 이야기를 꺼내게 되었다. 한학유는 방홍점에게 미국에 가본 적이 있는지를 물었다.

"가본 적은 없습니다. 그러나 일찍이 가고 싶어서 한 사람과 편지를 통한 적이 있습니다." 방홍점은 한학유와 클라이든 대학의 관계를 분명하게 알고 싶어서 바로 그 가짜 학위 증서를 판 사람의 이름을 말했다.

"그 사람은 사기꾼이에요. 클라이든 대학에서 해고된 말단직원이지요. 클라이든은 좋은 학교에요. 그가 학교의 명의를 이용해 학위 증서를 판 거예요."

"정말 클라이든 학교가 있습니까?"

"매우 진지하고 엄격한 학교에요. 비록 아는 사람이 매우 적지만……보통 학생은 들어가기 쉽지 않아요."

"육 선생의 말을 들으니 당신이 바로 그 학교를 졸업하셨다면서요."

"네."

처음 만났기 때문에 방홍점은 조심스럽게 물어보았고, 그는 만약 기회가 있다면 그의 학위 증서를 보고서 바로 그의 클라이든 대학이 자신의 클라이든 대학인지를 알고 싶었다. 한학유는 집으로 돌아오는 길에 육자소가 말한 것이 사실이라면 다행히 방홍점이 미국에 간 적이 없기에 단지 그가 정말 학위 증서를 사지 않았다는 것이 사실인지 아닌지 모를 뿐이라고 생각했다. 한학유의 집에서 식사를 할 때, 방홍점은 한학유의 부인의 영어발음이 미국인 같지 않아서, 만약 조신미가 왔다면 바로 듣고 분별해내었을 것이라고 생각했다. 만약 한학유의 부인이 미국인이 아니라면 한 선생의 박사학위도 바로 문제가 있는 것이다. 그가 이 생각을 조신미에게 말하자, 조신미는 그에게 공연히 일거리를 만들지 말라고 충고했다.

며칠이 지나서 육자소가 한담하러 와서는 방홍점에게 미스 손의 일을 아는지 물었다. 방홍점은 그에게 무슨 일인지를 물었으나 그는 말하지 않았다. 방홍점은 그의 성질을 알기에 더 묻지 않았고, 조금 시간이 지나자 육자소가 스스로 그 일을 말하기 시작했다. 학생들이 미스 손이 그들에게 영어를 가르친다는 것을 알고 나서 모두 반대를 표시하며, 왜 다른 반은 부교수가 영어를 가르치는데 정반은 조교가 와서 가르치느냐고 말했다. 오늘 미스 손이 교실에 들어갔을 때, 칠판에 'Beat down Miss S! Miss S is Japanese enemy!(미스 손을 타도하자! 미스 손은 왜적이다!)'라고 써져 있는 것을 보고 미스 손은 화가 나서 교실 밖으로 뛰쳐나왔다. 마침 말을 하고 있는데 미스 손이 왔다. 육자소는 서둘러 몸을 일으켜 자리를 떴다. 방홍점이 미스 손에게 근래에 잘 지내는지 묻자 미스 손은 갑자기 울기 시작했다. 방홍점은 급히 조신미를 부르러 갔고, 조신미가 온 후에 상황을 분명하게 묻고서 "오늘 저녁에 내가 바로 가서 총장에게 말하지."라고 말했다. 방홍점은 "그 반의 수업을 미스 손이 절대 다시 가르쳐서는 안 되니 총장에게 수업을 대신할 사람을 찾으라고 하게."라고 말했다.

조신미는 미스 손에게 저녁식사를 초대하려했으나, 총장이 오히려 사람을 보내와서 그에게 손님을 함께 모시게 했다. 미스 손도 기숙사로 돌아가겠다고 말했지만 방홍점은 미스 손이 울어서 눈이 부은 것을 보고서 그녀에게 얼굴을 씻고 다시 나가게 했다.

방홍점이 미스 손을 배웅하러 나왔는데, 뒤에서 누군가가 그를 부르는 것을 듣고서 고개를 돌려 한번 보니 이매정이었다. 이매정은 그에게 고 총장이 자신에게 학생처장대리를 부탁했다고 말해주었고, 또 미스 손에게 웃으면서 "미스 손은 갈수록 더 예뻐지네요! 어째서 나를 보러 오지는 않고 방 선생만 보러 가요? 당신들 두 사람은 언제 약혼해요……"라고 말한 후, 웃으며 뛰어가 버렸다.

미스 손에게 소란을 피운 학생은 처벌을 받았다. 미스 손의 수업을 대신할 사람이 없어서 유동방은 한학유의 부인이 와서 대신하지 않게 하기위해 그가 직접 대리 수업을 했는데, 일주일 동안 수업을 대신하자 또 피곤함을 느껴서 그는 조신미에게 대리수업을 부탁하려 했다. 조신미는 또 방홍점을 추천했고, 고송년이 이것은 하나의 좋은 방법이라고 말했다. 방홍점도 용기를 내어 조심스럽게 영어를 가르치기 시작했다. 한학유는 이 일을 안 후, 고송년에게 그의 부인은 여기서 영어를 가르치기를 바라지 않을 뿐만 아니라, 또한 그는 유동방에게 불만이 없음을 표시하며 그의 여동생 미스 유가 역사과의 조교를 맡아주길 바란다고 말했다. 고송년은 듣고서 매우 기뻐하며 "모두 단결해서 함께 일해야지요. 다음 학기에 반드시 한학유 교수 부인의 도움을 청하겠소."라고 말했다.

방홍점은 그가 가르치는 정반의 영어수업에서 갑반의 학생 세 명이 청강하러 왔고, 또한 자주 질문하는 것을 발견했다. 그는 의기양양해서 조신미에게 알려주었다.

새해 첫날 이후의 어느 날 밤에 조신미와 방홍점은 겨울방학에 여행가는 것을 상의했는데, 새벽 1시 남짓까지 이야기했다. 방홍점이 잠자기 전에 화장실에 가서는 아직 들어가지도 않았는데, 바로 안에서 어떤 사람이 이야기하는 것을 들었다. 한 사람이 "너, 배탈 났어?"라고 하자, 다른 한 사람이 신음하면서 "오늘 저녁 한 선생님 댁에서 먹고 탈이 났어."라고 말했다. 목소리를 듣고 방홍점은 자신의 영어수업을 청강하는 학생이란 것을 알았다. 첫 번째 사람이 "한 선생님은 왜 너희들에게 밥을 먹자고 초대하는 거야? 방홍점 때문이 아니니?"라고 말했다. 그 배탈 난 학생이 "쉿!"하고 소리 냈다. 방홍점은 놀라서 가슴이 쿵쾅쿵쾅 뛰었다. 방으로 돌아와 오래토록 생각했지만 한학유가 무슨 짓을 하려는지 몰라서 다음날 직접 만나서 그에게 질문하기로 결정했다. 이른 아침 아직 잠에서 깨지 않았는데, 학교 사환이 미스 손의 편지 한 통을 보내왔다. 편지에는 밖에서 어떤 사람이 그가 영어수업시간에 학생들의 면전에서 유동방 강의의 잘못을 비판한다고 말했고, 유동방 자신도 이미 알고 있으니, 그에게 조심하라고 쓰여 있었다. 방홍점은 어째서 이런 일이 있을 수 있지? 하고 매우 이상하다고 생각하였다. 그는 갑자기 그 청강하는 세 명의 학생들이 모두 역사학과 안에서 유동방이 가르치는 갑반의 영어수업을 듣는 학생으로, 그들이 제기한 질문들이 좋은 뜻을 품고 있지 않았다는 것을 생각해냈다. 이것은 모두 한학유가 배후에서 꾸민 짓이었고, 그는 유동방에게 어떻게 먼저 확실히 말할지 한참동안 생각했다.

방홍점이 외국어문학과 사무실에 가니, 미스 손은 책을 읽고 있었다. 그는 유동방을 보고 곧바로 "어떤 동료가 밖에서 뭐라고 말했는데……이 일도 그 사람이 내게 알려준 것이지만……유 선생님이 내가 가르치는 영어에 대해 불만을 가져 갑반의 수업시간에 자주 학생들의 면전에 대고 내 강의의 잘못을 비판한다면서요.……"라고 말했다.

"뭐라고요?" 유동방은 펄쩍 뛰면서 "누가 그러던가요?"라고 했고, 미스 손은 듣고 놀라서 책을 보는 체해야 한다는 것을 잊어버렸다.

"……나는 원래 영어를 잘하지 못합니다만, 이번에 영어를 가르치게 된 것도 유 선생님의 명령 때문입니다. 제가 잘못 강의한 부분은 유 선생님이 제게 직접 제기해주기를 바랍니다. 그러나 듣자하니 그 동료가 유 선생님에게 약간 불만이 있는 것 같아서, 그의 말을 저도 크게 믿지는 않습니다. 그는 또 저희 반에 청강하는 세 명의 학생도 유 선생님이 보내온 것이라고 말했습니다."

"네? 무슨 학생 세 명……미스 손, 당신은 도서관에 가서 나 대신에 책을 빌려와 줘요." 유동방은 책이름을 그녀에게 알려주었다.

미스 손이 나가고, 유동방은 방홍점이 그 학생 세 명의 이름을 말하는 것을 듣고서 "방 선생님, 이 세 명의 학생은 역사학과 학생인데 제가 어떻게 보낼 수 있겠습니까? 당신과 이 이야기를 한 그 사람은 역사학과의 책임자가 아닌가요? 좀 생각해보면 바로 알 수 있습니다."라고 말했다.

방홍점은 성공했다. 그는 그제야 이해한 척하면서 "한학유, 그 사람은……"하고 한학유가 학위 증서를 샀던 일을 모두 유동방에게 말하였다.

유동방은 놀라기도 하고 기쁘기도 하여, 다 듣고서 "내 여동생이 역사학과 사무실에서 역사학과 학생들이 당신이 수업시간에 나를 욕한다고 말하는 것을 자주 듣는데요."라고 말했다.

방홍점은 여태껏 그런 적이 없다고 말했다. 유동방은 "당신은 내가 믿을 것이라고 생각하나요? 한 학과장이 이렇게 하는 목적은 당신을 쫓아내고 그의 아내로 하여금 강의하도록 하려는 겁니다. 그는 '그가 이미 내 여동생을 (조교로) 초빙했으니, 당신을 쫓아낸 이후에 내가 체면상 그의 부인을 (강사로) 초빙하지 않을 수 있겠어요?'라고 생각해요. 여보세요, 내가 당신에게 물건을 보여드릴게요. 어제 총장실에서 보내온 것입니다."라고 말했다.

그는 종이 몇 장을 꺼냈는데 그것은 한 학생이 학교책임자에게 쓴 편지로, 방홍점이 그들을 가르칠 수 없다고 말하며 선생님을 바꾸기를 요구했다. 또 그가 과제를 수정해줄 때 소홀히 한 부분을 위에 쓰고 그의 영어실력이 나쁜 것을 증명했다. 방홍점은 보고나서 부끄러워 얼굴이 빨개졌다. 유동방은 "그를 신경 쓸 필요 없어요. 일반 학생의 수준으로는 이 편지를 쓸 수 없으니 분명 그 청강생 세 명의 생각이고, 아마도 이 역시 한학유가 한 짓일 겁니다. 총장이 나에게 조사하도록 했는데 내가 당신을 위해 분명히 말해줄게요."라고 말했다. 방홍점은 매우 감사하였고, 나가면서 돌아오던 미스 손과 마주쳤다. 미스 손이 그가 유동방과 이야기하는데 먼저 큰 소리를 쳐 기선제압을 했다고 칭찬했다. 그는 듣고서 매우 기뻤으나, 한편 그녀가 어쩌면 학생의 편지를 보았을지도 모른다고 생각하니 온종일 마음이 즐겁지 않았다.

유동방은 과연 방법이 있어서 방홍점이 수업할 때 그 세 명의 청강생은 다시는 오지 않았다. 시험이 끝난 그날, 왕처후는 우연히 방홍점을 만나 그에게 조신미와 겨울방학 때 언제 시간이 있는지 물었고, 그들에게 식사를 하자고 초대하고서는 또 그의 부인이 그들에게 중매를 서주려 한다고 말했다. 방홍점은 그에게 겨울방학에 여행을 갈 것이라고 말했다.

十、做媒的故事

汪处厚四十多岁，第一位太太死了，又娶了一位二十五岁的新太太。新汪太太曾在大学读过一年，现在在家养病，身体好些的时候，学学中国画，弹弹钢琴。她不愿到学校做事，因为她知道，她至多做个小职员。教育系讲师范小姐常跟她来往，刘东方的妹妹也不时来谈谈。刘东方有一次托她替妹妹做媒，汪太太就像有了职业，很愿意，她想把范小姐介绍给赵辛楣，把刘小姐介绍给方鸿渐。范小姐比刘小姐老，但她是讲师，应该嫁给地位较高的系主任。刘小姐是助教，嫁个副教授就可以了。至于孙小姐，汪太太对她印象不太好。

方鸿渐他们旅行回来后两天，就收到汪处厚的请帖。汪处厚架子大，他请吃饭只请高松年这样地位高的人和本系的人，他们不知道这次为什么请他们，后来想起做媒的话，但这儿并没有什么女人，而他们也不需要人做媒。商量了一回，他们决定先去拜访汪先生夫妇。

汪先生见了他们，还是说要做媒。赵辛楣说："这年头儿，谁有钱结婚？照顾自己都照顾不过来。”

汪太太道：“我见得多了，现在的年轻人都不肯结婚，宁愿交女朋友胡闹。要讲没钱结婚，娶个太太比交女朋友花钱少得多。”

汪处厚声明道：“我娶你可不是为了省钱。我年轻的时候，从不胡闹。”

汪太太哼了一声：“你年轻的时候？我就不相信你年轻过。”

汪处厚脸色一红，方鸿渐忙说，谢谢他们夫妇的好意，不过愿意知道介绍的是什么人。汪先生和汪太太说，明天来了就知道了，不告诉他们。

回家路上，赵辛楣忽然说道：“你注意到吗——汪太太有一点儿像苏文纨。”没说完，就大步上了楼回房间去了。方鸿渐惊异地目送着他。

第二天，赵辛楣和方鸿渐到了汪家，见了范小姐和刘小姐，才知道汪太太介绍的就是这两位，失望得要笑。范小姐却热情地跟赵辛楣谈个没完。赵辛楣说这儿闷得很，没有玩儿的地方。范小姐说：“可不是嘛，我也觉得很少谈得来的人，这儿真闷！”她又说她喜欢看话剧，但在这儿只能看剧本。她还问赵辛楣喜欢不喜欢，赵辛楣说："喜欢，可惜没看过多少。"她问他曹禺[1]怎么样，赵辛楣随口答道："最伟大的戏剧家"，范小姐快乐地说："你的意见跟我完全相同。"其实，赵辛楣并不知道曹禺有些什么作品，范小姐却热情地说，如果要看剧本，她可以借给他。刘小姐说话不多，方鸿渐今天只是来吃饭的，话也不多。

吃饭以前，汪处厚到里面去了一趟，出来说"检查过了"。方鸿渐问他查什么，他笑着解释道："我用了两个用人，做出来的菜常常很少。有一次，高校长和王先生来我家吃晚饭——高校长喜欢来我家吃晚饭——还带来了三十只麻雀做了吃。吃完了，王先生说才吃了二十五只，我到里面一看，果然碗里还有四只——不是五只。年老的用人说，留着准备给我第二天吃。"

方鸿渐说："她倒是一片好心。"

汪处厚大笑。汪太太说："什么好心？最近有一次，鸡汤像白开水。我找年轻的用人问，才明白，那老用人有个儿子，每次我们请客，他就来偷偷地吃。我问她以前为什么不

1) 曹禺(Cáo Yǔ)：1910~1996年，原名万家宝，字小石，中国现代杰出的戏剧家。主要作品有≪雷雨≫、≪日出≫、≪北京人≫等。
조우(1910~1996年)의 본명은 만가보이며 자는 소석으로 현대 중국의 뛰어난 극작가이다. 주요 희곡작품으로는 ≪뇌우≫, ≪일출≫, ≪북경인≫ 등이 있다.

告诉我，她说那老用人要她做儿媳妇儿，你们想可笑不可笑？所以每次请客，我们总是检查一遍。”

刘小姐："我们家的女用人也常捣鬼。"说着大家坐下吃饭。

吃饭的时候，汪先生说："今天忘了把跟范小姐住在一起的孙小姐请来。"范小姐说："孙小姐现在有男朋友了。"大家问她是谁，她不说。赵辛楣说："也许我知道，不用你说。"一提起孙小姐，方鸿渐就很紧张，特别怕赵辛楣说出自己的名字来，不料范小姐说："你也知道了？陆子潇跟她好是这次寒假里的事，天天通信。你们那时候出去旅行了，怎么会知道？"

说到这里，校长高松年敲门进来了，看见有客人在吃饭，便大声笑着说："哈，汪太太，请客为什么不请我？汪先生，我是闻着香味才来的。"

大家都站起来，汪太太请他入席。谈话中，汪太太又说："为什么在这个地方办学校？人都闷死了。"

方鸿渐说："没有玩儿的地方，所以我跟辛楣买了一副象棋。"

高校长道："下象棋很好。不要打牌，给学生知道了不太好，李训导长禁止学生打牌。”

汪太太不高兴地打断高校长的话道：“我本来因为怕闹，所以不打牌，现在偏要打，看李梅亭怎么样。”

高校长这才说：“我今天来就是为这事，不知道你们请客。训导长李梅亭告诉我，有几个先生常打牌赌钱，牌是你家的，打牌的人里也有汪先生。”汪先生的脸开始发红，客人们都看着自己的碗筷不说话。

过了一会儿，汪先生道：“李梅亭没有当上中国文学系的主任，所以处处跟我为难。其实，他的事我也知道，比如在镇上跟妓女胡搞。”

高松年说：“不会吧？”方鸿渐见校长站在李梅亭一边，便说：“我想汪先生所讲的话很可能，李先生跟我们同路来学校，一路上闹了很多笑话，不信只要问辛楣。”高校长脸上现出了不高兴的样子说：“这种男女间的事，最好别管！”他又怕自己的话得罪汪处厚，补充说：“鸿渐兄， 你不要误会。汪先生也不要生气，回头我有办法劝李梅亭。”

吃完饭，客人们告辞回家。走到半路，范小姐忽然说她的手提包忘在汪太太家了，要回去取，并道：“你们先走吧，赵先生陪我。”赵辛楣正不知道怎么办好，方鸿渐摸着脑袋问赵辛楣："我今天戴帽子来没有？"赵辛楣想了想，一下子明白过来，忙说："好像你戴了来的——是的，你戴了，我——我没戴！"方鸿渐说范小姐找手提包使我想起了自己的帽子，他回去取帽子，把手提包一起取来，让他们等一等。可是他回来的时候，手里只有手提包没帽子，还说上了赵辛楣的当，范小姐冷冷地向他道了谢，再也没有说话。把范、刘两位小姐送回家以后，赵辛楣问方鸿渐对汪太太印象如何，要他帮自己推测她年龄有多少。

孙小姐和陆子潇通信使方鸿渐不痛快，心里很乱。不料孙小姐下午就来了，她是陪范小姐给赵先生送书来的。谈话中，她问方鸿渐："方先生，你昨天得罪范小姐没有？"

"没有呀！为什么？"

孙小姐不愿意传闲话，但最后还是告诉他了："她说你话也不说，只知道吃。还说你头上戴没戴帽子都不知道。"

方鸿渐哈哈大笑道："我是该骂，这事我以后告诉你。——她昨天也说你了。"

"她不会有好话，她说什么？"

方鸿渐犹豫了，孙小姐说："我一定要知道。方先生，你告诉我。"她说这话时候的样子十分甜蜜。

方鸿渐就说："好像说有人跟你通信。"

孙小姐听了大怒，说："混账！我正恨得要死呢，她还替人家在外面胡说！"

接着她厌恶地告诉方鸿渐，去年考试前，陆子潇给她写信，她没有回答他；寒假里来请她吃饭，她又没有去。以后，他一封信一封信地来，还要她回答一个问题——说到这里，孙小姐脸红了——"这事真讨厌，我想不出办法来。"

方鸿渐说："孙小姐，我替你想个办法，你把他写给你的信包好了，叫用人送还给他，一个字都不要写。"他把唐小姐退回自己信的办法告诉了孙小姐。

孙小姐感激道："我真要谢谢你，我什么事都不懂，也没有一个人可以商量，做人太难了，方先生，你肯教教我吗？"

临走时，孙小姐不要方鸿渐送："外面——闲话很多。"说话的时候，她的眼睛看着地上。

孙小姐走后，方鸿渐正拿起一支烟，赵辛楣没敲门就进了屋，抢过去，点上吸了几口，嚷道："孙柔嘉为什么带范懿来？"方鸿渐道："不是陪她给你送书来的吗？"接着又问他范小姐拿来什么书，赵辛楣让工友把书拿来要他自己看。

方鸿渐看到书上写着："To my precious darling， from the author." 说道："为什么把写了这话的书给你看？"赵辛楣道："你真不懂她的意思？"又说这都是汪太太生出来的事，明天要去找她。方鸿渐劝他别去，并且希望他以后也少去她那儿。

方鸿渐自己觉得这学期上课顺利多了，可是跟同事的关系却比以前坏。韩学愈夫妇见了他点头都很勉强，陆子潇也不跟他接近，刘东方也好像冷淡了许多，只有汪处厚对他的事十分关心，说下学期哲学系成立后，要请他上课，还要升他为教授。方鸿渐知道这是因为老汪明年要当文学院院长，所以特别表示对人关心。不过，他倒真的更加努力了。

春假第四天晚上九点，高松年从镇上回来，看看时间还早，就来到了汪处厚家。汪家的女用人说汪先生去王先生家打牌了，汪太太好像也出去了。他一口气赶到王家，看汪太太没在，也没有批评他们打牌，就把汪先生叫了出来。汪先生听说太太不在家，很是着急，连忙和高松年一起赶回家。

方鸿渐劝赵辛楣少去汪家，赵辛楣知道他说得对，但是他喜欢汪太太，她漂亮，自己跟她谈得来。这天晚饭后，他来到汪家，汪太太出来开了门。他说出来散步，经过这里，就来看汪太太——和汪先生，汪太太笑道："处厚打牌去了，要十一点才回家。我倒也想散散步，咱们一起走吧。"她叫女用人起来关门，说她也到王家去。散步中，汪太太问赵辛楣为什么不结婚，有过女朋友没有。他把跟苏文纨的事讲了讲。两人谈得高兴，不知不觉中又走回汪家门口。汪太太笑道："谢谢你陪我散步，尤其要谢谢你告诉我许多有趣的事——我也累了，不去王家了，不过我想告诉你一句话。"赵辛楣让她说，她不肯，要敲门去。赵辛楣用手拦住她，求她说。"你记着一定不要对一个女人说另一个女人好。"赵辛楣忙说："汪太太，你别误会！我没有什么别的意思。老实告诉你吧，我倒觉得你有很多地方像她——"汪太太半推开他的手道："胡说！谁都不会像我——"忽然附近传来了人声，两人连忙分开。

汪、高两人将到汪家，高松年在夜色里看见两个人扭在一起，汪处厚也听到太太和男人说话的声音。赵辛楣正要转身，肩膀给人拉住，回头一看是高松年。汪处厚也扭住太太不放，骂道："好！好！赵辛楣，你这混账东西！亲眼看见你——"汪太太明白丈夫没说完的话，说："有话到里面去讲，好不好？"

大家跟她进了门。汪处厚问："你跟他有什么关系？"

"我跟他的关系，我也忘了。辛楣，咱们俩什么关系？"

赵辛楣恳求道："汪太太，你别胡说。汪先生，你不要误会，我跟你太太没有什么，今天的事是我不好，你听我说——"

汪太太哈哈大笑道："你的胆子太小了！这样害怕！高校长，你又来干什么呢？吃醋也没有你的份儿呀！咱们今天说清楚，嗯？高先生，好不好？"

汪处厚看着高松年。赵辛楣对高松年"哼"了一声，转身走了。

方鸿渐还没睡。赵辛楣进来，不等方鸿渐开口，就说："鸿渐，我马上要离开这学校！"他把刚才的事告诉了方鸿渐。方鸿渐只是问他："今天晚上就走吗？到什么地方去？"赵辛楣说："到重庆去。今天晚上住在镇上的旅馆里，明天一早动身。"接着他把带来的几十本书和多余的行李给了方鸿渐。又说："下半年在重庆欢迎你。还有，你暑假回家，带着孙小姐交给她父亲。

第二天一早，校长派人来请方鸿渐到他的房间去，问他赵辛楣什么时候走的，知道不知道他为什么要走。方鸿渐都作了回答，关于走的原因，他说知道一点儿。高校长叫他不要说出去。方鸿渐离开的时候，嘘了一口气，高校长听了十分不满。

方鸿渐去找孙小姐，走到半路就碰见她，说是来问赵叔叔的事。方鸿渐问她怎么知道的，她说范小姐说的，范小姐还骂赵叔叔。方鸿渐把关于'Precious darling'的故事告诉了她，孙小姐听后说："这恐怕是她自己写的，她有一次问我，'作者'在英文里是'author'还是'writer'？"方鸿渐骂范小姐不要脸。

走了一段路，孙小姐又说："赵叔叔走了，只剩我们两个人了。"方鸿渐说："他临走时让我跟你一起回家。"孙小姐低头小声说："谢谢方先生，只是人家更要说闲话了。"接着她告诉方鸿渐说："不知道哪个混蛋，我怀疑是陆子潇——写信给我爸爸，造你跟我的谣言。爸爸来信问——"

这时，方鸿渐听到背后有人叫"方先生"，转身一看是李梅亭和陆子潇。孙小姐害怕得伸手拉住方鸿渐的右臂，好像求他保护似的。李梅亭见了说："你们什么时候请我们喝喜酒呀？"

方鸿渐道："到时候不会忘了你。"

孙小姐说："那么咱们告诉李先生——"李梅亭和陆子潇一起大声叫："告诉什么？订婚了？是不是？"

方鸿渐答应请客，两人才肯走。春假以后，方鸿渐和孙小姐请同事们喝了订婚酒。那天没有去喝酒的只有汪先生夫妇和刘先生夫妇。刘东方因为妹妹的婚事没有成功，很怪方鸿渐，但又不敢得罪他，怕他生气不教英文，没有人代。学期快结束时韩太太给他送了礼物，他就把方鸿渐的课给了她。汪处厚不再请同事和校长到家里去吃饭。高校长和李梅亭对方鸿渐也都不满意。有一天，陆子潇在方鸿渐房间里看见一本《共产主义论》，这原是赵辛楣丢下的。陆子潇告诉了李训导长，李训导长又报告了高校长。高校长说："我本来明年请他当教授，谁知道他思想有问题，只能解聘。"韩学愈知道了这件事，高兴得拉了白俄太太跳舞。七月四日，他让太太请同事吃饭，庆祝美国国庆，这证明太太的确是一个美国人。太太的国籍是真的，先生的博士学位还会假吗？

生词 (어휘)

1. 养病(yǎngbìng) : 요양하다.
2. 中国画(zhōngguóhuà) : 중국화, 중국고유의 전통회화.
3. 钢琴(gāngqín) : 피아노.
4. 不时(bùshí) : 때때로, 이따금.
5. 托(tuō) : 부탁하다.
6. 地位(dìwèi) : 지위.
7. 宁愿(nìngyuàn) : 차라리 ~하고자 한다, ~하는 편이 더 낫다.
8. 声明(shēngmíng) : 성명, 성명하다.
9. 目送(mùsòng) : 눈으로 뒤쫓다, 눈으로 바라다보다.
10. 戏剧家(xìjùjiā) : 극작가.
11. 麻雀(máquè) : 참새.
12. 鸡汤(jītāng) : 닭국.
13. 白开水(báikāishuǐ) : 끓인 맹물.
14. 偷偷(tōutōu) : 남몰래, 슬그머니.
15. 入席(rùxí) : 착석하다.
16. 象棋(xiàngqí) : 중국 장기.
17. 禁止(jìnzhǐ) : 금지, 금지하다.
18. 为难(wéinán) : 난처하다, 난처하게 만들다.
19. 搞(gǎo) : 하다, 만들다, 관계를 맺다, 헐뜯거나 나쁜 짓을 하다.
20. 得罪(dézuì) : 죄를 짓다.
21. 告辞(gàocí) : 작별을 고하다, 헤어지다.
22. 手提包(shǒutíbāo) : 핸드백, 손가방.
23. 上当(shàngdàng) : 속다, 꾐에 빠지다.
24. 推测(tuīcè) : 추측하다, 헤아리다.
25. 闲话(xiánhuà) : 불평, 험담, 남의 뒷말.
26. 传闲话(chuán xiánhuà) : 험담을 전하다, 험담을 옮기다.
27. 甜蜜(tiánmì) : 달콤하다.
28. 混帐(hùnzhàng) : 뻔뻔한(놈), 개 같은(놈).
29. 厌恶(yànwù) : 혐오하다, 싫어하다.
30. 工友(gōngyǒu) : 급사, 사원, 기관이나 학교에서 일하는 사람.
31. 散步(sànbù) : 산보하다.

32. 夜色(yèsè) : 야경, 밤 정경.
33. 扭(niǔ) : 비틀다, 비틀어 돌리다.
34. 肩膀(jiānbǎng) : 어깨.
35. 恳求(kěnqiú) : 간청하다.
36. 吃醋(chīcù) : 질투하다, 시기하다.
37. 份儿(fènr) : 분, 지(支), 부분.
38. 多余(duōyú) : 여분의, 나머지의.
39. 谣言(yáoyán) : 유언비어, 헛소문.
40. 臂(bì) : 팔.
41. 喜酒(xǐjiǔ) : 결혼 축하주.
42. 论(lùn) : 사리를 논하는 말 또는 문장(이론).
43. 解聘(jiěpìn) : (초빙한 사람을) 해임하다.
44. 国籍(guójí) : 국적.

思考题

연습문제

<想一想>

1. 汪太太说现在的年轻人不肯结婚，是因为：（　　）

① 他们没有钱
② 他们宁愿跟女朋友胡闹
③ 为了省钱

2. 方鸿渐从汪处厚家吃了晚饭回家时说自己没有戴帽子，回到汪家又没有取回来，这是因为：（　　）

① 方鸿渐很糊涂，自己戴不戴帽子都不知道
② 方鸿渐那天并没有戴帽子，他上了赵辛楣的当
③ 方鸿渐知道赵辛楣不愿意陪范小姐回汪家去取手提包，才这样说的

3. 范小姐给赵辛楣送书去，赵辛楣：（　　）

① 很高兴，因为他也喜欢看剧本
② 很不高兴，因为书上写了“To my precious darling”
③ 很不高兴，因为他不喜欢范小姐

4. 韩太太在七月四日美国国庆请同事吃饭，是：（　　）

① 为了证明她是美国人，并由此证明韩学愈在美国取得了博士文凭
② 因为方鸿渐解聘后，韩太太可以到外文系去当教授
③ 为了表示她热爱自己的祖国——美国

[参考答案]

1. ②　　2. ③　　3. ②　　4. ①

<说一说>

1. 为什么这一学期方鸿渐跟同事的关系比以前坏？

2. 赵辛楣为什么要离开三闾大学？

[参考答案]

1. 方鸿渐知道韩学愈买假文凭的事后，韩学愈不喜欢他。而且方鸿渐现在教英文，所以他跟韩学愈夫妇的关系不太好。刘东方因为妹妹的婚事没有成功，很怪方鸿渐。又因为孙柔嘉的事，方鸿渐跟陆子潇的关系也不好。所以这一学期方鸿渐跟同事的关系比以前坏。

2. 赵辛楣喜欢汪太太。有一天他跟汪太太在一起的场面被汪先生和高校长发觉，赵辛楣自惭没脸见人，所以要离开三闾大学。

【참고번역】

10. 중매 이야기

왕처후는 마흔 여 살로 첫째 부인이 죽자, 다시 스물다섯 살의 새 부인을 얻었다. 새 부인은 이전에 대학교를 1년 정도 다니다가 지금은 집에서 요양하고 있으며, 건강이 비교적 좋을 때는 중국화를 배우거나 피아노를 친다. 그녀가 학교에서 일을 하지 않으려고 하는 것은 크게 되어봤자 말단직원밖에 할 수 없다는 것을 잘 알기 때문이다. 교육학과 강사 미스 범은 그녀와 자주 왕래하고 유동방의 여동생도 때때로 와서 이야기를 나누곤 한다. 유동방이 한번은 그녀에게 여동생의 중매를 부탁하였는데 왕부인은 마치 직업이 생긴 것처럼 정말 하고 싶어 했다. 그녀는 미스 범을 조신미에게 소개하고 미스 유를 방홍점에게 소개시켜주려고 했다. 미스 범은 미스 유보다 나이는 많지만 그녀는 강사라서 마땅히 지위가 비교적 높은 학과장에게 시집을 가야했고, 미스 유는 조교라서 부교수에게 시집가면 되었다. 하지만 미스 손의 경우에는 왕처후의 부인은 그녀에 대한 인상이 별로 좋지 않았다.

방홍점 그들은 여행에서 돌아온 후 이틀이 지나서 바로 왕처후의 초대장을 받았다. 왕처후는 허세가 강해서 오직 고송년 같은 지위가 높은 사람이나 같은 학과 사람만 식사에 초대하는데, 그들은 그가 이번에 왜 자신들을 초대하는지 몰랐다. 나중에 중매이야기가 생각났지만 여기에는 결코 어떤 여자도 없을뿐더러 그들 또한 어떤 사람이 중매서는 것이 필요치 않았다. 한차례 상의 끝에 그들은 왕 선생 부부를 먼저 찾아뵙기로 결정했다.

왕 선생은 그들을 보자 여전히 중매를 서야겠다고 말했다. 조신미는 "요즘 같은 시대에 누가 돈이 있어 결혼하겠어요? 자기 자신조차도 돌보지 못하는데요."라고 말했다.

왕처후의 부인은 "나는 많이 봤어요. 지금 젊은이들은 차라리 여자친구를 사귀어 문란하고 시끌벅적하게 놀지언정 모두 결혼은 하지 않으려 해요. 결혼할 돈이 없다고 말하지만, 아내를 얻는 것이 여자친구를 사귀어 돈을 쓰는 것보다 훨씬 더 적게 들어가요."라고 말했다.

왕처후는 떳떳하게 "내가 당신에게 장가간 것은 절대 돈을 아끼기 위한 것이 아니에요. 나는 젊었을 때부터 이제껏 (여자친구를 사귀어) 문란하고 시끌벅적하게 놀지 않았어요."라고 말했다.

왕처후의 부인은 콧방귀를 뀌며 "당신이 젊었을 때요? 나는 당신이 젊은 시절이 있었다는 것조차 믿지 않아요."라고 말했다.

왕처후는 낯빛이 빨개졌다. 방홍점은 서둘러 그들 부부의 성의는 고마운데 소개해줄 사람이 어떤 사람인지 알고 싶다고 하였다. 왕 선생과 그의 부인은 내일 오면 알게 될 거라고 하며 그들에게 알려주지 않았다.

돌아오는 길에 조신미는 갑자기 "자네 주의해서 봤니?……왕처후의 부인이 소문환을 조금 닮았어."라고 하며, 말도 마치기 전에 큰 걸음으로 위층으로 올라가 방으로 들어가 버렸다. 방홍점은 놀라서 이상하게 생각하며 그를 눈으로 바라다보았다.

이튿날, 조신미와 방홍점은 왕 선생 집에 도착하여 미스 범과 미스 유를 보고서 그제야 왕처후의 부인이 소개해줄 사람이 바로 이 두 사람이라는 것을 알고는 웃음이 날 정도로 실망스러웠다. 미스 범은 오히려 열정적으로 조신미와 계속 이야기했다. 조신미가 이곳은 너무 답답하고 놀 곳도 없다고 말하자, 미스 범은 "왜 아니겠어요? 저도 대화가 통하는 사람이 적다고 느끼는데 이곳은 정말 답답해요!"라고 말하였다. 그녀는 또 연극 보는 걸 좋아하지만 여기에서는 대본밖에 볼 수 없다고 했다. 또 조신미에게 연극 보는 것을 좋아하냐고 묻자, 조신미는 "좋아하는데 아쉽게도 많이는 못 봤어요."라고 말하였다. 그녀는 그에게 조우에 대해 어떻게 생각하는지 물었고, 조신미는 별생각 없이 "제일 위대한 극작가이지요."라고 말하였다. 미스 범은 기뻐하면서 "당신 생각과 저의 생각이 완전히 똑같네요."라고 했다. 사실 조신미는 조우의 작품으로 어떤 것들이 있는지를 몰랐는데, 미스 범은 오히려 열정적으로 만약 극본을 보려한다면 그에게 빌려줄 수 있다고 하였다. 미스 유는 말을 많이 하지 않았고, 방홍점도 오늘은 식사만 하러 온 것이어서 말이 적었다.

식사하기 전에 왕처후는 안쪽에 한번 갔다가 나와서 "검사했어요."라고 말했다. 방홍점이 그에게 무엇을 검사했는지 묻자, 그는 웃으면서 "내가 가정부 두 사람을 쓰고 있는데 만들어낸 요리가 늘 모자랐어요. 한번은 고 총장과 왕 선생이 우리 집에 저녁 먹으러 왔는데요.……고 총장은 우리 집에 저녁 먹으러오길 좋아해요.……그날도 참새 서른 마리를 가져와 요리해먹었어요. 다 먹고 나서 왕 선생이 말하길 겨우 스물다섯 마리밖에 안 먹었다고 하여 내가 안에 가보니 과연 그릇에 네 마리가 남아 있는 거예요. 다섯 마리가 아니고요. 나이 많은 가정부가 말하길 남겨서 내가 이튿날 먹게 하려고 준비했대요."라고 설명했다.

방홍점은 "그녀는 착한 마음씨를 가졌네요."라고 말했다.

왕처후는 큰소리로 웃었다. 왕처후의 부인은 "무슨 착한 마음씨요? 최근 한번은 닭국이 끓인 맹물 같아서 제가 젊은 가정부를 찾아 물었더니 그제야 알게 되었지만, 그 늙은 가정부에게 아들이 있는데 매번 우리가 손님을 초대하면 바로 와서 남몰래 먹고 가는 거예요. 젊은 가정부에게 이전에는 왜 나한테 얘기하지 않았냐고 물으니 그녀가 말하길 그 늙은 가정부가 그녀를 며느리로 삼겠다고 했대요. 당신들도 생각해보세요. 웃기지 않아요? 그래서 매번 손님을 초대할 때면 우리는 반드시 한차례 검사를 해요."라고 말하였다.

미스 유는 "우리 집 여자가정부도 자주 나쁜 짓을 해요."라고 말했다. 이야기하며 모두들 자리에 앉아 저녁을 먹었다.

식사를 할 때, 왕 선생은 "오늘 미스 범과 같이 살고 있는 미스 손을 초대하는 걸 잊었네요."라고 말했다. 미스 범은 "미스 손은 지금 남자친구가 생겼어요."라고 말하였다. 모두들 그녀에게 누구냐고 물었지만 그녀는 말하지 않았다. 조신미는 "어쩌면 저는 알기 같아요. 당신이 말하지 않아도요."라고 말했다. 미스 손의 이야기가 나오자마자 방홍점은 매우 긴장했는데, 특히 조신미가 자기 이름을 말할까봐 두려웠다. 뜻밖에 미스 범이 "당신도 알고 있었어요? 육자소가 그녀와 좋아진 것은 이번 겨울방학 때의 일인데, 매일 편지를 주고받아요. 당신들은 그때 여행을 갔는데 어떻게 알 수 있죠?"라고 말했다.

여기까지 말하고 있는데, 총장 고송년이 문을 두드리고 들어왔다. 손님이 식사하고 있는 것을 보고서 바로 큰 소리로 웃으며 "하하, 왕 선생님 부인, 손님을 초대하면서 왜 저를 초대하지 않았어요? 왕 선생님, 저는 향내를 맡고서야 왔습니다."라고 말했다.

모두들 자리에서 일어났고 왕처후의 부인은 그에게 자리에 앉도록 권했다. 얘기 도중 왕처후의 부인은 또 "왜 이런 곳에 학교를 세웠어요? 사람들 모두 답답해죽겠어요."라고 말했다.

방홍점은 "놀러갈 곳이 없어서 저와 조신미는 장기를 샀어요."라고 말했다.

고 총장은 "장기를 두는 건 좋지요. 마작은 하지 마세요. 학생이 알게 되면 그다지 좋지 않는데, 이 학생처장은 학생이 마작 하는 걸 금지하고 있어요."라고 말했다.

왕처후의 부인은 불쾌한 듯 고 총장의 말을 끊으며 "저는 원래 시끌벅적한 게 싫어서 마작 놀이를 하지 않았는데, 지금은 일부러 마작을 해서 이매정이 어떻게 하는지 봐야겠어요."라고 말했다.

고 총장은 그제야 "내가 오늘 온 것도 이 일 때문인데, 당신들이 손님을 초대한 줄 몰랐어요. 학생처장 이매정이 나에게 몇몇 선생님이 자주 마작으로 도박을 하는데 마작은 당신네 집 것이고 마작 하는 사람 중엔 왕 선생님도 있다고 얘기해 주었어요."라고 말하였다. 왕 선생은 얼굴이 빨개지기 시작했고, 손님들은 모두 자기 밥그릇과 젓가락만 보면서 아무 말도 하지 않았다.

조금 지나서 왕 선생은 "이매정이 중국문학과 학과장이 되지 못해서 곳곳에서 나를 난처하게 만드네요. 사실, 읍내에서 기녀와 난잡하게 놀아나는 것과 같은 그에 대한 일을 나도 알고 있어요."라고 말했다.

고송년은 "그렇지 않을 텐데요?"라고 하였다. 방홍점은 총장이 이매정의 편에 서는 걸 보고 바로 "저도 왕 선생님이 말한 것이 맞을 거라 생각해요. 이 선생은 우리와 같이 학교에 오는 길에서도 많은 웃음거리를 만들었어요. 못 믿겠으면 조신미에게 물어보면 돼요."라고 말했다. 고 총장은 얼굴에 불쾌한 표정을 지으며 "이런 남녀 간의 일은 관여하지 않는 것이 제일 좋아요!"라고 말했다. 그는 또 자신의 말이 왕처후의 기분을 상하게 할까봐 두려워 덧붙여 "홍점 형, 오해하지 마세요. 왕 선생님도 화내지 마시구요. 저에게 나중에 이매정을 타이를 방법이 있어요."라고 말했다.

식사를 마치고나서 손님들은 작별인사를 하고 집으로 돌아갔다. 반 쯤 왔을 때 미스 범이 갑자기 그녀의 손가방을 왕처후의 부인 집에 둔 것을 깜빡했다고 가지러 돌아가야겠다고 하면서, "당신들 먼저 가세요. 조 선생님이 저와 같이 갈 거예요."라고 말했다. 조신미가 마침 어떻게 해야 좋을지 몰라 하자, 방홍점이 머리를 손으로 만지며 조신미에게 "나 오늘 모자 쓰고 오지 않았어?"라고 물었고, 조신미는 생각해보다가 재빨리 알아채고는 급히 "쓰고 온 거 같은데, 맞아, 썼었어. 나……난 안 썼어!"라고 말했다. 방홍점은 미스 범이 핸드백을 찾는걸 보고야 자신의 모자가 생각났다면서 돌아가 모자를 찾아올 때 핸드백도 같이 가져오겠다고 하며 그들에게 기다리라고 하였다. 하지만 그가 돌아왔을 때, 손에는 핸드백만 있고 모자는 없었고 조신미에게 속았다고 말하였다. 미스 범은 차갑게 그에게 고맙다고 말하고는 더 이상 말하지 않았다. 미스 범과 미스 유 두 사람을 집에 바래다주고, 조신미는 방홍점에게 왕처후의 부인에 대한 인상이 어떤지 물었고, 그에게 그녀의 나이가 얼마쯤 돼 보이는지 자신을 도와서 추측해달라고 했다.

미스 손과 육자소가 편지를 주고받는 것은 방홍점을 언짢게 하였고, 마음을 심란하게 하였다. 뜻밖에도 미스 손이 오후에 찾아왔는데, 그녀는 미스 범과 함께 조신미에게 책을 주러 온 것이었다. 이야기를 하던 중, 그녀는 방홍점에게 "방 선생님, 어제 미스 범의 기분을 상하게 했죠?"라고 물었다.

"아니요! 왜요?"

미스 손은 험담을 옮기기 싫었지만 끝내는 그에게 "그녀가 당신이 말도 하지 않고 그저 먹기만 한다고 했어요. 그리고 당신이 머리에 모자를 썼는지 쓰지 않았는지도 모른다고 했어요."라고 알려주었다.

방홍점은 하하 크게 웃으면서 "나는 욕을 먹어도 싸요. 이 일에 대해선 내가 나중에 얘기해줄게요. 그녀는 어제 당신에 대해서도 얘기했소."라고 말했다.

"그녀가 좋은 소리는 하지 않았을 거예요. 뭐라고 했어요?"

방홍점이 주저하자, 미스 손은 "저는 꼭 알아야겠어요. 방 선생님, 저한테 얘기해 주세요."라고 말했다. 그녀가 이 말을 할 때의 모습은 매우 다정스러웠다.

방홍점은 곧바로 "누군가가 당신과 편지를 주고받는다고 말한 거 같아요."라고 말했다.

미스 손은 듣고 크게 화를 내면서 "뻔뻔한 것! 난 지금 미워죽을 지경인데 그녀는 오히려 다른 사람을 대신해 밖에서 허튼 소리를 하고 있네요!"라고 말했다.

이어서 그녀는 싫은 내색을 하며 방홍점에게 작년 기말시험 전, 육자소가 그녀에게 편지를 썼는데 그녀는 회답을 하지 않았고, 겨울방학 중에 와서 그녀를 식사에 초대하였지만 또 가지 않았다고 하였다. 그 뒤로 그는 편지 한 통, 한 통을 보내와서 여전히 그녀에게 문제 하나를 대답해달라고……여기까지 말하고, 미스 손은 얼굴이 붉어졌다.……"이 일은 정말 싫고 짜증나는데, 저는 대처할 방법이 생각나지 않아요."

방홍점은 "미스 손, 내가 당신을 위해서 방법을 하나 생각해냈어요. 당신은 그가 당신에게 준 편지를 잘 포장하여 심부름꾼을 시켜 그에게 돌려주되, 글자는 한 자도 쓰지 마세요."라고 했다. 그는 미스 당이 자신에게 편지를 돌려보낸 방법을 미스 손에게 알려 주었다.

미스 손은 감격해하며 "정말 당신에게 감사해야겠어요. 저는 아무것도 모르고 상의할 수 있는 사람이 한 사람도 없어요. 사람으로 처신하는 것은 정말 어렵네요. 방 선생님, 저를 좀 가르쳐주시겠어요?"라고 말했다.

떠나려할 때, 미스 손은 방홍점에게 배웅하지 말라고 하며 "밖에……뒷말이 많아요."라고 했다. 말을 할 때, 그녀의 눈은 땅을 보고 있었다.

미스 손이 간 뒤, 방홍점이 마침 담배 한 개비를 꺼내고 있는데 조신미가 노크도 하지 않고 바로 방을 들어와서 담배를 빼앗아 불을 붙여 몇 모금 빨아들이고서는 큰소리로 "손유가는 왜 범의를 데리고 온 거야?"라고 하자, 방홍점은 "그녀와 함께 너에게 책을 주려고 온 것 아니야?"라고 말했다. 이어서 또 미스 범이 무슨 책을 가져왔냐고 그에게 물었고, 조신미는 사환에게 책을 가져오라고 시켜 방홍점에게 직접 보라고 하였다. 방홍점은 책에 써져 있는 'To my precious darling, from the author.(나의 사랑스럽고 귀여운 이에게, 저자로부터.)'라는 글을 보고 "왜 이런 말이 쓰인 책을 자네에게 보여주지?"라고 하자, 조신미는 "그녀의 생각을 정말 모르는 거야?"라고 말했다. 또 이것은 모두 왕처후의 부인이 만들어낸 일이니 내일 그녀를 찾아가겠다고 말하였다. 방홍점은 그에게 가지 말라고 타일렀고, 또한 이후에도 그녀의 집에 가는 걸 삼가기를 바랐다.

방홍점은 스스로 이번 학기 수업이 많이 순조롭다고 느꼈지만, 동료와의 관계는 오히려 이전보다 나빠졌다. 한학유 부부는 그를 보면 정말 마지못해 인사했고, 육자소도 그와 가까이 지내지 않았다. 유동방 역시 상당히 냉담해진 것 같았고, 오직 왕처후만 그의 일에 대해 매우 관심을 보이면서 다음 학기 철학과가 개설되고 나면 그에게 수업을 맡아달라고 하고, 또한 그를 정교수로 승진시켜 주겠다고 하였다. 이는 왕처후가 내년에 인문대학 학장을 맡으려고 하기 때문에 특별히 사람들에게 관심을 표시한다는 것을 방홍점은 알았다. 하지만 그는 오히려 정말 더욱더 노력을 해야 했다.

봄방학 넷째 날 저녁 9시에 고송년은 읍내에서 돌아와 시간이 아직 이른 것을 보고 바로 왕처후의 집으로 갔다. 왕처후 집의 가정부는 왕처후가 왕 선생 집에 마작을 하러 갔고 그의 부인도 나간 것 같다고 말했다. 그는 단숨에 왕 선생 집으로 갔다. 왕처후의 부인이 없는 것을 보고는, 그들이 마작을 하는 것을 지적하지도 않고 바로 왕처후를 불러냈다. 왕처후는 부인이 집에 없다는 말을 듣고 몹시 조급해하며 급히 고송년과 함께 서둘러 집으로 돌아갔다.

방홍점은 조신미에게 왕 선생 집에 가는 것을 삼가라고 타일렀고, 조신미도 그의 말이 옳다는 것을 알았지만 왕처후의 부인이 예쁘고 자신과 말도 잘 통해 그는 그녀를 좋아했다. 이날 저녁을 먹고 나서 그는 왕 선생 집으로 갔고, 왕처후의 부인이 나와서 문을 열어 주었다. 그는 산책하러 나왔다가 여기를 지나게 되어 부인……과 왕 선생님을 보러왔다고 했다. 왕처후의 부인은 웃으면서 "남편은 마작 하러 가서 11시는 되어서야 돌아올 거예요. 저도 산책하고 싶은데 우리 같이 가요."라고 했다. 그녀는 가정부에게 문을 닫으라고 시키면서 그녀도 왕 선생 집에 간다고 했다. 산책하는 도중, 왕처후의 부인은 조신미에게 왜 결혼하지 않는지, 여자친구가 있었던 적이 없냐고 물었다. 그는 소문환과의 일을 이야기했다. 두 사람은 즐겁게 이야기를 나누다 자기도 모르는 사이에 다시 왕 선생 집 앞으로 되돌아왔다. 왕처후의 부인은 웃으면서 "저와 함께 산책해줘서 고마워요. 특히 저에게 많은 재미난 이야기를 들려줘서 고마워요. 저도 피곤해서 왕 선생 집에 안 갈래요. 하지만 당신에게 한마디 해주고 싶네요."라고 말했다. 조신미는 그녀에게 말해보라고 했지만, 그녀는 하려하지 않고 문을 두드리러가려했다. 조신미는 손으로 그녀를 막으면서 말해달라고 부탁했다. "알아두세요, 절대로 한 여자에게 다른 한 여자가 좋다는 말은 하지마세요." 조신미는 급히 "부인, 오해하지 마세요! 저는 다른 뜻은 없었어요. 당신에게 솔직하게 말할게요. 저는 당신이 그녀와 닮은 점이 많다고 느꼈어요.……"라고 하자, 왕처후의 부인은 그의 손을 반쯤 밀치며 "터무니없는 소리! 누구도 나를 닮을 수 없어요.……"라고 말하는데, 갑자기 근처에서 사람 소리가 들려와 두 사람은 얼른 떨어졌다.

왕처후와 고송년 두 사람이 막 왕처후의 집에 도착했을 때, 고송년은 어둠속에 두 사람이 서로 맞잡고 엉켜있는 것을 보았고, 왕처후도 부인과 남자가 말하는 소리를 들었다. 조신미가 마침 몸을 돌리려 하는데 어깨가 사람에게 붙들려 고개를 돌려서 보니 고송년이었다. 왕처후도 부인을 붙잡아서 놓지 않고 "얼씨구! 얼씨구! 조신미, 이 나쁜 놈! 내 눈으로 직접 봤어, 네가 (내 부인과)……"하며 욕을 했다. 왕처후의 부인은 남편이 할 말이 더 있다는 것을 알고서 "할 말이 있으면 안에 들어가서 해요. 어때요?"라고 말했다.

모두들 그녀를 따라 집으로 들어갔다. 왕처후가 "당신, 그와 무슨 사이요?"라고 묻자, 부인은 "나와 그의 사이라, 저도 잊어버렸어요. 신미 씨, 우리 둘은 무슨 사이죠?"라고 물었다.

조신미는 간청하며 "부인, 쓸데없는 소리 마세요. 왕 선생님, 오해하지 마세요. 저와 당신 부인은 아무 사이도 아니에요. 오늘 일은 제 잘못이니. 제 말 좀 들어보세요.……"라고 말했다.

왕처후의 부인은 하하 큰소리로 웃으며 "당신의 간이 너무 작네요! 이렇게 무서워하다니! 고 총장님, 당신은 또 무엇 하러 오셨나요? 질투하는 데에도 당신 몫은 없어요! 우리 오늘 분명하게 말해요, 네? 고 총장님, 어때요?"라고 했다.

왕처후는 고송년을 쳐다보았고, 조신미는 고송년에게 "흥!"하고는 몸을 돌려 가버렸다.

방홍점은 아직 잠을 자지 않았다. 조신미는 들어와서 방홍점이 입을 열기도 전에 바로 "홍점, 나 지금 바로 학교를 떠날 거야!"라고 하며, 그는 방금 전에 있었던 일을 방홍점에게 말해주었다. 방홍점은 그저 그에게 "오늘 저녁에 바로 갈 거야? 어느 곳으로 갈 거야?"라고만 물었다. 조신미는 "중경으로 갈 거야. 오늘 저녁은 읍내의 여관에서 묵고 내일 아침 일찍 출발할 거네."라고 말했다. 이어서 그는 가지고 온 책 몇 십 권과 나머지의 짐을 방홍점에게 주었다. 또한 "후반기에 중경에서 자네를 환영하겠네. 그리고 여름방학에 집에 돌아갈 때, 미스 손을 그녀 부친에게 데려다줘."라고 말했다.

이튿날 아침 일찍, 총장은 사람을 보내 방홍점을 그의 사무실에 오게 하여 조신미가 언제 갔으며 그가 왜 떠나갔는지 아느냐고 물었다. 방홍점은 모두 대답했고 떠나간 이유에 대해서는 그도 조금만 안다고 하였다. 고 총장은 그에게 입 밖에 내지 말라고 했다. 방홍점은 나오면서 한숨을 한번 쉬었고, 고 총장은 듣고서 매우 불만스러웠다.

방홍점은 미스 손을 찾으러갔는데 반쯤 가다 그녀를 우연히 만났고 그녀는 조신미 아저씨의 일을 물으러왔다고 했다. 방홍점은 그녀에게 어떻게 알았냐고 묻자, 그녀는 미스 범이 말해 주었다며 미스 범이 조신미 아저씨 욕도 하였다고 했다. 방홍점은 'Precious darling(사랑스러운 자기)'에 관한 이야기를 그녀에게 말해주었고, 미스 손은 듣고 나서 "그것은 아마 그녀 자신이 쓴 것 일거예요. 그녀가 한번은 저에게 '작자'를 영어로 'author(작자)'인지 'writer(작가)'인지 물었어요."라고 말했다. 방홍점은 미스 범이 뻔뻔스럽다고 욕하였다.

한참 걷고 나서 미스 손은 또 "조신미 아저씨가 가고 우리 둘만 남았네요."라고 말하자, 방홍점은 "그는 가면서 나에게 당신과 같이 집으로 돌아가라고 했어요."라고 말했다. 미스 손은 고개를 떨어뜨리고 나지막한 소리로 "고마워요 방 선생님, 다만 사람들이 더 수군대게 되었네요."라고 말했다. 이어서 그녀는 방홍점에게 "어떤 나쁜 놈인지는 모르겠지만, 저는 육자소가 의심스럽긴 한데……아빠에게 당신과 저에 대한 헛소문을 만들어 편지로 써서 보냈어요. 아빠가 편지를 보내와 묻는데……"라고 말해주었다.

이때, 방홍점은 등 뒤에서 누군가 "방 선생!"하고 부르는 소리를 듣고, 돌아보니 이매정과 육자소였다. 미스 손은 두려워서 손을 내밀어 방홍점의 오른쪽 팔을 잡았는데 마치 그가 보호해주길 바라는 것 같았다. 이매정은 이 모습을 보고 나서 "당신들 언제 우리에게 결혼축하주를 마시게 할 거예요?"라고 말했다.

방홍점은 "때가 되면 당신을 잊지 않을게요."라고 말했다.

미스 손은 "그럼 우리 이 선생님에게 알려주죠……"라고 말하자, 이매정과 육자소는 동시에 큰 소리로 "뭘 알려줘요? 약혼했어요? 그래요?"라고 소리쳤다.

방홍점이 초대한다고 답하자 두 사람은 그제야 비로소 돌아가려했다. 봄방학이 끝난 후, 방홍점과 미스 손은 동료들을 초대해 약혼축하주를 마셨다. (약혼식을 했다.) 그날 술을 마시러 오지 않은 사람은 왕처후 선생 부부와 유동방 선생 부부뿐이었다. 유동방은 여동생의 혼사가 성공하지 못한 일 때문에 방홍점이 책망했지만 또 방홍점이 화나서 영어를 가르치지 않겠다고 하면 대체할 사람이 없을까봐 두려워 감히 그의 기분을 상하게 하지 못했다. 학기가 끝날 무렵 한학유의 부인은 유동방에게 선물을 주었고, 그는 바로 방홍점의 수업을 그녀에게 주었다. 왕처후는 동료와 총장을 다시는 집에 와서 식사하도록 초대하지 않았다. 고 총장과 이매정은 모두 방홍점에 대해서 못마땅해 하였다. 어느 날, 육자소는 방홍점의 방에서 ≪공산주의론≫이란 책 한 권을 보았는데, 이는 원래 조신미가 남겨두고 간 것이다. 육자소는 이매정 학생처장에게 알려주었고, 이 학생처장은 또 고 총장에게 보고했다. 고 총장은 "나는 본래 내년에 그를 정교수로 초빙하려 했는데, 그의 사상에 문제가 있을 줄 누가 알았겠나. 해임할 수밖에 없겠네."라고 말했다. 한학유는 이 소식을 듣고 기분이 좋아 러시아 부인을 붙잡고 춤을 추었다. 7월 4일, 그는 부인에게 동료들을 초대하여 식사하며 미국 국경일을 축하하게 하였는데, 이것으로써 부인이 확실히 미국인임을 증명하였다. 부인의 국적이 진짜라면 선생의 박사학위가 가짜일 수 있을까?

十一、重返上海

高松年原来答应方鸿渐：下学期升他为教授，从赵辛楣走了以后，方鸿渐就不再做教授的梦，想暑假后另找出路。他只准备在聘书送来的时候，写一封信批评学校，不料高松年干脆不送聘书给他。孙小姐收到了聘书，薪水还提高了一级。方鸿渐又打听其他同事，才发现下学年的聘书都已经发出，只有自己没有收到。高松年见了面，总是笑呵呵的，好像什么事都没有发生。方鸿渐想质问他，一想又忍住了。他不想给人看笑话，一些同事来看他，他也不提解聘的事。

孙柔嘉订婚前常来看方鸿渐，订婚以后，只有方鸿渐去看她。方鸿渐发现她很有主意，他开玩笑说："我下半年失了业，结不了婚了。"她说："回家见了爸爸，请他替你想办法。"他主张不要回家，去重庆找赵辛楣，不料她非常反对，因为赵辛楣跟他地位一样，求他介绍工作太丢脸。她又说，一定要回去看她父母亲，他也应该见见未来的丈人丈母。方鸿渐说，就在这里结婚吧，既省事，旅行也方便些。孙小姐说："这次订婚就没有得到爸爸妈妈的同意，结婚不能再这样了。”

赵辛楣在重庆得到方鸿渐订婚的消息，来信祝贺，方鸿渐说这次回去，干脆坐飞机到香港，省事一些；去香港的飞机票可以托赵辛楣买。孙小姐很赞成。他们把这个意思写信告诉了赵辛楣。赵辛楣回信道：他也去香港接母亲，他们可以在香港见面了。

方鸿渐这次走，没有一个同事为他饯行。因为他是被校长解聘的人，地位又不高，以前也很少请人吃饭，所以大家觉得没有必要请他。不过，他们见了方鸿渐都说："怎么？走得那么急！饯行都来不及。这几天偏有考试，没有时间。"方鸿渐饭没有吃到，倒表示了好几次感谢。那几天，高校长在外面开会，回来以后也没看见他。有几个学生，晚上来他房间送行。他心里十分感动，这时候才明白，有些当官的在下台的时候为什么要老百姓向他表示感谢和挽留。早晨出发的时候，范小姐从宿舍送孙小姐过来，两人十分亲密。方鸿渐想，女人都是政治家，背后彼此说坏话，见了面却那么热情，两个政敌在宴会上干杯，恐怕也不过如此。

出发以后，高松年派人送来一封信，说：没有饯行，很抱歉，本校暂不成立哲学系，所以没有给他聘书，他已写信给两个学术机关，介绍方鸿渐去做事，并送了结婚的贺仪。方鸿渐看了十分生气。

两人第一次坐飞机，很不舒服，都吐了。飞机到香港，赵辛楣在机场迎接。到了旅馆，方、孙二人急着要休息。赵辛楣看他们只定了一个房间，偷偷地笑。

晚上赵辛楣为他们接风。孙小姐说因为没睡好，觉得恶心要吐，不想出去，让方鸿渐一个人去，还说："他没有请别的女客，你们两人有话说，我去了插不上嘴。"又说："我一件好衣服都没有，去了丢脸。"赵辛楣听说孙小姐病了，打算改天再请，孙小姐不同意，硬要他俩去。

路上，赵辛楣说："去年我们同路走，孙小姐坐汽车从没有吐过。现在不想吃东西，也许有旁的原因吧？我听说要吐的——"

方鸿渐忙道："那不会！那不会！"同时心里害怕，知道那是可能的。

赵辛楣又劝他："你们两位赶快结婚，不必到上海，回家结婚开销很不小，你们两家的景况我是知道的。"他还说了一些别的理由。方鸿渐被赵辛楣说动了心，请他打听一下在这儿怎么办手续。

吃饭的时候，赵辛楣问了许多学校里的事，叹口气道：“好像做了一场梦。”他又问方鸿渐暑期以后有什么计划，方鸿渐说准备找事，赵辛楣说：“你到了上海愿意不愿意到我从前工作的那个报馆去，我可以替你介绍。”方鸿渐很感谢，赵辛楣又问钱够不够，说要给他一笔钱，算是结婚贺。说话间，方鸿渐知道他也有了女朋友，要结婚了。

方鸿渐在回家路上为孙柔嘉买了新鲜水果。她却正在生气，因为方鸿渐出去的时间太长，没有好好照顾她。方鸿渐哄了半天，还说有正经话跟她讲，她这才问他是什么正经话。

“你会不会有了孩子，所以身体这样不舒服？”

“什么？胡说！——假如有了孩子，我不饶你！我不饶你！我不要孩子。”

“咱们不得不有个准备，所以辛楣劝我和你快结婚——”

孙柔嘉一下子坐了起来，睁大了眼睛：“你把咱们的事告诉了赵辛楣？你不是人！你不是人！我没有脸见人了！”说着哭了起来。

方鸿渐连哄带劝，等她哭累了，才慢慢把事情说明白。睡觉以前，孙柔嘉说：“鸿渐，我给你说得很担心，结婚的事你去办吧。”

以后他们忙了一个星期，办手续，向两家父母要钱，做衣服，买东西，照像。后来她知道原来的担心是多余的，直埋怨方鸿渐听了赵辛楣的话，这样匆匆忙忙地结婚，反而被人说闲话。不过，一切都准备好了，给家里的信也写了，他们就结了婚。

结婚以后，他们就准备回上海。赵辛楣的母亲也来了，过几天跟儿子一起去重庆。开船前两天，方鸿渐夫妇去看赵辛楣，也是为了拜访赵老太太，为他们送行，并向他们辞行。

没想到苏文纨也在赵家。进门打过招呼以后，赵辛楣说：“这是方太太。”苏文纨低头问赵辛楣：“是不是还是那位经理的小姐？”赵辛楣告诉了她，她叹道：“原来又是一位——方太太。是在香港住呢，还是从外国回来经过香港？”孙柔嘉告诉她从内地来。苏文纨听了就继续跟赵老太太谈话，不再理她。苏文纨临走时，赵辛楣见方鸿渐夫妇站着，就对她说：“方先生、方太太在招呼你呢。”苏文纨这才对方鸿渐点点头，伸手让孙柔嘉拉一拉，眼睛看着上方。

等赵辛楣送客回来，方鸿渐也站起来告别。赵辛楣送他们到车站，说："苏文纨今天对你太无礼！"方鸿渐道："人家是阔小姐、阔太太嘛。"

在车上，方鸿渐想，苏文纨今天这样无礼是因为自己从前得罪了她，可是为什么要对柔嘉也这样呢？又想，两年前，不，一年前，他跟她的地位是平等的。现在呢？她高高在上。就说辛楣吧，他把自己当朋友，可是他也一步一步高上去，自己却时时要他帮助。孙柔嘉见他不开口，也忍住不说话。

孙柔嘉受了苏文纨的无礼对待，很生气，尤其生气的是方鸿渐没有一点儿反抗，回到家就跟他吵了起来："人家打到我头上来了，你也好像没有看见似的，反正老婆是该受野女人欺负的。我看自己的丈夫给人家笑骂，倒受不住，觉得很丢脸。你不是说她从前很爱你吗？今天她处处表现出对赵辛楣好，是你追她没追到吧？"鸿渐听了气得眼睛都红了，打断她的说话："是的！人家都不要我，只有你才千方百计要嫁给我！"孙柔嘉颤声说："我瞎了眼睛！"

下午，方鸿渐忽然想起明天要取船票，但是取船票的收据他忘了放在什么地方了，箱子里、口袋里到处找，急得一身是汗。孙柔嘉问他是不是找那张收据，打开手提包给了他。方鸿渐感激地连声道："谢谢你，谢谢你——"孙柔嘉道："好不容易千方百计嫁了你这样一位丈夫，还敢不小心伺候吗？"接着又骂苏文纨不要脸，有了丈夫还跟赵辛楣勾搭。

这次吵架像夏天的雨，吵的时候很厉害，过去得也快。第二天回上海的船上，两人在甲板上乘凉。方鸿渐道："去年咱们第一次同船去内地，想不到今年同船回来，已经是夫妻了。"孙柔嘉问他今天是八月几号，方鸿渐说二号。孙柔嘉叹道："再过五天就是一周年了！"方鸿渐问什么一周年，孙柔嘉失望道："你怎么忘了！咱们不是去年八月七号赵辛楣请客时认识的吗？"方鸿渐忙说："记得。你那天穿的什么衣服我都记得。"孙柔嘉才高兴道："我穿的蓝花白底子的衣服，是不是？"她问这是不是人们说的"缘分"，方鸿渐发起议论，把话题扯远，大讲"偶然"和"必然"，听得孙柔嘉打了个呵欠，一个人先回去睡了。

船越走离上海越近，方鸿渐心事重重，他觉得回家并不像想的那样简单；又带了柔嘉回去，和家里人要过很多时候才会熟悉起来吧。

生词(어휘)

1. 出路(chūlù) : 출로, 진로, 발전할 여지.
2. 聘书(pìnshū) : 초빙증서, 초청장.
3. 干脆(gāncuì) : 차라리, 시원스럽게.
4. 笑呵呵(xiàohēhē) : 허허 웃는 모양.
5. 看笑话(kàn xiàohuà) : (남이 체면을 잃은 일을) 우스갯거리로 삼다, 고소해하다.
6. 不料(búliào) : 뜻밖에, 의외에.
7. 有主意(yǒu zhǔyì) : 생각이 있다, 주견이 있다.
8. 下台(xiàtái) : 공직에서 물러나다.
9. 挽留(wǎnliú) : 만류하다, 권하여 말리다.
10. 政敌(zhèngdí) : 정적, 정치 적수(敌手).
11. 贺仪(hèyí) : 축의, 축의금.
12. 接风(jiēfēng) : 멀리서 온 손님에게(환영의 뜻으로) 식사를 대접하다.
13. 插嘴(chāzuǐ) : (끼어들어) 말참견하다.
14. 开销(kāixiāo) : 비용. (비용을) 지출하다, 지불하다.
15. 景况(jǐngkuàng) : 형편, 상황,
16. 动心(dòngxīn) : 마음을 움직이다, 마음이 끌리다.
17. 手续(shǒuxù) : 수속, 절차.
18. 哄(hǒng) : 구슬리다, 어르다, 달래다.
19. 正经(zhèngjīng) : 진지한, 엄숙한, 심각한.
20. 饶(ráo) : 용서하다, 관용하다, 양보하다.
21. 匆匆忙忙(cōngcōng mángmáng) : 매우 분주한 모양.
22. 阔(kuò) : 유복하다, 사치하다, 부유하다.
23. 野(女人) yě(nǚrén) : 무례하다, 야만스럽다.
24. 追(zhuī) : 뒤쫓다, 뒤따르다, 구혼하다.
25. 千方百计(qiānfāng bǎijì) : 온갖 방법과 계략을 다하다.
26. 收据(shōujù) : 영수증, 인수증, 수취증.
27. 勾搭(gōudā) : 결탁하다. (남녀가) 시시덕거리다.
28. 吵架(chǎojià) : 다투다, 말다툼하다.
29. 底子(dǐzi) : (직물이나 도안 따위의) 바탕, 밑바탕.
30. 缘分(yuánfèn) : 인연, 연분.
31. 话题(huàtí) : 화제.
32. 扯(chě) : 찢다, 뜯다, 잡아당겨(끌어당겨) 펴다,
33. 打哈欠(dǎ hāqiàn) : 하품을 하다.

思考题

연습문제

<想一想>

1. 方鸿渐离开三间大学前，没有一个同事为他送行，这是因为：（　　）

① 大家看不起他
② 他走得太急
③ 那几天有考试，大家没有时间

2. 方鸿渐说女人都是政治家是指有些政治家：（　　）

① 背后常常说别人的坏话
② 在下台的时候，要老百姓表示感谢和挽留
③ 在背后说别人的坏话，见了面又十分亲热

3. 高松年不给方鸿渐聘书是因为：（　　）

① 方鸿渐想暑假后另找出路
② 三间大学不成立哲学系
③ 高松年不喜欢他

4. 离开赵辛楣以后，方鸿渐在车上没有说话，是因为：（　　）

① 孙柔嘉没有跟他说话
② 他在想别人地位都比他高，心里很不痛快
③ 他在想过去和苏文纨的亲密交往

[参考答案]

1. ①　　2. ③　　3. ③　　4. ②

<说一说>

1. 为什么说孙柔嘉是一个很有主意的人？

2. 苏文纨见了方鸿渐和孙柔嘉是什么态度？方鸿渐和孙柔嘉是怎么想的？

[参考答案]

1. 方鸿渐主张不要回家而去重庆找赵辛楣的时候，孙柔嘉就非常反对地说，赵辛楣跟他地位一样，求他介绍工作太丢脸。孙柔嘉还说这次订婚就没有得到爸爸妈妈的同意，结婚不能再这样了，一定要回家去看她父母亲。因此，方鸿渐觉得孙柔嘉是一个很有主意的人。

2. 苏文纨太无礼对待方鸿渐和孙柔嘉夫妇，方鸿渐想，一年前，他跟苏文纨的地位是平等的，可是现在呢，她高高在上。孙柔嘉受了苏文纨的无礼对待，很生气，尤其更生气的是方鸿渐对苏文纨没有一点儿反抗。

【참고번역】

11. 상해로 되돌아오다

고송년은 원래 방홍점에게 다음 학기에 그를 정교수로 승진시켜 주겠다고 대답했다. 조신미가 떠난 후, 방홍점은 다시는 정교수가 되는 꿈을 꾸지 않았고, 여름방학 후에 다른 출로를 찾고 싶었다. 그는 초빙장을 보내올 때 다만 학교를 비평하는 편지 한 통을 쓰려고 준비했는데, 생각과는 달리 고송년은 아예 그에게 초빙장를 보내지 않았다. 미스 손은 초빙장를 받았고 봉급도 한 등급 올랐다. 방홍점은 다시 다른 동료들에게 알아보고서야 다음 학기의 초빙장는 이미 모두 부쳐졌고, 오직 자신만 받지 못했다는 것을 발견했다. 고송년은 방홍점을 보자 줄곧 허허하고 웃는 것이 마치 아무 일도 일어나지 않았다는 듯했다. 방홍점은 그에게 따지고 싶었지만 한번 생각해보고는 다시 꾹 참았다. 그는 사람들의 웃음거리가 되고 싶지 않아서 몇몇 동료들이 그를 보러와도 해임된 일을 언급하지 않았다.

손유가는 약혼하기 전에는 자주 방홍점을 보러왔지만, 약혼한 후에는 방홍점만이 그녀를 보러갔다. 방홍점은 그녀가 뚜렷한 주견을 가지고 있는 것을 발견하고는 농담으로 "나는 올 후반기는 실업하여서 결혼할 수가 없어요."라고 말했다. 그녀는 "집으로 돌아가 아버지를 뵙고 당신을 위해 방법을 생각해달라고 부탁해야겠어요."라고 했다. 그는 집에 돌아갈 필요 없이 중경에 가서 조신미를 찾겠다고 하자, 의외로 그녀는 심하게 반대했다. 왜냐하면 조신미는 방홍점과 지위가 같아서 그에게 일자리를 소개해달라고 부탁하는 것은 몹시 체면이 깎이는 일이었기 때문이다. 그녀는 또 반드시 돌아가서 그녀의 부모님을 만나야 하고, 그도 마땅히 미래의 장인과 장모를 만나봐야 한다고 말했다. 방홍점은 그냥 여기서 결혼하자고 했고, 그러면 수고를 덜 뿐만 아니라 여행도 좀 더 편할 거라고 말했다. 미스 손은 "이번 약혼은 부모님의 허락을 받지 못했으니, 결혼을 또 이렇게 할 수는 없어요."라고 말했다.

조신미는 중경에서 방홍점이 약혼한 소식을 듣고 편지를 보내와 축하했다. 방홍점은 홍콩으로 가는 비행기 표는 조신미에게 부탁해서 살 수 있으니, 이번에 돌아갈 때는 차라리 비행기를 타고 홍콩으로 가서 수고를 좀 덜자고 말했다. 미스 손은 찬성했다. 그들은 이 생각을 편지로 써서 조신미에게 알렸다. 조신미도 홍콩으로 어머니를 마중하러 가니, 그들은 또 홍콩에서 만날 수 있을 것이라고 답장했다.

방홍점이 이번에 떠날 때, 단 한명의 동료도 그를 위해 송별연을 열어주지 않았다. 왜냐하면 그는 총장에게 해임된 사람이고 지위도 높지 않으며 이전에도 사람들을 식사에 초대한 적이 매우 적었기 때문에, 모두들 그에게 송별연을 열어줄 필요가 없다고 생각했다. 하지만 그들은 방홍점을 보고서는 모두 "뭐라고요? 왜 그렇게 서둘러 가요! 송별연을 열 여유도 없겠네요. 요 며칠은 공교롭게도 시험이 있어서 시간이 없네요."라고 말했다. 방홍점은 밥은 먹지도 않았는데, 오히려 여러 차례나 감사를 표했다. 그 며칠간 고 총장은 학교외부에서 회의를 했고, 돌아온 후에도 그를 보지 않았다. 몇몇의 학생들이 밤에 그의 방에 와서 송별연을 열어주었다. 그는 마음속으로 매우 감동했고 그제야 비로소 일부 관리들이 공직에서 물러날 때 왜 백성들이 그에게 감사와 만류의 표시를 해주길 바라는지 이해했다. 아침에 출발할 때, 미스 범이 숙소에서 미스 손을 배웅하러 왔는데 두 사람은 매우 사이가 좋았다. 방홍점은 여자들은 모두 정치가라서 뒤에서는 서로 험담을 하고 만나서는 오히려 저렇게 정이 두터우니, 아마도 두 정적이 연회석상에서 건배를 하는 것 역시 이와 같을 따름이라고 생각했다.

출발한 후 고송년이 사람을 시켜 편지 한 통을 보내와, 송별연을 열어주지 못해 매우 미안하게 생각하고, 본교는 잠시 철학과를 설립하지 않아서 그에게 초빙장을 보내지 못했으며, 그는 이미 두 학술기관에 편지를 써 방홍점이 가서 일할 수 있도록 소개해두었다고 했으며, 또 결혼축의금을 보냈다고 했다. 방홍점은 보고서 매우 화가 났다.

두 사람은 처음 비행기를 타는 것이어서 매우 불편했고 모두 토했다. 비행기가 홍콩에 도착했고 조신미가 공항에 마중을 나왔다. 여관에 도착해서 방홍점과 손유가 두 사람은 서둘러 쉬려고 했다. 조신미는 그들이 단지 방 하나만을 잡은 것을 보고 슬며시 웃었다.

저녁에 조신미는 그들에게 환영의 뜻으로 식사를 대접하려 했다. 미스 손은 잠을 잘 자지 못해서 속이 메스껍고 토할 것 같아 나가고 싶지 않다고 했고, 방홍점에게 혼자가라고 하며, "그는 다른 여자 손님을 부르지도 않았고, 당신들 두 사람이 할 이야기가 있을 텐데 내가 가도 끼어들어 말참견할 수 없잖아요."라고 했다. 또 "전 좋은 옷 한 벌조차 없어서 가봐야 창피해요."라고 했다. 조신미는 미스 손이 아프다는 것을 듣고 나중에 다시 초대하려고 했지만, 미스 손은 동의하지 않고 강제로 그 두 사람을 가게 했다.

길에서 조신미는 "작년에 우리 모두 함께 갔을 때 미스 손은 차를 타고 한번도 토한 적이 없었어. 지금은 음식도 먹기 싫다고 하는데 어쩌면 다른 원인이 있는 것은 아닐까? 내가 듣기로 토하려고 하는 건……"라고 말했다.

방홍점은 서둘러 "그럴 리 없네! 그럴 리 없어!"라고 말하는 동시에 속으로 겁이 났고 그럴 가능성 있다는 것을 알았다.

조신미는 또 그를 타이르며 "상해까지 갈 필요 없이 너희 두 사람 빨리 결혼하게. 너희 두 집안 사정은 내가 알고 있는데, 집으로 돌아가 결혼해도 드는 비용이 적지 않을 거야."라고 했다. 그는 또 몇 가지 다른 이유를 댔다. 방홍점은 조신미의 말에 마음이 움직였고, 그에게 여기에서 어떻게 결혼수속을 해야 하는지 알아봐달라고 부탁했다.

밥을 먹을 때 조신미는 학교 내의 많은 일들에 대해 물어봤고, 탄식하며 "마치 한 바탕 꿈을 꾼 것 같아."라고 했다. 그는 또 방홍점에게 여름기간 후에 무슨 계획이 있냐고 물었고 방홍점은 일자리를 찾을 준비를 한다고 말하자, 조신미는 "상해에 도착해서 내가 예전에 일하던 그 신문사에 가고 싶지 않나? 내가 자네를 위해 소개시켜줄 수 있네."라고 말했다. 방홍점은 매우 고마워했다. 조신미는 또 돈이 충분한지를 물으며 그에게 결혼축의금인 셈치고 한 몫의 돈을 주겠다고 말했다. 말하는 사이에 방홍점은 그도 여자친구가 있고 곧 결혼하려고 한다는 것을 알았다.

방홍점은 집으로 돌아오는 길에 손유가를 위해 신선한 과일을 샀다. 그녀는 오히려 화를 내었는데, 방홍점이 외출한 시간이 너무 길어서 그녀를 잘 돌보지 못했기 때문이었다. 방홍점은 한참을 달래고 또 진지하게 할 말이 있다고 하자, 그녀는 그제야 비로소 그에게 무슨 진지한 말이냐고 물었다.

"당신, 아이가 생겨서 몸이 이렇게 불편한 거 아니에요?"

"뭐라고요? 당치도 않아요!……만약 아이가 생겼다면, 나는 당신을 용서하지 않을 거예요! 나는 당신을 용서하지 않을 거예요! 난 아이를 원하지 않아요."

"우리는 준비를 하지 않으면 안돼요. 그래서 조신미가 나와 당신이 빨리 결혼하라고 권했어요.……"

손유가는 갑자기 자리에 일어나 앉아 눈을 크게 뜨고는 "당신은 우리 일을 조신미에게 말했어요? 당신은 사람도 아니에요! 당신은 사람도 아니에요! 난 사람(조신미)을 볼 면목이 없어요!"라고 말하면서 울기 시작했다.

방홍점은 달래면서 설득했다. 그녀가 울다 지치기를 기다렸다가 그제야 천천히 사정을 이해하도록 말했다. 잠들기 전에 손유가는 "홍점 씨, 내가 당신에게 한 말이 염려되어요. 결혼에 관한 일은 당신이 가서 처리하세요."라고 했다.

이후에 그들은 한 주 동안 분주했는데, 결혼수속을 하고, 양가 부모님에게 돈을 달라고 했으며, 옷을 만들고 물건을 사고 사진을 찍었다. 나중에 그녀는 원래의 걱정이 쓸데없는 것이었다는 것을 알았고, 방홍점이 조신미의 말을 듣고 이렇게 바삐 서둘러서 결혼하게 되면 오히려 남들에게 험담을 듣게 될 것을 줄곧 원망했다. 하지만 모든 준비를 다 마쳤고 집에 보낼 편지도 썼기에 그들은 바로 결혼을 했다.

결혼한 후에 그들은 바로 상해로 돌아갈 준비를 했다. 조신미의 어머니도 왔는데 며칠 지나면 아들과 함께 중경으로 간다. 출항하기 이틀 전, 방홍점 부부는 조신미를 보러 갔는데, 조신미의 어머니를 인사차 찾아뵙고 그들을 배웅하기 위해서일뿐만 아니라 또 그들에게 작별인사를 하기 위해서였다.

생각지도 못하게 소문환도 조신미의 집에 있었다. 들어가서 인사를 한 후, 조신미가 "이분은 방홍점의 부인이에요."라고 했다. 소문환은 고개를 숙이며 조신미에게 "그 은행장의 아가씨(따님) 아니에요?"라고 물었다. 조신미가 그녀에게 말해주자 그녀는 감탄하며 "알고 보니 또 한 분의……방홍점의 부인이네요. 홍콩에서 거주하나요? 아니면 외국에서 돌아오면서 홍콩을 거쳐서가는 건가요?"라고 말했다. 손유가는 그녀에게 내지에서 오는 거라고 말했다. 소문환은 듣고선 바로 계속 조신미의 어머니와 이야기를 나눴고, 다시 그녀를 상대하지 않았다. 소문환이 떠날 때 조신미가 방홍점 부부가 서있는 것을 보고서, 그녀에게 "방 선생과 부인이 당신에게 인사하네요."라고 말했다. 소문환은 그제야 방홍점에게 머리를 잠시 끄덕였고 손을 내밀어 손유가를 잠시 끌어당겼지만 눈은 위쪽을 보고 있었다.

조신미가 손님을 배웅하고 돌아오길 기다렸다가 방홍점도 일어서서 작별인사를 했다. 조신미는 그들을 정거장까지 바래다주며 "소문환이 오늘 당신들에게 너무 무례했어!"라고 말하자, 방홍점은 "그 사람은 부유한 집의 아가씨이고 부유한 집안의 부인이잖아."라고 했다.

차에서 방홍점은 소문환이 오늘 이렇게 무례한 것은 자기가 이전에 그녀에게 죄를 지었기 때문이지만 왜 손유가에게도 이렇게 해야 하는지를 생각했고, 또 2년 전, 아니 1년 전에 그와 그녀의 지위가 평등했던 것을 떠올렸다. 지금은, 그녀는 아주 높은 곳에 올라가있다. 바로 조신미만 하더라도 그는 자기를 친구로 여기지만 그 역시 한 걸음 한 걸음 높이 올라가는데, 자신은 오히려 늘 그가 도와주기를 바라고 있다고 생각했다. 손유가는 그가 입을 열지 않는 것을 보고, 그녀도 꾹 참고 말을 하지 않았다.

손유가는 소문환의 무례한 대접를 받고서 매우 화가 났는데, 특히 화가 난 것은 방홍점이 조금의 반항도 하지 않았다는 것이었고, 집으로 돌아와서 바로 그와 싸우기 시작했다. "다른 사람이 내 머리까지 올라와 공격하는데 당신은 마치 못 본 것처럼 하던데, 어쨌든 아내가 무례한 여인에게 업신여김을 받았잖아요. 나는 내 남편이 다른 사람에게 비웃음당하고 욕을 먹는 것을 보면 오히려 참을 수 없어서 매우 창피했을 거예요. 당신은 그녀가 이전에 당신을 사랑했다고 말하지 않았이요? 오늘 그녀는 곳곳에서 조신미에게 잘해주는 것을 드러내던데요. 당신이 그녀에게 구애하다 사랑을 얻지 못했나 보죠?" 방홍점은 듣고 눈이 다 충혈이 될 정도로 화가 나서 그녀의 말을 끊으며 "그래! 다른 사람은 모두 나를 원하지 않아, 오직 당신이야말로 온갖 방법을 다해 나에게 시집오려했지!"라고 하자, 손유가는 떨리는 소리로 "내가 눈이 멀었지!"라고 했다.

오후에 방홍점은 갑자기 내일 배표를 찾으러가야 된다는 생각이 났지만 배표를 찾는 영수증을 어디에 놓아두었는지 잊어버려서 상자 속과 주머니 속 곳곳을 찾고선 조급해져 온몸이 땀이었다. 손유가는 그에게 그 영수증을 찾는 게 아니냐고 물으며 손가방을 열어 그에게 주었다. 방홍점은 감격해서 연거푸 "고마워, 고마워……"라고 말했고, 손유가는 "어렵사리 온갖 방법을 써서 당신 같은 남편에게 시집을 왔는데, 어찌 감히 조심스럽지 않게 시중들 수 있겠어요?"라고 했다. 계속해서 또 남편이 있는데도 여전히 조신미와 시시덕거리는 소문환이 뻔뻔스럽다고 욕했다.

이번 말다툼은 여름날의 비와 같아서, 다툴 때는 매우 심했지만 지나가는 것 또한 빨랐다. 다음날 상해로 돌아가는 배에서, 두 사람은 갑판에서 더위를 피해 서늘한 바람을 쐬었다. 방홍점은 "작년에 우리가 처음 같은 배를 타고 내지로 갔는데, 올해 또 같은 배로 돌아가고 이미 부부일거라고는 생각지도 못했네."라고 했다. 손유가는 그에게 오늘이 8월 며칠이냐고 물었고, 방홍점은 2일이라고 했다. 손유가는 감탄하며 "닷새가 지나면 바로 1주년이에요!"라고 했다. 방홍점은 무슨 1주년이냐고 물었고, 손유가는 실망해하며 "당신은 어떻게 잊어버려요! 우리 작년 8월 7일에 조신미가 초대했을 때 알게 된 것 아니에요?" 방홍점은 서둘러 "기억해. 당신이 그날 입은 것이 무슨 옷인지도 나는 모두 기억해."라고 했다. 손유가는 비로소 기뻐하며 "내가 입은 것은 남색 꽃무늬에 흰 바탕의 옷이에요. 맞죠?"라고 하며, 그녀는 이것이 사람들이 이야기하는 '인연'이 아니냐고 물었고, 방홍점은 의론을 제기하며 화제를 본론에서 크게 벗어나 '우연'과 '필연'을 이야기했고, 듣고 있던 손유가는 하품을 하고는 혼자 먼저 돌아가 자버렸다.

배가 갈수록 상해에 가까워지자 방홍점은 걱정이 겹겹이 많아졌다. 그는 집으로 돌아가면 결코 생각한 것처럼 그렇게 간단하지 않을 것이고, 게다가 손유가까지 데리고 돌아가니 집안사람들과 많은 시간을 보내고 나서야 익숙해질 수 있을 것이라고 생각했다.

十二、古老的钟

方鸿渐报告他订婚的家信到了家里，方老太太怪儿子怎么不征求父母同意就订婚了，又担心新媳妇[1]的脾气会是什么样。方老先生道："只要鸿渐觉得好，就好了。唉，现在的媳妇，你还希望她对你孝顺吗？这不会有的了。"他们的两个媳妇二奶奶、三奶奶听了互相看了一眼，脸上的表情都变了。方老太太道："不知道孙家有钱没有。"方老先生笑道："我看老大这孩子是有福的。第一次订婚的周家很有钱，后来看中苏家的女儿，也很有钱。想来这次孙家也不会太差。她父亲在报馆里做事，应当有钱吧。无论如何这位小姐是大学毕业，也在外面做事，看来能够自立的。"这几句话又替孙柔嘉树了两个敌人——二奶奶、三奶奶的娘家景况平常，她们只在中学念过书。

过不多久，方鸿渐在香港来信报告结婚，要父母寄钱。方老先生看后，又惊又怒，跟老太太在房间里研究了半天。

1) 媳妇(xífù)：此处指儿子的妻子。
여기서는 아들의 아내(즉 며느리)를 가리킨다.

他不喜欢年轻人自由结婚，又不愿意让别的媳妇知道这丢脸的事。吃饭的时候，他对全家人道："老大今天来信，他们到了香港了。同走的几个朋友里，有人要在香港结婚。老大也想同时跟孙小姐结婚。他信上还说可以省我的钱，省我的事呢，这也算体谅咱们了，是不是？"大家都说："是"，他继续说："老二老三结婚的费用，都是我负担的。鸿渐说要省钱，我当然高兴，可是，钱还得给他寄去，免得将来老大怪父母不公平。"吃完饭，他又说："如果在上海结婚，你们夫妇也要帮忙，现在大家都方便。"

三奶奶回房正在洗脸，二奶奶来了，说："从香港到上海三四天都等不及了吗？"三奶奶说："这里面一定有毛病。"

孙柔嘉下了船，不愿意立刻就到婆家去，要先回娘家。方鸿渐知道她怕生，而且知道家里没有房子给自己住，所以，只好两人各自住在自己的家里，同时再找房子。方鸿渐送孙柔嘉回了家，并见了丈人丈母，然后独自回家。方老先生和老太太见新媳妇没有来，很不高兴；可是又放了心——她要是来了，连住的地方都没有。老夫妇问了儿子许多话，又让儿子去请柔嘉明天来吃饭，同时问丈人丈母什么时候方便，要好好地请他们。

第二天上午，方鸿渐把孙柔嘉接到家里，方老太太看她没有照片上漂亮，有些失望。方先生十分高兴，问长问短。听说柔嘉要做事，他说："做事固然很好，不过夫妇两都在外面做事，家就不像家了。"柔嘉勉强点头。向祖先行礼的时候，鸿渐夫妇没有跪拜，也没有再向父母行礼，他们都不懂这些。方老太太很不高兴，原来准备的见面礼就没有给柔嘉。吃饭的时候，老二的儿子把酒洒在柔嘉的衣服上，鸿渐夫妇又不懂得为孩子说好话，留面子。二奶奶气得把孩子打得大哭，大家很不愉快。

下午柔嘉回了家。

方老先生在家里说："孙柔嘉不懂礼貌，这也难怪，学校里出来的人全都这样。"柔嘉在路上说："好好一件衣服，就算完了，我从来就没见过这样的孩子。"鸿渐道："说起孩子，好像你应该给他们见面钱的。"柔嘉道："你为什么不早说？我自己刚从学校出来，全不懂这些，麻烦死了！我不做你们方家的媳妇了！"又道："你父母说话太奇怪。我孙柔嘉一个大学毕业生到你们方家来做用人！你们家没那么阔呢。"方鸿渐道："他不过劝你不必出去做事。"孙柔嘉道："你下半年的职业还没找到呢！我挣点钱，还不好吗？"

两家父母见了面，互相拜访过，请过客。但是，方家怪孙家不知礼，孙家说方家太古板。鸿渐和柔嘉因此而互相生气。

孙柔嘉有个姑母在一家大工厂里做事，她也就在那里找到了职位。

方鸿渐回家第五天，按照赵辛楣的介绍，到那家报馆拜访了总编王先生，当了资料室主任，他的丈人—— 柔嘉的父亲恰好也在这儿做事。

房子比职业更难找，最后，在亲戚家里租了两间小房。他们自己买了一房家具，柔嘉的姑母又送了她一房家具。

一天上午，方老先生夫妇来看儿子的新房。柔嘉到办公室去了，只有鸿渐饭后才去报馆，在家迎接父母。他父母给他送来一只老式的钟，是他爷爷时候的东西。方老先生说，这只钟走得很准，每点钟只慢七分钟。方老太太看了家具，问："柔嘉家里给她东西没有？"鸿渐说这房家具是柔嘉姑母送的，又撒谎说另一房是她父母买的。方老太太听了并不满意，但想起布置新房一半也是婆家的责任，便不说了。鸿渐又告诉父母，柔嘉厂里的待遇好，挣的钱比自己多一倍。方老先生回到家，说："老大一定怕老婆，怎么可以让老婆挣的钱比他多！”方老太太说：“她应当把厂里的事让给老大去做。”

星期六下午，二奶奶、三奶奶来拜访。鸿渐在报馆里没回来，柔嘉接待她们。她们看了家具，问了价钱，都说柔嘉会买东西，可又说在别的什么地方见过这样的东西，价钱好像还便宜些。她们还问她有没有放箱子的房间，两人都夸自己陪嫁多，可惜打仗后丢了。这时，柔嘉才明白她们是来调查自己的陪嫁的，气得连晚饭都没有吃。

鸿渐回家，见她不高兴，问是谁给她气受。柔嘉道：“你的兄弟媳妇儿。”鸿渐连说：“讨厌！”柔嘉又道：“她们看了家具，话里的意思好像说咱们买贵了！为什么不早点帮我买呀！”鸿渐急问：“那一间的家具你说是买的吗？”柔嘉道：“说了，怎么啦？”鸿渐拍着脑袋把那天方老太太问丈人家送些什么的事说了出来，并说因为怕她生气，没有告诉她。柔嘉说：“我还有什么脸到你家里去？她们回去一说，还以为姑母送的家具也是咱们自己买的呢。”又说：“我们孙家穷，女儿结婚没有陪嫁，你们方家花了聘金没有？哦，有一只钟——”

这许多小事使柔嘉怕到婆家去。鸿渐也不好意思总是一个人去，因此不肯常回家。

搬进新居一个多月后，鸿渐夫妇上柔嘉姑母家吃饭，临回家时，姑母对鸿渐说不要欺负柔嘉。鸿渐听了非常生气，从此不肯陪她到姑母家去。

一个星期六下午，方鸿渐回家很早。柔嘉道："赵辛楣来信了。"

赵辛楣信上劝他到重庆去，柔嘉问他："你怎样回复他？"

鸿渐道："我是想去，不过还要仔细考虑一下。"

"我呢？"

"就是为了你，我很犹豫。上海呢，我很不愿意住下去，报馆里也没有出路，这家庭一半还依靠你——辛楣既然好意，我想再到内地去看看。我一个人先去，以后再来接你，你以为如何？"

"结婚四个月了，你对家里的老婆早就厌倦了，有机会走，为什么不换换新鲜空气？"

鸿渐叹道："那么，我带你一起去，好吗？"

"我这儿好好儿的有职业，为什么跟你去？我已经为你牺牲了三闾大学的事到上海来了。"

说起三闾大学，他们又吵起来。孙柔嘉叫丈夫别忘了是谁被解聘了，方鸿渐说：“校长留你是为了让学生再反对你一次。”结果两人都很不痛快，不过，第二天，方鸿渐还是决定不给赵辛楣回信。两人又和好了。

方鸿渐在报馆里发现了一个熟人，就是一起在苏文纨家喝过茶的沈太太。方鸿渐问她沈先生的情况，她说因为沈先生是名人，日本人和南京伪政府[2]要找他出来做事，他躲起来了。方鸿渐回到家里，对柔嘉说：“天下真小，遇见了苏文纨以后，不料又遇见了沈太太。”柔嘉冷冷地说：“世界是小，你还会遇见一个人呢。”她指的是唐晓芙。方鸿渐道：“只有你这种傻瓜才把她记在心里，她也许早把我忘了。想起来，结婚以前把恋爱看得那么认真，真可笑。其实，不管你跟谁结婚，结婚以后你总发现自己妻子不是原来的人，早知道这样，结婚前的恋爱都可以不要。”

柔嘉道：“我可是到现在还把恋爱看得很认真。”鸿渐连忙解释道：“我不过是随便说说，并不是说你，你也可以说结婚以前没有发现我的本来面貌，现在才知道。”柔嘉道：

2) 南京伪政府(Nánjīng wěi zhèngfǔ)：1940年，中国的大汉奸汪精卫在日本政府支持下，在日本侵略军占领的南京成立的政府。伪：不合法的，不为人民支持的。
1940년, 중국의 매국노 왕정위(汪精卫)가 일본정부의 지지 아래 일본침략군이 점령한 남경에 세운 정부이다. ‘伪’는 ‘비합법적이고, 인민이 지지하지 않음’을 뜻한다.

"说了半天胡话，只有这一句还中听。"两个多月以后，沈先生终于到南京政府做事去了，沈太太也跟他一起去了。

因为报纸的言论激烈，总编辑王先生得不到支持，辞职了。方鸿渐是赵辛楣介绍给王先生的，所以王先生通知了他，他和别的几个编辑也一起提出了辞职。他丈人知道后，忙问他得到柔嘉同意没有。他随口说她同意，丈人不信。

那天方老先生请鸿渐夫妇回家吃饭，柔嘉已从父亲那儿知道鸿渐向报馆提出辞职的事，在饭桌上问鸿渐，为什么辞职不同她商量，也不来这儿请教爸爸。方老先生听了，心里也怪儿子，但在媳妇面前没有说。方老太太劝鸿渐吃菜，说："你近来瘦了。在家里吃些什么？柔嘉做事忙，没工夫给你做饭，为什么不到这儿来吃？又不会把你毒死。"柔嘉听了，脸色都变了，回到家里又跟鸿渐生气。

方鸿渐心里不痛快，出去打听去重庆的旅费又没找到人，回到家走到门口，听到柔嘉的姑母正在说话，便不愿进去，正在犹豫的时候，听她说："鸿渐这个人，本事没有，脾气倒很大。"他心中大怒，就转身走了，走得肚子饿了，但口袋里没有带钱，只得又回家。

柔嘉见他回来，站起来问："外面冷不冷？在哪儿吃的饭？”又说：“姑母来看你，等了半天你总不回来，我就留她吃饭了。”

鸿渐正在生气，就说：“哦！原来是她吃了我的饭，还说我的坏话。”

柔嘉明白他已经听见了她们的谈话，有点心慌，就说：“姑母还想在她工厂里给你找个事情做，你听到没有？”

鸿渐说：“谁要她找工作？你告诉她，方鸿渐‘本事没有，脾气很大’，不做她的走狗。我告诉你，我今天已经打电报给赵辛楣了。我走了以后，你不但可以留她吃饭，干脆搬到她家去，跟养的小狗Baby一样！”

柔嘉睁大了眼睛，听完，说：“好，行李、衣服你自己去办，别找我。去年你在上海没有职业，跟赵辛楣到了内地；现在上海的事又没有了，又去内地找他，你不是他的走狗是什么？你去不去跟我没关系。”

鸿渐再也忍不住了，说：“那么请你别再开口。”伸手推了她的胸口，她气喘着说：“你打我？你打我！”他们的女用人原是孙小姐的奶妈，是把她一手照顾她的，这会儿，听见孙小姐被打了，说要告诉姑太太。争吵中，柔嘉顺手抓起桌上的梳子扔过去，正好打在鸿渐的脸上。鸿渐没有想到她会这样，看她的脸色又可怜又可怕，说：“我出去了。”

方鸿渐走在街上，只听得一个声音：“完了！完了！”他感觉不到天冷，只觉得身上累，肚子饿，但是口袋里没有钱。看看表上十点已过，他不清楚自己什么时候出来的，又无处可去，心想，还是回家吧，就是遇见她姑母也不用怕，也许她早走了。他一进门，房东太太说：“你家少奶奶不舒服，跟用人一起上她姑母家去了。这是钥匙。”他打开自己的家门，开了灯。断梳子还在原来的地方，衣箱少了一只。他倒在床上，软弱得要哭。又想：可不能生病！明天要去借旅费。旧历年也许可以在重庆过，心里似乎又有了希望。不知不觉中，他睡着了，没有梦，没有感觉。

墙上的钟响起来了，共响了六下，六点钟是五个钟头以前。那时候，方鸿渐在回家路上走，想着要待柔嘉好；孙柔嘉等鸿渐回来吃饭，希望他会跟姑母和好，到她厂里去做事。这只走得太慢的时钟对人生的讽刺和感伤比一切语言还要深刻。

生词(어휘)

1. 征求(zhēngqiú) : (서면이나 구두의 형식으로) 널리 구하다, 모집하다.
2. 孝顺(xiàoshùn) : 효도하다, 효성스럽다.
3. (少)奶奶(shào) nǎinai : 부잣집 아들의 부인.
4. 福(fú) : 복, 행복.
5. 看中(kànzhòng) : (보고) 마음에 들다, 보고(결)정하다.
6. 自立(zìlì) : 자립(하다), 자활(하다).
7. 树(敌) shù(dí) : (적을) 만들다.
8. 娘家(niángjiā) : 친정.
9. 婆家(pójiā) : 시가, 시집, 시댁.
10. 怕生(pà shēng) : (어린아이가) 낯가림하다.
11. 问长问短(wèncháng wènduǎn) : 이것저것 자세히 묻다, 꼬치꼬치 캐묻다.
12. 祖先(zǔxiān) : 선조, 조상,
13. 行礼(xínglǐ) : 경례하다, 인사하다.
14. 跪拜(guìbài) : 무릎을 꿇고 엎드려 절하다.
15. 见面礼(jiànmiànlǐ) : (윗사람이 아랫사람에게) 첫인사 때 주는 선물,
16. 礼貌(lǐmào) : 예의, 예의바르다.
17. 洒(sǎ) : (물을) 뿌리다. (음식 따위를) 엎지르다.
18. 难怪(nánguài) : 당연하다, 이상할 것 없다, 나무랄 수 없다.
19. 古板(gǔbǎn) : 고루하다, 진부하다.
20. 姑母(gūmǔ) : 고모.
21. 家具(jiājù) : 가구.
22. 新房(xīnfáng) : 신방,
23. 老式(lǎoshì) : 고풍(의), 구식(의).
24. 接待(jiēdài) : 접대(하다), 응접(하다).
25. 陪嫁(péijià) : 시집갈 때 몸종이나 혼수품을 딸려 보내다, 혼수품.
26. 聘金(pìnjīn) : 약혼 성립의 증표로 신랑 집에서 신부 집에 보내는 금품, 지참금.
27. 厌倦(yànjuàn) : 물리다, 싫증나다, 진저리가 나다.
28. 牺牲(xīshēng) : 희생(하다), 옛날 재물용 가축.

29. 中听(zhòngtīng) : 듣기 좋다.

30. 言论(yánlùn) : 언론.

31. 激烈(jīliè) : 격렬하다, 치열하다. (성격이나 감정이) 격하다.

32. 毒死(dúsǐ) : 독살하다, 독사하다.

33. 心慌(xīnhuāng) : 당황하다,

34. 气喘(qìchuǎn) : 숨이 차다, 숨이 가쁘다, 헐떡거리다.

35. 顺手(shùnshǒu) : 쓰기 좋다, 손에 알맞다, 편리하다.

36. 房东(fángdōng) : 집 주인.

37. 和好(héhǎo) : 화해하다, 화목해지다, 사이가 다시 좋아지다.

38. 讽刺(fěngcì) : 풍자(하다).

39. 感伤(gǎnshāng) : 느끼어 슬퍼하다.

40. 南京(Nánjīng) : 남경시, 강소성(江苏省)의 성도(省都).

思考题

연습문제

<想一想>

1. 孙柔嘉回到上海，住在娘家，是因为：（　　）

① 她怕生，不愿意住在婆家
② 她知道方鸿渐家里没有房子
③ 二奶奶和三奶奶不满意她

2. 方鸿渐夫妇新房里的家具：（　　）

① 都是自己买的
② 一个房间的家具是自己买的，另一个房间的家具是孙柔嘉的姑母送的
③ 一个房间的家具是孙柔嘉姑母送的，另一个房间的家具是孙柔嘉父母送的

3. 关于赵辛楣请方鸿渐去重庆的是，孙柔嘉的意见是：（　　）

① 两个人都不去
② 两个人一起去
③ 方鸿渐一个先去

[参考答案]

1. ①　　2. ②　　3. ①

<说一说>

1. 为什么说方老先生为孙柔嘉在家里树了两个敌人？
2. 为什么孙柔嘉第一次到方家吃饭，大家都不愉快？
3. 方鸿渐为什么向报馆辞职？
4. 方鸿渐为什么要去重庆？

[参考答案]

1. 方鸿渐的父亲说孙柔嘉的父亲在报馆里做事，她应当有钱。还有她自己大学毕业，也在外面做事，看来能够自立的。可是听到这句话的方家二奶奶、三奶奶因为娘家景况平常，她们只在中学念过书，所以她们以后可能会妒忌孙柔嘉。

2. 在方家吃饭的时候，老二的儿子把酒洒在孙柔嘉的衣服上，方鸿渐夫妇又不懂得为孩子说好话，留面子。二奶奶气得把孩子打得大哭，所以大家很不愉快。

3. 因为报纸的言论激烈，总编辑王先生得不到支持，辞职了。方鸿渐是赵辛楣介绍给王先生的，所以王先生通知了他，他和其他几个编辑也一起提出了辞职。

4. 因为赵辛楣来信劝方鸿渐到重庆去做事，方鸿渐也很不愿意在上海继续住下去，报馆里也没有出路。赵辛楣既然好意，方鸿渐想再到内地去看看，想找一个其他的出路。

【참고번역】

12. 오래된 괘종시계

방홍점이 약혼한다고 알리는 편지가 집에 도착하자, 방홍점의 어머니는 어떻게 부모의 동의도 구하지 않고서 약혼을 하느냐며 아들을 나무랐고 또한 새 며느리의 성격이 어떠한지도 걱정했다. 방홍점의 아버지는 “홍점이 좋다고만 하면 괜찮은 거지. 이보게, 요즘시대의 며느리인데, 당신은 아직도 새아기가 당신에게 효도하기를 바라오? 그런 일은 없을 거요.”라고 했다. 그들의 둘째 셋째 두 며느리는 듣고 나서 서로 힐끗 한번 보았는데, 얼굴의 표정이 싹 변했다. 방홍점의 어머니는 “손씨 집안에는 돈이 있는지 모르겠네요.”라고 했다. 방홍점의 아버지는 웃으면서 “내가 봤을 땐 첫째 이 아이는 복이 있소. 첫 번째 약혼했던 주씨 집안에도 돈이 많았고, 그 뒤에 마음에 들어 했던 소씨 집안의 딸도 돈이 많았잖소. 아마 이번 손씨 집안도 그리 차이가 나지 않을 것이오. 그녀의 아버지는 신문사에서 일을 하니 당연히 돈이 많겠죠. 어쨌든 이 아가씨는 대학을 졸업했고 게다가 밖에서 일도 하는 것을 보니 충분히 자립할 수 있겠소.”라고 했다. 이 몇 마디 말은 또한 손유가를 대신해 두 명의 적을 만들었는데, 둘째 셋째 두 며느리의 친정형편은 평범했고, 그녀들은 겨우 중고등학교만 다녔을 뿐이다.

얼마 지나지 않아서 방홍점이 홍콩에서 편지를 보내와 결혼한다고 알렸고, 부모에게 돈을 부쳐달라고 했다. 방홍점의 아버지는 보고서 놀라기도 하고 화가 나서 방홍점의 어머니와 방에서 한참을 상의했다. 그는 젊은 사람들이 자유롭게 결혼하는 것을 좋아하지 않았고, 또 다른 며느리들이 이 창피스러운 일을 알도록 내버려 두는 것을 원치 않았다. 밥을 먹을 때, 그는 온 가족에게 “오늘 첫째에게서 편지가 왔는데, 그들이 오늘 홍콩에 도착했다고 하는구나. 같이 오는 몇 명의 친구 중에 어떤 사람이 홍콩에서 결혼을 하려고 해서 첫째도 그때 같이 미스 손과 결혼을 하고 싶다고 하는구나. 그는 또 편지에서 내 돈도 아끼고 내 일도 줄어들 것이라

이야기 했는데, 이것은 우리 사정을 배려하는 것이라고 생각한다. 그렇지 않니?" 라고 이야기하자, 모두 "그렇습니다."라고 했다. 그는 계속해서 "둘째, 셋째의 결혼비용은 내가 다 부담을 했다. 홍점이 돈을 아낀다고 하니 나는 당연히 기쁘지만, 나중에 첫째가 부모님에게 불공평하다고 원망하지 않도록 그래도 첫째에게 돈을 부쳐줄 것이다."라고 했다. 밥을 먹고 나서 또 "만약 상해에서 결혼을 하면 너희들 부부도 도와주어야 하니 지금은 모두가 편해진 거야."라고 했다.

셋째 며느리가 방에 돌아가서 세수를 하고 있는데 둘째 며느리가 와서 "홍콩에서 상해까지의 사나흘도 기다릴 수 없었나?"라고 했고, 셋째 며느리는 "이 안에 분명 문제가 있어요."라고 했다.

손유가는 배에서 내렸지만 바로 시댁으로 가기를 원하지 않고 먼저 친정에 가려 했다. 방홍점은 그녀가 낯을 가리는 것을 알고 있었을 뿐만 아니라 집에 자기가 묵을 방이 없다는 것을 알았기 때문에, 하는 수 없이 두 사람은 각자의 집에 묵는 동시에 다시 집을 찾아보기로 했다. 방홍점은 손유가를 집으로 바래다주고 장인, 장모를 뵙고 나서 혼자 집으로 돌아갔다. 방홍점의 아버지와 어머니는 새 며느리가 오지 않은 것을 보고 기분이 매우 좋지 않았지만 한편으론 만약 그녀가 왔다면 묵을 곳조차 없었기에 도리어 마음이 놓였다. 이들 노부부는 아들에게 많은 이야기를 물었고 또 아들에게 손유가가 내일 집에 와서 밥을 먹도록 초대하러가게 했고, 동시에 장인, 장모가 언제가 편한지 물어보고 정성껏 그들을 초대하려고 했다.

다음날 오전, 방홍점은 손유가를 데리고 집에 왔고, 방홍점의 어머니는 그녀가 사진에서처럼 예쁘지 않은 것을 보고 조금 실망했다. 방홍점의 아버지는 매우 기뻐하며 이것저것 자세히 물었다. 손유가가 일을 하려고 하는 것을 듣고서 그는 "일을 하는 것은 물론 좋지만 부부 둘 다 밖에서 일을 하면, 집이 집 같지가 않을 게다."라고 했다. 손유가는 마지못해 머리를 끄덕였다. 조상에게 예를 행할 때 방홍점 부부는 엎드려 절하지 않았고 또한 부모님에게 다시 인사를 드리지도 않았는데, 그들은 모두 이런 예절들을 몰랐다. 방홍점 어머니는 기분이 매우 좋지 않아서 원래 첫인사 때 주려고 준비한 선물을 손유가에게 주지 않았다. 식사할 때 둘째의 아이가 술을 손유가의 새 옷에 엎질렀는데, 방홍점 부부는 아이를 위해서 좋은 말을 하고 체면을 세워주는 것을 몰랐다. 둘째 며느리는 화가 나서 아이를 때려 아이가 많이 울었고 모두 다 기분이 유쾌하지 않았다.

오후에 손유가는 집에 돌아갔다.

방홍점의 아버지는 집에서 "손유가는 예의를 잘 모르지만 학교 안에서 (일하다) 나온 사람들이 전부 다 그러니 이 역시 나무랄 수도 없다."라고 했다. 손유가는 길에서 "좋은 옷 한 벌을 못 입게 되어버렸네요. 나는 여태껏 그런 아이를 본적이 없어요."라고 했다. 방홍점은 "아이 말이 나왔으니 말이지 당신은 그 애들에게 첫인사 답례 용돈을 줬어야만 했을 것 같아."라고 했다. 손유가는 "당신은 왜 일찍 말하지 않았어요? 나는 이제 막 학교에서 나와서 그런 것들을 전부 다 몰라요. 귀찮아 죽겠어요! 나는 당신네 방씨 집안의 며느리 안 할래요!"라고 했다. 또 "당신의 부모님은 말을 너무 이상하게 하네요. 대학교 졸업생인 나 손유가 혼자 당신네 방씨 집안에 와서 가정부 노릇을 하라니! 당신네 집은 그렇게 부유하지도 안잖아요."라고 했다. 방홍점은 "아버지는 당신이 반드시 나가서 일하지 않아도 된다고 일러주는 것일 뿐이야."라고 말을 했다. 손유가는 "당신은 후반기 반년동안 일할 직업도 아직 찾지 못했잖아요! 내가 돈을 좀 버는 게 그렇게 안 좋은가요?"라고 했다.

양가 부모는 만나서 서로 인사차 방문했고 식사를 초대했다. 그러나 방씨 집안에서는 손씨 집안이 예를 모른다고 책망했고, 손씨 집안에서는 방씨 집안이 너무 고루하다고 했다. 방홍점과 손유가는 이로 인해 서로 화를 냈다.

손유가에게 한 큰 공장에서 일을 하는 고모가 한명 있는데, 그녀도 바로 (고모가 일하는) 그곳에서 일자리를 찾았다.

방홍점은 집에 돌아온 지 닷새째 되는 날, 조신미의 소개에 따라 그 신문사에 도착해서 편집장인 왕 선생을 찾아뵙고 자료실 주임을 맡게 되었고, 그의 장인인 손유가의 아버지도 마침 여기에서 일을 했다.

집은 일자리보다 더 구하기 힘들었다. 결국에는 친척집에서 작은방 두 칸을 세 얻었다. 그들 스스로 한 방에 놓을 가구를 샀고, 손유가의 고모가 또 그녀에게 다른 한 방에 놓을 가구를 선물해주었다.

하루는 오전에 방홍점의 부모가 아들의 신혼 방을 보러왔다. 손유가는 사무실에 갔고, 방홍점만이 식사를 하고난 뒤에야 신문사로 가기 때문에 집에서 부모님을 맞았다. 그의 부모는 그의 할아버지 때의 물건인 오래된 괘종시계를 가져와 방홍점에게 선물로 주었다. 방홍점의 아버지는 이 괘종시계가 매우 정확한데 매시간마다 단지 7분 느리게 간다고 했다. 방홍점의 어머니는 가구를 보고 "손유가 집에서 그녀에게 준 물건은 없니?"라고 물었다. 방홍점이 이 방의 가구는 손유가의 고모가 선물로 준 것이고, 또 다른 한 방의 가구는 그녀의 부모님이 사주셨다고 거짓말을 했다. 방홍점의 어머니는 듣고 나서 별로 만족스럽진 않았지만 신혼방을 꾸미는 것은 반은 시댁의 책임이라는 생각이 들자 말하지 않았다. 방홍점은 또 부모님에게 손유가는 공장에서의 대우가 매우 좋아서 버는 돈도 자기보다 배나 더 많다고 알려주었다. 방홍점의 아버지는 집에 돌아와서 "첫째는 분명 아내를 무서워하는 게야. 어떻게 아내가 버는 돈이 자기보다 많도록 놔둘 수가 있지!"라고 하자, 방홍점의 어머니는 "새아기는 응당 공장의 일을 첫째에게 주어 일하게 해야지."라고 했다.

토요일 오후 둘째 며느리와 셋째 며느리가 인사차 찾아왔다. 방홍점은 신문사에서 돌아오지 않았고 손유가가 그녀들을 맞았다. 그녀들은 가구를 보고 가격을 물어보며 모두 손유가가 물건을 잘산다고 했지만, 또 다른 어딘가에서 이런 물건을 보았고 가격도 더 쌌었던 것 같다고 이야기했다. 그녀들은 또 손유가에게 상자를 놓아두는 방은 없냐고 물었으며, 자신들은 가져온 혼수품이 많았지만 아쉽게도 전쟁이 난 후 잃어버렸다고 허풍을 떨었다. 이때 손유가는 비로소 그녀들이 자신의 혼수를 조사하러 온 것을 알게 되었고 화가 나서 저녁도 먹지 않았다.

방홍점은 집에 돌아와서 그녀가 기분이 안 좋은 것을 보고 누가 그녀를 화나게 했는지 물었다. 손유가가 "당신의 동생 부인들이에요."라고 했고, 방홍점은 이어서 "싫고 짜증나네!"라고 했다. 손유가는 또 "그녀들은 가구를 보고서, 말속의 의미는 마치 우리가 비싸게 산 것처럼 말했어요! 왜 일찍이 내가 사는 것을 도와주지 않죠!"라고 했다. 방홍점은 급히 "저 방의 가구는 당신이 샀다고 말했어?"라고 물었다. 손유가는 "말했어요. 왜요?"라고 했다. 방홍점은 머리를 치면서 그날 방홍점의 어머니가 장인 집에서 어떤 것들을 보냈는지 물었던 일을 꺼내었고, 그녀가 화를 낼까봐 두려워서 그녀에게 말하지 않았다고 했다. 손유가는 "내가 이제 무슨 낯으로 당신 집에 가겠어요. 그녀들이 돌아가서 얘기를 하면, 고모가 사준 가구도 우리가 혼자 산 것이라 생각할 텐데요."라고 했다. 또 "우리 손씨 집안은 가난해서 딸이 결혼할 때 혼수품이 없었지만, 당신네 방씨 집안에서는 결혼지참금을 썼나요? 아, 괘종시계 하나가 있지!……"라고 말했다.

이 많은 사소한 일들은 손유가가 시댁에 가는 것을 두려워하게 했다. 방홍점도 늘 혼자 가는 것이 죄송스러웠고, 그로 인해 집에 자주 가려고하지 않았다.

새 거주지로 이사한지 한 달 남짓 후, 방홍점 부부가 손유가의 고모 집에 가서 밥을 먹고 집에 돌아오려 할 때 고모가 방홍점에게 손유가를 못살게 굴지 말라고 했다. 방홍점은 듣고 나서 매우 화가 났고, 그로부터 그녀와 함께 고모 집에 가려하지 않았다.

어느 토요일 오후, 방홍점은 집에 매우 일찍 돌아왔다. 손유가는 "조신미 아저씨가 편지를 보내왔어요."라고 했다.

조신미는 편지에서 그에게 중경으로 오라고 권했고, 손유가는 그에게 "어떻게 답을 할 거에요?"라고 물었다.

방홍점은 "나는 가고 싶지만 좀 더 꼼꼼히 한번 생각을 해봐야겠어."라고 하였다.

"나는 어쩌고요?"

"바로 당신 때문에 망설이고 있어. 상해는 말이지, 난 정말 상해에 살고 싶지 않아. 신문사에서도 발전할 여지가 없고 이 가정의 절반도 당신에게 의지하고 있는데……조신미가 이렇게 호의를 베푼 이상 나도 내륙에 가서 한번 보고 싶어. 나 혼자 먼저 갔다가 나중에 다시 당신을 데리러오겠어. 당신이 생각하기엔 어때?"

"결혼한 지 4개월이 지나 당신은 집안의 아내에게 벌써 싫증이 났군요. 갈 기회가 생겼는데, 왜 신선한 공기(새로운 환경)로 한번 바꾸지 않나요?"

홍점은 탄식하며 "그러면 내가 당신을 데리고 같이 갈게, 어때?"라고 했다.

"나는 여기도 좋은 직업이 있는데 왜 당신과 같이 가야 하나요? 나는 이미 당신을 위해서 삼려대학교의 일을 희생하고 상해로 왔어요."

삼려대학교에 대해 말하면서 그들은 또 싸우기 시작했다. 손유가는 남편에게 누가 해고당했었는지를 잊지 말라고 말하자, 방홍점은 “총장이 당신을 남게 한 것은 학생들이 다시 한 번 당신을 반대하게 하려는 것이었어.”라고 했다. 결국 두 사람은 매우 불쾌해졌지만, 그래도 다음날 방홍점은 조신미에게 답장을 쓰지 않기로 결정 했다. 두 사람은 다시 사이가 좋아졌다.

방홍점은 신문사에서 낯익은 한 사람을 발견했는데 바로 소문환의 집에서 함께 차를 마셨던 심 선생의 부인이었다. 방홍점은 그녀에게 심 선생의 정황을 물었고, 그녀는 심 선생은 유명인사이기 때문에 일본사람과 남경 비합법정부가 그를 찾아내 일을 시키려고 해서 그는 숨어버렸다고 했다. 방홍점은 집에 돌아와서 손유가에게 “세상이 참 좁네. 소문환을 만난 이후에 뜻밖에 또 심 선생의 부인을 만났어.”라고 했다. 손유가는 쌀쌀맞게 “세상은 작으니 당신은 또 한사람을 만날 수도 있겠네요.”라고 말했다. 그녀는 당효부를 가리킨 것이다. 방홍점은 “오직 당신같이 어리석은 사람만이 그녀를 마음속에 담아 두지, 그녀는 아마도 벌써 나를 잊었을 거야. 생각해보면, 결혼하기 전에 연애를 너무 진지하게 여겼으니 정말 웃겨. 사실, 당신(일반적인 남자)이 누구와 결혼하든 상관없이 결혼한 후에 언제나 자기 아내가 원래의 사람(결혼 전 애인)이 아니라는 것을 발견하는데, 이러하다는 것을 일찍 알았다면 결혼 전의 연애는 모두 필요하지 않을 수도 있어.”라고 했다.

손유가는 “하지만 나는 지금까지도 연애를 아주 진지하게 생각해요.”라고 했다. 방홍점은 급히 설명하며 “내가 제멋대로 말한 것일 뿐, 결코 당신을 말하는 게 아니야. 당신도 역시 결혼하기 전에 나의 본래 모습을 발견하지 못했고 지금에서야 알게 되었다고 말할 수도 있다.”라고 했다. 손유가는 “지금까지 한 쓸데없는 말 중에 이 말만은 듣기 좋군요.”라고 했다. 두 달쯤 뒤에 심 선생은 결국 남경정부로 일하러 갔고 심 선생의 부인도 그와 함께 갔다.

신문의 언론이 격렬했기 때문에 총 편집장 왕 선생은 지지를 받지 못하고 사직을 했다. 방홍점은 조신미가 왕 선생에게 소개를 한 것이어서, 왕 선생이 그에게 그와 다른 몇 명의 편집인도 함께 사직서를 제출했다고 알려주었다. 그의 장인은 알고 난 후 재빨리 그에게 손유가의 동의를 얻었는지 물어보았다. 그는 입에서 나오는 대로 동의했다고 했으나 장인은 믿지 않았다.

그날 방홍점의 아버지는 아들부부에게 집에 와서 식사를 하자고 했고, 손유가는 이미 친정아버지로부터 방홍점이 신문사에 사직서를 제출한 일을 알고서 식탁에서 방홍점에게 왜 사직하는 것을 그녀와 함께 상의하지 않았는지, 또 왜 이곳에 와서 아버지께 가르침을 구하지 않았느냐고 물었다. 방홍점의 아버지는 듣고는 마음속으로 아들을 나무랐으나 며느리 앞에서는 아무 말도 하지 않았다. 방홍점의 어머니는 방홍점에게 음식 먹기를 권하며 "너 근래에 여위었구나. 집에서 뭘 좀 먹는 거니? 손유가는 일한다고 바빠서 너에게 밥해줄 시간도 없는데 왜 여기 와서 밥을 먹지 않니? 널 독살하지도 않을 텐데."라고 했다. 손유가는 듣고 안색이 변하였고 집에 돌아가서 또 방홍점에게 화를 냈다.

방홍점은 마음이 매우 불쾌해서 밖에 나가서 중경 가는 여행비용을 알아보려고 했는데 또 사람을 찾지 못하였고, 집에 돌아와 방문 앞까지 걸어왔는데 유가의 고모가 말하고 있는 것을 듣자 들어가고 싶지 않았다. 마침 망설이고 있을 때, 그녀가 "방홍점 이 사람은 능력은 없으면서 성질만 거세구나."라고 하는 말을 듣고는 그는 마음속에 화가 많이 나서 바로 몸을 돌려 나왔고, 걸어가다 보니 배가 고팠지만 주머니 안에는 가지고 온 돈이 없어 또 집으로 돌아가야만 했다.

손유가는 그가 돌아온 것을 보고 일어나서 "밖에 추워요? 어디에서 밥을 먹었어요?"라고 물어봤다. 또 "고모가 당신을 보러 왔어요. 당신을 한참동안 기다려도 당신이 통 돌아오질 않아서, 그녀를 머무르게 해 밥을 먹었어요."라고 했다.

방홍점은 마침 화가 나있어서 바로 "오! 그러니까 그녀가 내 밥을 먹고, 또 내 험담을 했겠군."이라고 했다.

손유가는 이미 그가 자신들의 이야기를 들은 것을 알고 조금 당황해하며 바로 "고모는 그녀의 공장에서 당신에게 일자리를 찾아주려고도 했는데, 당신 못 들었어요?"라고 했다.

방홍점은 "누가 그녀에게 일자리를 찾아달라고 했어? 그녀에게 말해. 이 방홍점은 '능력은 없고 성질은 거세지만' 그의 주구 노릇은 하지 않는다고. 내 당신에게 말해주지, 난 오늘 이미 조신미에게 전보를 보냈어. 내가 떠난 뒤, 당신은 그녀를 머무르게 해 밥을 먹을 수 있을 뿐만 아니라 그녀가 키우는 강아지 Baby처럼 아예 그녀의 집으로 옮겨가지."하고 말했다.

손유가는 눈을 크게 뜨고 다 듣고 나서 "좋아요, 짐과 옷을 당신 스스로 가서 꾸리고 나를 찾지 말아요. 작년에 당신이 상해에서 직업이 없을 때 조신미와 같이 내지에 갔죠. 지금 상해의 일도 없어졌으니, 또 내지에 가서 그를 찾아요. 당신이 그의 주구가 아니라면 도대체 뭐죠? 당신이 가든 말든 나와는 상관없어요."라고 했다.

홍점은 더 이상 참을 수 없어서 "그러면 당신은 더 이상 입을 열지 말아요."라고 하며 손을 뻗어 그의 가슴을 밀었다. 그녀는 씩씩대며 "당신이 나를 때렸어요? 당신이 나를 때려!"라고 했다. 그들의 여자가정부는 원래 손유가의 유모로 그녀를 어릴 때부터 돌보았기 때문에, 손유가가 맞았다는 말을 듣고는 고모에게 알려야겠다고 했다. 말다툼 중, 손유가는 닥치는 대로 탁자위에 있던 빗을 집어 들어 던졌고, 마침 방홍점의 얼굴에 맞았다. 방홍점은 그녀가 이럴 줄 생각지도 못했는데, 그녀의 낯빛을 보고 가련하면서도 두려워서 "내가 나갈게!"라고 했다.

방홍점은 길을 걸으면서 "끝났다! 끝났어!"라는 한 소리만 들었다. 그는 날씨가 춥다는 것을 느끼지도 못하고 단지 몸이 피곤하고 배가 고픈 것만을 느꼈지만 주머니에는 돈이 없었다. 시계를 보니 이미 10시가 넘었고, 그는 자기가 언제 나왔는지도 잘 몰랐고, 또한 갈 곳도 없어서, 마음속으로 '그래도 집으로 돌아가자. 설사 처고모를 만나더라도 두려워하지 말자, 아마도 그녀는 이미 갔을 거야.'라고 생각했다. 그가 문에 들어서자, 집주인 부인이 "당신의 부인은 몸이 안 좋아서 가정부와 함께 그녀의 고모 집에 갔어요. 이건 열쇠에요."라고 했다. 그는 자신의 집 문을 열고 불을 켜자, 부러진 빗은 여전히 원래 자리에 있었고 옷 트렁크는 한 개가 적었다. 그는 침대에 엎어져 울고 싶을 만큼 연약했다. 그렇지만 또 '병에 걸려선 안 돼. 내일 여행경비를 빌리러 가야해. 음력설은 아마도 중경에서 보낼 수 있을 거야.'라고 생각하자, 마음속에는 다시 희망이 생기는 것 같았다. 자기도 모르는 사이에 그는 잠이 들었고 꿈도 꾸지 않았고 감각도 없었다.

벽 위의 괘종시계가 울리기 시작하여 총 여섯 번 울렸는데, 정각 6시는 다섯 시간 이전이었다. 그때 방홍점은 집으로 돌아오는 길에서 걸으며 손유가에게 잘 해주어야겠다고 생각을 했다. 손유가는 방홍점이 돌아와서 밥을 먹기를 기다리며, 그가 고모와 잘 화해하고 고모의 공장에 가서 일하기를 바랐다. 이 아주 느리게만 가는 괘종시계의 인생에 대한 풍자와 슬픈 감상은 그 어떤 언어보다도 더욱 깊었다.

【附录：阅读自习用】

记钱锺书与《围城》

杨绛

前言

自从一九八〇年《围城》在国内重印出来，我经常看到锺书对来信和登门的读者表示歉意：或是诚诚恳恳地奉劝别研究什么《围城》；或客客气气地推说“无可奉告”；或者竟是既欠礼貌又不讲情理的拒绝。一次我听他在电话里对一位求见的英国女士说：“假如你吃了个鸡蛋觉得不错，何必认识那下鸡蛋的母鸡呢？”我直耽心他冲撞人。胡乔木同志偶曾建议我写一篇《钱锺书与＜围城＞》。我确也手痒，但以我的身份，容易写成锺书所谓“亡夫行述”之类的文章。不过我既不称赞，也不批评，只据事纪实；锺书读后也承认没有失真。乔木同志最近又问起这篇文章。恰好朱正同志所编《骆驼丛书》愿意收入，我就交给他出版，也许能供《围城》的偏爱者参考之用。

一、钱锺书写《围城》

钱锺书在《围城》的序里说，这本书是他“锱铢积累”写成的。我是

“锱铢积累”读完的。每天晚上，他把写成的稿子给我看，急切地瞧我怎样反应。我笑，他也笑；我大笑，他也大笑。有时我放下稿子，和他相对大笑，因为笑的不仅是书上的事，还有书外的事。我不用说明笑什么，反正彼此心照不宣。然后他就告诉我下一段打算写什么，我就急切地等着看他怎么写。他平均每天写五百字左右。他给我看的是定稿，不再改动。后来他对这部小说以及其它“少作”都不满意，恨不得大改特改，不过这是后话了。

锺书选注宋诗，我曾自告奋勇，愿充白居易的“老妪”—— 也就是最低标准；如果我读不懂，他得补充注释。可是在≪围城≫的读者里，我却成了最高标准。好比学士通人熟悉古诗文里词句的来历，我熟悉故事里人物和情节的来历。除了作者本人，最有资格为≪围城≫做注释的，该是我了。

看小说何需注释呢？可是很多读者每对一本小说发生兴趣，就对作者也发生兴趣，并把小说里的人物和情节当作真人实事。有的干脆把小说的主角视为作者本人。高明的读者承认作者不能和书中人物等同，不过他们说，作者创造的人物和故事，离不开他个人的经验和思想感情。这话当然很对。可是我曾在一篇文章里指出：创作的一个重要成分是想象，经验好比黑暗里点上的火，想象是这个火所发的光；没有火就没有光，但光照所及，远远超过火点儿的大小[1]。创造的故事往往从多方面超越作者本人的经验。要从创造的故事里返求作者的经验是颠倒的。作者的思想情感经过创造，就好比发过酵而酿成了酒；从酒里辨认酿酒的原料，也不容易。我有机缘知道作者的经历，也知道酿成的酒是什么原料，很愿意让读者看看真人实事和虚构的人物情节有多少联系，而且是怎样的联系。因为许多所谓写实的小说，其实是改头换面地叙写自己的经历，提升或满足自己的感情。

---

1) 参看≪事实——故事——真实≫(≪文学评论≫一九八〇年第三期，十七页)。

这种自传体的小说或小说体的自传，实在是浪漫的纪实，不是写实的虚构。而≪围城≫只是一部虚构的小说，尽管读来好像真有其事，实有其人。

≪围城≫里写方鸿渐本乡出名的行业是打铁、磨豆腐，名产是泥娃娃。有人读到这里，不禁得意地大哼一声说：“这不是无锡吗？钱锺书不是无锡人吗？他不也留过洋吗？不也在上海住过吗？不也在内地教过书吗？”有一位专爱考据的先生，竟推断出钱锺书的学位也靠不住，方鸿渐就是钱锺书的结论更可以成立了。

钱锺书是无锡人，一九三三年毕业于清华大学，在上海光华大学教了两年英语，一九三五年考取英庚款到英国牛津留学，一九三七年得副博士(B. Litt.)学位，然后到法国，入巴黎大学进修。他本想读学位，后来打消了原意。一九三八年，清华大学聘他为教授，据那时候清华的文学院长冯友兰先生来函说，这是破例的事，因为按清华旧例，初回国教书只当讲师，由讲师升副教授，然后升为教授。锺书九、十月间回国，在香港上岸，转昆明到清华任教。那时清华已并入西南联大。他父亲原是国立浙江大学教授，应老友廖茂如先生恳请，到湖南蓝田帮他创建国立师范学院；他母亲弟妹等随叔父一家逃难住上海。一九三九年秋，锺书自昆明回上海探亲后，他父亲来信来电，说自己老病，要锺书也去湖南照料。师范学院院长廖先生来上海，反复劝说他去当英文系主任，以便伺候父亲，公私兼顾。这样，他就未回昆明而到湖南去了。一九四〇年暑假，他和一位同事结伴回上海探亲，道路不通，半途折回。一九四一年暑假，他由广西到海防搭海轮到上海，准备小住几月再回内地。西南联大外语系主任陈福田先生到了上海特来相访，约他再回联大。值珍珠港事变，他就沦陷在上海出不去了。他写过一首七律≪古意≫，内有一联说：“槎通碧汉无多路，梦入红楼第几层”，另一首≪古意≫又说：“心如红杏专春闹，眼似黄梅诈雨晴”，都是寄托当时羁居沦陷区的怅望情绪。≪围城≫是沦陷在上海的时期写的。

锺书和我一九三二年春在清华初识，一九三三年订婚，一九三五年结婚，同船到英国(我是自费留学)，一九三七年秋同到法国，一九三八年秋同船回国。我母亲一年前去世，我苏州的家已被日寇抢劫一空，父亲避难上海，寄居我姐夫家。我急要省视老父，锺书在香港下船到昆明，我乘原船直接到上海。当时我中学母校的校长留我在“孤岛”的上海建立“分校”。二年后上海沦陷，“分校”停办，我暂当家庭教师，又在小学代课，业余创作话剧。锺书陷落上海没有工作，我父亲把自己在震旦女子文理学院授课的钟点让给他，我们就在上海艰苦度日。

有一次，我们同看我编写的话剧上演，回家后他说：“我想写一部长篇小说！”我大高兴，催他快写。那时他正偷空写短篇小说，怕没有时间写长篇。我说不要紧，他可以减少授课的时间，我们的生活很省俭，还可以更省俭。恰好我们的女佣因家乡生活好转要回去。我不勉强她，也不另觅女佣，只把她的工作自己兼任了。劈柴生火烧饭洗衣等等我是外行，经常给煤烟染成花脸，或熏得满眼是泪，或给滚油烫出泡来，或切破手指。可是我急切要看锺书写≪围城≫(他已把题目和主要内容和我讲过)，做灶下婢也心甘情愿。

≪围城≫是一九四四年动笔，一九四六年完成的。他就像原≪序≫所说：“两年里忧世伤生”，有一种惶急的情绪，又忙着写≪谈艺录≫；他三十五岁生日诗里有一联：“书癖钻窗蜂未出，诗情绕树鹊难安”，正是写这种兼顾不来的心境。那时候我们住在钱家上海避难的大家庭里，包括锺书父亲一家和叔父一家。两家同住分炊，锺书的父亲一直在外地，锺书的弟弟妹妹弟媳和侄儿女等已先后离开上海，只剩他母亲没走，还有一个弟弟单身留在上海；所谓大家庭也只像个小家庭了。

以上我略叙锺书的经历、家庭背景和他撰写≪围城≫时的处境，为作者写个简介。下面就要为≪围城≫做些注解。

锺书从他熟悉的时代、熟悉的地方、熟悉的社会阶层取材。但组成故事的人物和情节全属虚构。尽管某几个角色稍有真人的影子，事情都子虚乌有；某些情节略具真实，人物却全是捏造的。

方鸿渐取材于两个亲戚：一个志大才疏，常满腹牢骚；一个狂妄自大，爱自吹自唱。两人都读过≪围城≫，但是谁也没自认为方鸿渐，因为他们从未有方鸿渐的经历。锺书把方鸿渐作为故事的中心，常从他的眼里看事，从他的心里感受。不经意的读者会对他由了解而同情，由同情而关切，甚至把自己和他合而为一。许多读者以为他就是作者本人。法国十九世纪小说≪包法利夫人≫的作者福娄拜曾说："包法利夫人，就是我。"那么，钱锺书照样可说："方鸿渐，就是我。"不过还有许多男女角色都可说是钱锺书，不光是方鸿渐一个。方鸿渐和钱锺书不过都是无锡人罢了，他们的经历远不相同。

我们乘法国邮船阿多士Ⅱ(AthosⅡ)回国，甲板上的情景和≪围城≫里写的很像，包括法国警官和犹太女人调情，以及中国留学生打麻将等等。鲍小姐却纯是虚构。我们出国时同船有一个富有曲线的南洋姑娘，船上的外国人对她大有兴趣，把她看作东方美人。我们在牛津认识一个由未婚夫资助留学的女学生，听说很风流。牛津有个研究英国语文的埃及女学生，皮肤黑黑的，我们两人都觉得她很美。鲍小姐是综合了东方美人、风流未婚妻和埃及美人而抟捏出来的。锺书曾听到中国留学生在邮船上偷情的故事，小说里的方鸿渐就受了鲍小姐的引诱。鲍鱼之肆是臭的，所以那位小姐姓鲍。

苏小姐也是个复合体。她的相貌是经过美化的一个同学。她的心眼和感情属于另一个；这人可一点不美。走单帮贩私货的又另是一人。苏小姐做的那首诗是锺书央我翻译的，他嘱我不要翻得好，一般就行。苏小姐的丈夫是另一个同学，小说里乱点了鸳鸯谱。结婚穿黑色礼服，白硬领圈给汗水浸得又黄又软的那位新郎，不是别人，正是锺书自己。因为我们结婚的黄道吉日是一年里最热的日子。我们的结婚照上，新人、伴娘、提花篮的女孩子、提纱的男孩子，一个个都像刚被警察拿获的扒手。

赵辛楣是由我们喜欢的一个五六岁的男孩子变大的，锺书为他加上了二十多岁年纪。这孩子至今没有长成赵辛楣，当然也不可能有赵辛楣的经历。如果作者说："方鸿渐，就是我，"他准也会说："赵辛楣，就是我。"

有两个不甚重要的人物有真人的影子，作者信手拈来，未加融化，因此那两位相识都"对号入座"了。一位满不在乎，另一位听说很生气。锺书夸张了董斜川的一个方面，未及其他。但董斜川的谈吐和诗句，并没有一言半语抄袭了现成，全都是捏造的。褚慎明和他的影子并不对号。那个影子的真身比褚慎明更夸张些呢。有一次我和他同乘火车从巴黎郊外进城，他忽从口袋里掏出一张纸，上面开列了少女选择丈夫的种种条件，如相貌、年龄、学问、品性、家世等等共十七八项，逼我一一批分数，并排列先后。我知道他的用意，也知道他的对象，所以小心翼翼地应付过去。他接着气呼呼地对我说："她们说他(指锺书)'年少翩翩'，你倒说说，他'翩翩'不'翩翩'。"我应该厚道些，老实告诉他，我初识锺书的时候，他穿一件青布大褂，一双毛布底鞋，戴一副老式大眼镜，一点也不'翩翩'。可是我瞧他认为我该和他站在同一立场，就忍不住淘气说："我当然最觉得他'翩翩'。"他听了怫然，半天不言语。后来我称赞他西装笔挺，他惊喜说："真的吗？我总觉得自己的衣服不挺，每星期洗熨一次也不如别人的挺。"我肯定他衣服确实笔挺，他才高兴。其实，褚慎明也是个复合体，小说里的那杯牛奶是另一人喝的。那人也是我们在巴黎时的同伴，他尚未结婚，曾对我们讲：他爱"天仙的美"，不爱"妖精的美"。他的一个朋友却欣赏"妖精的美"，对一个牵狗的妓女大有兴趣，想"叫一个局"，把那妓女请来同喝点什么谈谈话。有一晚，我们一群人同坐咖啡馆，看见那个牵狗的妓女进另一家咖啡馆去了。"天仙美"的爱慕者对"妖精美"的爱慕者自告奋勇说："我给你去把她找来。"他去了好久不见回来，锺书说："别给蜘蛛精网在盘丝洞里了，我去救他吧。"锺书跑进那家咖啡馆，只见"天仙美"的爱慕者独坐一桌，正在喝一杯很烫的牛奶，四围都是妓女，在窃窃笑他。锺书"救"了他回来。从此，大家常取笑那杯牛奶，说如果叫妓女，至少也该喝杯啤酒，不该喝牛奶。准是那杯牛奶作祟，使锺书把褚慎明拉到饭馆去喝奶；那大堆的药品准也是即景生情，由那杯牛奶生发出来的。

方遁翁也是个复合体。读者因为他是方鸿渐的父亲，就确定他是锺书的父亲，其实方遁翁和他父亲只有几分相像。我和锺书订婚前后，锺书的父亲擅自拆看了我给锺书的信，大为赞赏，直接给我写了一封信，郑重把锺书托付给我。这来很像方遁翁的作风。我们沦陷在上海时，他来信说我"安贫乐道"，这也很像方遁翁的语气。可是，如说方遁翁有二三分像他父亲，那么，更有四五分是像他叔父，还有几分是捏造，因为亲友间常见到这类的封建家长。锺书的父亲和叔父都读过≪围城≫。他父亲莞尔而笑；

他叔父的表情我们没看见。我们夫妇常私下捉摸，他们俩是否觉得方遁翁和自己有相似之处。

唐晓芙显然是作者偏爱的人物，不愿意把她嫁给方鸿渐。其实，作者如果让他们成为眷属，由眷属再吵架闹翻，那么，结婚如身陷围城的意义就阐发得更透彻了。方鸿渐失恋后，说赵辛楣如果娶了苏小姐也不过尔尔，又说结婚后会发现娶的总不是意中人。这些话都很对。可是他究竟没有娶到意中人，他那些话也就可释为聊以自慰的话。

至于点金银行的行长，“我你他”小姐的父母等等，都是上海常见的无锡商人，我不再一一注释。

我爱读方鸿渐一行五人由上海到三闾大学旅途上的一段。我没和锺书同到湖南去，可是他同行的五人我全认识，没一人和小说里的五人相似，连一丝影儿都没有。王美玉的卧房我倒见过：床上大红绸面的被子，叠在床里边；桌上大圆镜子，一个女人脱了鞋坐在床边上，旁边煎着大半脸盆的鸦片。那是我在上海寻找住房时看见的，向锺书形容过。我在清华做学生的时期，春假结伴旅游，夜宿荒村，睡在铺干草的泥地上，入夜梦魇，身下一个小娃娃直对我嚷：“压住了我的红棉袄”，一面用手推我，却推不动。那番梦魇，我曾和锺书讲过。蛆叫“肉芽”，我也曾当作新鲜事告诉锺书。锺书到湖南去，一路上都有诗寄我。他和旅伴游雪窦山，有纪游诗五古四首，我很喜欢第二第三首，我不妨抄下，作为真人实事和小说的对照。

> 天风吹海水，屹立作山势；浪头飞碎白，积雪疑几世。我常观乎山，起伏有水致；蜿蜒若没骨，皱具波涛意。乃知水与山，思各出其位，譬如豪杰人，异量美能备。固哉鲁中叟，祇解别仁智。
>
> 山容太古静，而中藏瀑布，不舍昼夜流，得雨势更怒。辛酸亦有泪，贮胸

敢倾吐；略似此山然，外勿改其度。相契默无言，远役喜一晤。微恨多游踪，藏焉未为固。衷曲莫浪陈，悠悠彼行路。

小说里只提到游雪窦山，一字未及游山的情景。游山的自是游山的人，方鸿渐、李梅亭等正忙着和王美玉打交道呢。足见可捏造的事丰富得很，实事尽可抛开，而且实事也挤不进这个捏造的世界。

李梅亭途遇寡妇也有些影子。锺书有一位朋友是忠厚长者，旅途上碰到一个自称落难的寡妇；那位朋友资助了她，后来知道是上当。我有个同学绰号“风流寡妇”，我曾向锺书形容她临睡洗去脂粉，脸上眉眼口鼻都没有了。大约这两件不相干的事凑出来一个苏州寡妇，再碰上李梅亭，就生出“倷是好人”等等妙语奇文。

汪处厚的夫人使我记起我们在上海一个邮局里看见的女职员。她头发枯黄，脸色苍白，眼睛斜撇向上，穿一件浅紫色麻纱旗袍。我曾和锺书讲究，如果她皮肤白腻而头发细软乌黑，浅紫的麻纱旗袍换成线条柔软的深紫色绸旗袍，可以变成一个美人。汪太太正是这样一位美人，我见了似曾相识。

范小姐、刘小姐之流想必是大家熟悉的，不必再介绍。孙柔嘉虽然跟着方鸿渐同到湖南又同回上海，我却从未见过。相识的女人中间(包括我自己)，没一个和她相貌相似，但和她稍多接触，就发现她原来是我们这个圈子里最寻常可见的。她受过高等教育，没什么特长，可也不笨；不是美人，可也不丑；没什么兴趣，却有自己的主张。方鸿渐“兴趣很广，毫无心得”；她是毫无兴趣而很有打算。她的天地极小，只局限在“围城”内外。她所享的自由也有限，能从城外挤入城里，又从城里挤出城外。她最大的成功是嫁了一个方鸿渐，最大的失败也是嫁了一个方鸿渐。她和方鸿渐是芸芸知识分子间很典型的夫妇。孙柔嘉聪明可喜的一点是能画出汪太太的“扼要”：十点红指甲，一张红嘴唇。一个年轻女子对自己又羡又妒又瞧不起的女人，会有这种尖刻。但这点聪明还是锺书赋与她的。锺书惯会抓住这类“扼要”，例如他能抓住每个人声音里的“扼要”，由声音辨别说话的人，尽管是从未识面的人。

也许我正像堂吉诃德那样，挥剑捣毁了木偶戏台，把≪围城≫里的人物斫得七零八落，满地都是硬纸做成的断肢残骸。可是，我逐段阅读这部小说的时候，使我放下稿子大笑的，并不是发现了真人实事，却是看到真人实事的一鳞半爪，经过拼凑点化，创出了从未相识的人，捏造了从未想到的事。我大笑，是惊喜之余，不自禁地表示“我能拆穿你的西洋镜”。锺书陪我大笑，是了解我的笑，承认我笑得不错，也带着几分得意。

可能我和堂吉诃德一样，做了非常扫兴的事。不过，我相信，这来可以说明 ≪围城≫和真人实事的关系。

二、写≪围城≫的钱锺书

要认识作者，还是得认识他本人，最好从小时候起。

锺书一出世就由他伯父抱去抚养，因为伯父没有儿子。据钱家的“坟上风水”，不旺长房旺小房；长房往往没有子息，便有，也没出息，伯父就是“没出息”的长子。他比锺书的父亲大十四岁，二伯父早亡，他父亲行三，叔父行四，两人是同胞双生，锺书是长孙，出嗣给长房。伯父为锺书连夜冒雨到乡间物色得一个壮健的农妇；她是寡妇，遗腹子下地就死了，是现成的好奶妈(锺书称为“姆妈”)。姆妈一辈子帮在钱家，中年以后，每年要呆呆的发一阵子呆，家里人背后称为“痴姆妈”。她在锺书结婚前特地买了一只翡翠镶金戒指，准备送我做见面礼。有人哄她那是假货，把戒指骗去，姆妈气得大发疯，不久就去世了，我始终没见到她。

锺书自小在大家庭长大，和堂兄弟的感情不输亲兄弟。亲的、堂的兄弟共十人，锺书居长。众兄弟间，他比较稚钝，孜孜读书的时候，对什么都没个计较，放下书本，又全没正经，好像有大量多余的兴致没处寄放，专爱胡说乱道。钱家人爱说他吃了痴姆妈的奶，有“痴气”。我们无锡人所谓“痴”，包括很多意义：疯、傻、憨、稚气、騃气、淘气等等。他父母有时说他“痴颠不拉”、“痴舞作法”、“呒著呒落”(“著三不著两”的意思——我不知正确的文字，只按乡音写)。他确也不像他母亲那样沉默寡言、严肃谨慎，也不像他父亲那样一本正经。他母亲常抱怨他父亲“憨”。也许锺书的“痴气”和他父亲的憨厚正是一脉相承的。我曾看过他们家的旧照片。他的弟弟都精精壮壮，唯他瘦弱，善眉善眼的一副忠厚可怜相。想来那时候的“痴气”只是稚气、騃气，还不会淘气呢。

锺书周岁“抓周”，抓了一本书，因此取名“锺书”。他出世那天，恰有人送来一部《常州先哲丛书》，伯父已为他取名“仰先”，字“哲良”。可是周岁有了“锺书”这个学名，“仰先”就成为小名，叫作“阿先”。但“先儿”、“先哥”好像“亡儿”、“亡兄”，“先”字又改为“宣”，他父亲仍叫他“阿先”。(他父亲把锺书写的家信一张张帖在本子上，有厚厚许多本，亲手帖上题签“先儿家书(一)(二)(三)……”；我还看到过那些本子和上面贴的信。)伯父去世后，他父亲因锺书爱胡说乱道，为他改字“默存”，叫他少说话的意思。锺书对我说：“其实我喜欢‘哲良’，又哲又良——我闭上眼睛，还能看到伯伯给我写在练习簿上的'哲良'。" 这也许因为他思念伯父的缘故。我觉得他确是又哲又良，不过他"痴气"盎然的胡说乱道，常使他不哲不良——假如淘气也可算不良。"默存"这个号显然没有起克制作用。

伯父"没出息"，不得父母欢心，原因一半也在伯母。伯母娘家是江阴富户，做颜料商发财的，有七八只运货的大船。锺书的祖母娘家是石塘湾孙家，官僚地主，一方之霸。婆媳彼此看不起，也影响了父子的感情。伯父中了秀才回家，进门就挨他父亲一顿打，说是"杀杀他的势气"；因为锺书的祖父虽然有两个中举的哥哥，他自己也不过是个秀才。锺书不到一岁，祖母就去世了。祖父始终不喜欢大儿子，锺书也是不得宠的孙子。

锺书四岁(我纪年都用虚岁，因为锺书只记得虚岁，而锺书是阳历十一月下旬生的，所以周岁当减一岁或二岁)由伯父教他识字。伯父是慈母一般，锺书成天跟着他。伯父上茶馆，听说书，锺书都跟去。他父亲不便干涉，又怕惯坏了孩子，只好建议及早把孩子送入小学。锺书六岁入秦氏小学。现在他看到人家大讲"比较文学"，就记起小学里造句："狗比猫大，牛比羊大"；有个同学比来比去，只是"狗比狗大，狗比狗小"，挨了老师一顿骂。他上学不到半年，生了一场病，伯父舍不得他上学，借此让他停学在家。他七岁，和比他小半岁的堂弟锺韩同在亲戚家的私塾附学，他念≪毛诗≫，锺韩念≪尔雅≫。但附学不便，一年后他和锺韩都在家由伯父教。伯父对锺书的父亲和叔父说："你们两兄弟都是我启蒙的，我还教不了他们？"父亲和叔父当然不敢反对。

其实锺书的父亲是由一位族兄启蒙的。祖父认为锺书的父亲笨，叔父聪明，而伯父的文笔不顶好。叔父反正聪明，由伯父教也无妨；父亲笨，得请一位文理较好的族兄来教。那位族兄严厉得很，锺书的父亲挨了不知多少顿痛打。伯父心疼自己的弟弟，求了祖父，让两个弟弟都由他教。锺书的父亲挨了族兄的痛打一点不抱怨，却别有领会。他告诉锺书："不知怎么的，有一天忽然给打得豁然开通了。"

锺书和锺韩跟伯父读书，只在下午上课。他父亲和叔父都有职业，家务由伯父经管。每天早上，伯父上茶馆喝茶，料理杂务，或和熟人聊天。锺书总跟着去。伯父花一个铜板给他买一个大酥饼吃(据锺书比给我看，那个酥饼有饭碗口大小，不知是真有那么大，还是小儿心目中的饼大)；又花两个铜板，向小书铺子或书摊租一本小说给他看。家里的小说只有≪西游记≫、≪水浒≫、≪三国演义≫等正经小说。锺书在家里已开始囫囵吞枣地阅读这类小说，把"凯子"读如"岂子"，也不知≪西游记≫里的"凯子"就是猪八戒。书摊上租来的≪说唐≫、≪济公传≫、≪七侠五义≫之类是不登大雅的，家里不藏。锺书吃了酥饼就孜孜看书，直到伯父叫他回家。回家后便手舞足蹈向两个弟弟演说他刚看的小说：李元霸或裴元庆或杨林(我记不清)一锤子把对手的枪打得弯弯曲曲等等。他纳闷儿的是，一条好汉只能在一本书里称雄。关公若进了≪说唐≫，他的青龙偃月刀只有八十斤重，怎敌得李元霸的那一对八百斤重的锤头子；李元霸若进了≪西游记≫，怎敌得过孙行者的一万三千斤的金箍棒(我们在牛津时，他和我讲哪条好汉使哪种兵器，重多少斤，历历如数家珍)。妙的是他能把各件兵器的斤两记得烂熟，却连阿拉伯数字的1、2、3都不认识。锺韩下学回家有自己的父亲教，伯父和锺书却是"老鼠哥哥同年伴儿"。伯父用绳子从高处挂下一团棉花，教锺书上、下、左、右打那团棉花，说是打"棉花拳"，可以练软功。伯父爱喝两口酒。他手里没多少钱，只能买些便宜的熟食如酱猪舌之类下酒，哄锺书那是"龙肝凤髓"，锺书觉得其味无穷。至今他喜欢用这类名称，譬如洋火腿在我家总称为“老虎肉”。他父亲不敢得罪哥哥，只好伺机把锺书抓去教他数学；教不会，发狠要打又怕哥哥听见，只好拧肉，不许锺书哭。锺书身上一块青、一块紫，晚上脱掉衣服，伯父发现了不免心疼气恼。锺书和我讲起旧事，对父亲的着急不胜同情，对伯父的气恼也不胜同情，对自己的忍痛不敢哭当然也同情，但回忆中只觉得滑稽又可怜。我笑说：痛打也许能打得“豁然开通”，拧，大约是把窍门拧塞了。锺书考大学，数学只考得十五分。

锺书小时候最乐的事是跟伯母回江阴的娘家去；伯父也同去(堂姊已出嫁)。他们往往一住一两个月。伯母家有个大庄园，锺书成天跟着庄客四处田野里闲逛。他常和我讲田野的景色。一次大雷雨后，河边树上挂下一条大绿蛇，据说是天雷打死的。伯母娘家全家老少都抽大烟，后来伯父也抽上了。锺书往往半夜醒来，跟着伯父伯母吃半夜餐。当时快乐得很，回无锡的时候，吃足玩够，还穿着外婆家给做的新衣。可是一回家他就担忧，知道父亲要盘问功课，少不了挨打。父亲不敢当着哥哥管教锺书，可是抓到机会，就着实管教，因为锺书不但荒了功课，还养成不少坏习气，如晚起晚睡、贪吃贪玩等。

一九一九年秋天，我家由北京回无锡。我父母不想住老家，要另找房子。亲友介绍了一处，我父母去看房子，带了我同去。锺书家当时正租居那所房子。那是我第一次上他们钱家的门，只是那时两家并不相识。我记得母亲说，住在那房子里的一位女眷告诉她，搬进以后，没离开过药罐儿。那所房子我家没看中；钱家虽然嫌房子阴暗，也没有搬出。他们五年后才搬入七尺场他们家自建的新屋。我记不起那次看见了什么样的房子、或遇见了什么人，只记得门口下车的地方很空旷，有两棵大树；很高的白粉墙，粉墙高处有一个个砌着镂空花的方窗洞。锺书说我记忆不错，还补充说，门前有个大照墙，照墙后有一条河从门前流过。他说，和我母亲说话的大约是婶母，因为叔父婶母住在最外一进房子里，伯父伯母和他住中间一进，他父母亲伺奉祖父住最后一进。

我女儿取笑说："爸爸那时候不知在哪儿淘气呢。假如那时候爸爸看见妈妈那样的女孩子，准抠些鼻牛来弹她。"锺书因此记起旧事说，有个女裁缝常带着个女儿到他家去做活；女儿名宝宝，长得不错，比他大两三岁。他和锺韩一次抓住宝宝，把她按在大厅隔扇上，锺韩拿一把削铅笔的小脚刀作势刺她。宝宝大哭大叫，由大人救援得免。兄弟俩觉得这番胜利当立碑纪念，就在隔扇上刻了"刺宝宝处"四个字。锺韩手巧，能刻字，但那四个字未经简化，刻来煞是费事。这大概是顽童刚开始"知慕少艾"的典型表现。后来房子退租的时候，房主提出赔偿损失，其中一项就是隔扇上刻的那四个不成形的字，另一项是锺书一人干的坏事，他在后园"挖人参"，把一棵玉兰树的根刨伤，那棵树半枯了。

锺书十一岁，和锺韩同考取东林小学一年级，那是四年制的高等小学。就在那年秋天，伯父去世。锺书还未放学，经家人召回，一路哭着赶回家去，哭叫"伯伯"，伯父已不省人事。这是他生平第一次遭受的伤心事。

伯父去世后，伯母除掉长房应有的月钱以外，其它费用就全由锺书父亲负担了。伯母娘家败得很快，兄弟先后去世，家里的大货船逐渐卖光。锺书的学费、书费当然有他父亲负担，可是学期中间往往添买新课本，锺书没钱买，就没有书；再加他小时候贪看书摊上伯父为他租的小字书，看坏了眼睛，坐在教室后排，看不见老师黑板上写的字，所以课常上老师讲什么，他茫无所知。练习簿买不起，他就用伯父生前亲手用毛边纸、纸捻子为他钉成的本子，老师看了直皱眉。练习英文书法用钢笔。他在开学的时候有一支笔杆、一个钢笔尖，可是不久笔尖撅断了头。同学都有许多笔尖，他只有一个，断了头就没法写了。他居然急中生智，把毛竹筷削尖了头蘸着墨水写，当然写得一塌糊涂，老师简直不愿意收他的练习簿。

我问锺书为什么不问父亲要钱。他说，从来没想到过。有时伯母叫他向父亲要钱，他也不说。伯母抽大烟，早上起得晚，锺书由伯母的陪嫁大丫头热些馊粥吃了上学。他同学、他弟弟都穿洋袜，他还穿布袜，自己觉得脚背上有一条拼缝很刺眼，只希望穿上棉鞋可遮掩不见。雨天，同学和弟弟穿皮鞋，他穿钉鞋，而且是伯伯的钉鞋，太大，鞋头塞些纸团。一次雨天上学，路上看见许多小青蛙满地蹦跳，觉得好玩，就脱了鞋捉来放在鞋里，抱着鞋光脚上学；到了教室里，把盛着小青蛙的钉鞋放在抬板桌下。上课的时候，小青蛙从鞋里出来，满地蹦跳。同学都忙着看青蛙，窃窃笑乐。老师问出因由，知道青蛙是从锺书鞋里出来的，就叫他出来罚立。有一次他上课玩弹弓，用小泥丸弹人。中弹的同学嚷出来，老师又叫他罚立。可是他混混沌沌，并不觉得羞惭。他和我讲起旧事常说，那时候幸亏糊涂，也不觉得什么苦恼。

锺书跟我讲，小时候大人哄他说，伯母抱来一个南瓜，成了精，就是他；他真有点儿怕自己是南瓜精。那时候他伯父已经去世，“南瓜精”是舅妈、姨妈等晚上坐在他伯母鸦片榻畔闲谈时逗他的，还正色嘱咐他切莫告诉他母亲。锺书也怀疑是哄他，可是真有点耽心。他自说混沌，恐怕是事实。这也是家人所谓“痴气”的表现之一。

他有些混沌表现，至今依然如故。例如他总记不得自己的生年月日。小时候他不会分辨左右，好在那时候穿布鞋，不分左右脚。后来他和锺韩同到苏州上美国教会中学的时候，穿了皮鞋，他仍然不分左右乱穿。在美国人办的学校里，上体育课也用英语喊口号。他因为英文好，当上了一名班长。可是嘴里能用英语喊口号，两脚却左右不分；因此只当了两个星期的班长就给老师罢了官，他也如释重负。他穿内衣或套脖的毛衣，往往前后颠倒，衣服套在脖子上只顾前后掉转，结果还是前后颠倒了。或许这也是钱家人说他“痴”的又一表现。

锺书小时最喜欢玩“石屋里的和尚”。我听他讲得津津有味，以为是什么有趣的游戏；原来只是一人盘腿坐在帐子里，放下帐门，披着一条被单，就是“石屋里的和尚”。我不懂那有什么好玩。他说好玩得很；晚上伯父伯母叫他早睡，他不肯，就玩“石屋里的和尚”，玩得很乐。所谓“玩”，不过是一个人盘腿坐着自言自语。这大概也算是“痴气”吧。

锺书上了四年高小，居然也毕业了。锺韩成绩斐然，名列前茅；他只是个痴头傻脑、没正经的孩子。伯父在世时，自愧没出息，深怕“坟上风水”连累了嗣给长房的锺书。原来他家祖坟下首的一排排树高大茂盛，上首的细小萎弱。上首的树当然就代表长房了。伯父一次私下化钱向理发店买了好几斤头发，叫一个佃户陪着，悄悄带着锺书同上祖坟去，把头发埋在上首几排树的根旁。他对锺书说，要叫上首的树荣盛，“将来你做大总统。”那时候锺书才七八岁，还不懂事，不过多少也感觉到那是伯父背着人干的私心事，所以始终没向家里任何别人讲过。他讲给我听的时候，语气中还感念伯父对他的爱护，也惊奇自己居然有心眼为伯父保密。

锺书十四岁和锺韩同考上苏州桃坞中学(美国圣公会办的学校)。父母为他置备了行装，学费书费之外，还有零用钱。他就和锺韩同往苏州上学，他功课都还不错，只算术不行。

那年他父亲到北京清华大学任教，寒假没回家。锺书寒假回家没有严父管束，更是快活。他借了大批的≪小说世界≫、≪红玫瑰≫、≪紫萝兰≫等刊物恣意阅读。暑假他父亲归途阻塞，到天津改乘轮船，转辗回家，假期已过了一半。他父亲回家第一事是命锺书锺韩各做一篇文章；锺韩的一篇颇受夸赞，锺书的一篇不文不白，用字庸俗，他父亲气得把他痛打一顿，锺书忍笑向我形容他当时的窘况：家人都在院子里乘凉，他一人还在大厅上，挨了打又痛又羞，呜呜地哭。这顿打虽然没有起"豁然开通"的作用，却也激起了发奋读书的志气。锺书从此用功读书，作文大有进步。他有时不按父亲教导的方法作古文，嵌些骈骊，倒也受到父亲赞许。他也开始学着作诗，只是并不请教父亲。一九二七年桃坞中学停办，他和锺韩同考入美国圣公会办的无锡辅仁中学，锺书就经常有父亲管教，常为父亲代笔写信，由口授而代写，由代写信而代作文章。锺书考入清华之前，已不复挨打而是父亲得意的儿子了。一次他代父亲为乡下某大户作了一篇墓志铭。那天午饭时，锺书的姆妈听见他父亲对他母亲称赞那篇文章，快活得按捺不住，立即去通风报信，当着他伯母对他说："阿大啊，爹爹称赞你呢！说你文章做得好！"锺书是第一次听到父亲称赞，也和姆妈一样高兴，所以至今还记得清清楚楚。那时商务印书馆出版钱穆的一本书，上有锺书父亲的序文。据锺书告诉我，那是他代写的，一字没有改动。

我常见锺书写客套信从不起草，提笔就写，八行笺上，几次抬头，写来恰好八行，一行不多，一行不少。锺书说，那都是他父亲训练出来的，他额角上挨了不少"爆栗子"呢。

锺书二十岁伯母去世。那年他考上清华大学，秋季就到北京上学。他父亲收藏的"先儿家书"是那时候开始的。他父亲身后，锺书才知道父亲把他的每一封信都贴在本子上珍藏。信写得非常有趣，对老师、同学都有生动的描写。可惜锺书所有的家书(包括写给我的)，都由“回禄君”收集去了。

锺书在清华的同班同学饶余威一九六八年在新加坡或台湾写了一篇≪清华的回忆≫2)，有一节提到锺书：“同学中我们受钱锺书的影响最大。他的中英文造诣很深，又精于哲学及心理学，终日博览中西新旧书籍，最怪的是上课时从不记笔记，只带一本和课堂无关的闲书，一面听讲一面看自己的书，但是考试时总是第一，他自己喜欢读书，也鼓励别人读书。……”据锺书告诉我，他上课也带笔记本，只是不作笔记，却在本子上乱画。现在美国的许振德君和锺书是同系同班，他最初因锺书夺去了班上的第一名，曾想揍他一顿出气，因为他和锺书同学之前，经常是名列第一的。一次偶有个不能解决的问题，锺书向他讲解了，他很感激，两人成了朋友，上课常同坐在最后一排。许君上课时注意一女同学，锺书就在笔记本上画了一系列的≪许眼变化图≫，在同班同学里颇为流传，锺书曾得意地画给我看。一年前许君由美国回来，听锺书说起≪许眼变化图≫还忍不住大笑。

锺书小时候，中药房卖的草药每一味都有两层纸包裹；一张白纸，一张印着药名和药性。每服一付药可攒下一叠包药的纸。这种纸干净、吸水，锺书大约八、九岁左右常用包药纸来临摹他伯父藏的≪芥子园画谱≫，或印在≪唐诗三百首≫里的“诗中之画”。他为自己想出一个别号叫“项昂之”——因为他佩服项羽，“昂之”是他想象中项羽的气概。他在每幅画上挥笔署上“项昂之”的大名，得意非凡。他大约常有“项昂之”的兴趣，只恨不善画。他曾央求当时在中学读书的女儿为他临摹过几幅有名的西洋淘气画，其中一幅是≪魔鬼临去遗臭图≫(图名是我杜撰)，魔鬼像吹喇叭似的

2) ≪清华大学第五级毕业五十周年纪念册≫(一九八四年出版)转载此文，饶君已故。

后部撒着气逃跑，画很妙。上课画≪许眼变化图≫，央女儿代摹≪魔鬼遗臭图≫，想来也都是“痴气”的表现。

锺书在他父亲的教导下“发愤用功”，其实他读书还是出于喜好，只似馋嘴佬贪吃美食：食肠很大，不择精粗，甜咸杂进。极俗的书他也能看得哈哈大笑。戏曲里的插科打诨，他不仅且看且笑，还一再搬演，笑得打跌。精微深奥的哲学、美学、文艺理论等大部著作，他像小儿吃零食那样吃了又吃，厚厚的书一本本渐次吃完，诗歌更是他喜好的读物。重得拿不动的大字典、辞典、百科全书等，他不仅挨着字母逐条细读，见了新版本，还不嫌其烦地把新条目增补在旧书上。他看书常做些笔记。

我只有一次见到他苦学。那是在牛津，论文预试得考“版本和校勘”那一门课，要能辨认十五世纪以来的手稿。他毫无兴趣，因此每天读一本侦探小说“休养脑筋”，“休养”得睡梦中手舞脚踢，不知是捉拿凶手，还是自己做了凶手和警察打架。结果考试不及格，只好暑假后补考。这件补考的事，≪围城≫英译本≪导言≫里也提到。锺书一九七九年访美，该译本出版家把译本的≪导言≫给他过目，他读到这一段又惊又笑，想不到调查这么精密。后来胡志德(Theodore Huters)君来见，才知道是他向锺书在牛津时的同窗好友Donald Stuart打听来的。胡志德一九八二年出版的≪钱锺书≫里把这件事却删去了。

锺书的“痴气”书本里灌注不下，还洋溢出来。我们在牛津时，他午睡，我临贴，可是一个人写写字困上来，便睡着了。他醒来见我睡了，就饱蘸浓墨，想给我画个花脸。可是他刚落笔我就醒了。他没想到我的脸皮比宣纸还吃墨，洗净墨痕，脸皮像纸一样快洗破了，以后他不再恶作剧，只给我画了一幅肖像，上面再添上眼镜和胡子，聊以过瘾。回国后他暑假回上海，大热天女儿熟睡(女儿还是娃娃呢)，他在她肚子上画一个大脸，挨他母亲一顿训斥，他不敢再画。沦陷在上海的时候，他多余的“痴气”往往发泄在叔父的小儿小女、孙儿孙女和自己的女儿阿圆身上。这一串孩子挨肩儿都相差两岁，常在一起玩。有些语言在“不文明”或“臭”的边缘上，他们很懂事似的注意避忌。锺书变着法儿，或作手势，或用切口，诱他们说出来，就赖他们说“坏话”。于是一群孩子围着他吵呀，打呀，闹个没完。他虽然挨了围攻，还俨然以胜利者自居。他逗女儿玩，每天临睡在她被窝里埋置“地雷”，埋得一层深入一层，把大大小小的各种玩具、镜子、刷子，甚至砚台或大把的毛笔都埋进去，等女儿惊叫，他就得意大乐。女儿临睡必定小心搜查一遍，把被里的东西一一取出。锺书恨不得把扫帚、畚箕都塞入女儿被窝，博取一遭意外的胜利。这种玩意儿天天玩也没多大意思，可是锺书百玩不厌。

他又对女儿说，≪围城≫里有个丑孩子，就是她。阿圆信以为真，却也并不计较。他写了一个开头的≪百合心≫里，有个女孩子穿一件紫红毛衣，锺书告诉阿圆那是个最讨厌的孩子，也就是她。阿圆大上心事，怕爸爸冤枉她，每天找他的稿子偷看，锺书就把稿子每天换个地方藏起来。一个藏，一个找，成了捉迷藏式的游戏。后来连我都不知道稿子藏到那里去了。

锺书的“痴气”也怪别致的。他很认真地跟我说：“假如我们再生一个孩子，说不定比阿圆好，我们就要喜欢那个孩子了，那我们怎么对得起阿圆呢。”提倡一对父母生一个孩子的理论，还从未讲到父母为了用情专一而只生一个。

解放后，我们在清华养过一只很聪明的猫。小猫初次上树，不敢下来，锺书设法把它救下。小猫下来后，用爪子轻轻软软地在锺书腕上一搭，表示感谢。我们常爱引用西方谚语："地狱里尽是不知感激的人。"小猫知感，锺书说它有灵性，特别宝贝。猫儿长大了，半夜和别的猫儿打架。锺书特备长竹竿一枝，倚在门口，不管多冷的天，听见猫儿叫闹，就急忙从热被窝里出来，拿了竹竿，赶出去帮自己的猫儿打架。和我们家那猫儿争风打架的情敌之一是紧邻林徽因女士的宝贝猫，她称为她一家人的"爱的焦点"。我常怕锺书为猫而伤了两家和气，引用他自己的话说："打狗要看主人面，那么，打猫要看主妇面了！"(≪猫≫的第一句)，他笑说："理论总是不实践的人制定的。"

钱家人常说锺书"痴人有痴福"。他作为书痴，倒真是有点痴福。供他阅读的书，好比富人"命中的禄食"那样丰足，会从各方面源源供应(除了下放期间，他只好"反刍"似的读读自己的笔记，和携带的字典)。新书总会从意外的途径到他手里。他只要有书可读，别无营求。这又是家人所谓"痴气"的另一表现。

锺书和我父亲诗文上有同好，有许多共同的语言。锺书常和我父亲说些精致典雅的淘气话，相与笑乐。一次我父亲问我："锺书常那么高兴吗？""高兴"也正是钱家所谓"痴气"的表现。

我认为≪管锥编≫、≪谈艺录≫的作者是个好学深思的锺书，≪槐聚诗存≫的作者是个"忧世伤生"的锺书，≪围城≫的作者呢，就是个"痴气"旺盛的锺书。我们俩日常相处，他常爱说些痴话，说些傻话，然后再加上创造，加上联想，加上夸张，我常能从中体味到≪围城≫的笔法。我觉得≪围城≫里的人物和情节，都凭他那股子痴气，呵成了真人实事。可是他毕竟不是个不知世事的痴人，也毕竟不是对社会现象漠不关心，所以小说里各个细节虽然令人捧腹大笑，全书的气氛，正如小说结尾所说："包涵对人生的讽刺和伤感，深于一切语言、一切啼笑”，令人回肠荡气。

锺书写完了≪围城≫，“痴气”依然旺盛，但是没有体现为第二部小说。一九五七年春，“大鸣大放”正值高潮，他的≪宋诗选注≫刚脱稿，因父病到湖北省亲，路上写了≪赴鄂道中≫五首绝句，现在引录三首：“晨书暝写细评论，诗律伤严敢市恩。碧海掣鲸闲此手，祇教疏凿别清浑。”“奕棋转烛事多端，饮水差知等暖寒。如膜妄心应褪净，夜来无梦过邯郸。”“驻车清旷小徘徊，隐隐遥空蹍薄雷。脱叶犹飞风不定，啼鸠忽噤雨将来。”后两首寄寓他对当时情形的感受，前一首专指≪宋诗选注≫而说，点化杜甫和元好问的名句(“或看翡翠兰苕上，未掣鲸鱼碧海中”；“谁是诗中疏凿手，暂教泾渭各清浑”)。据我了解，他自信还有写作之才，却只能从事研究或评论工作，从此不但口“噤”，而且不兴此念了。≪围城≫重印后，我问他想不想再写小说。他说：“兴致也许还有，才气已与年俱减。要想写作而没有可能，那只会有遗恨；有条件写作而写出来的不成东西，那就只有后悔了。遗恨里还有哄骗自己的馀地，后悔是你所学的西班牙语里所谓‘面对真理的时刻’，使不得一点儿自我哄骗、开脱、或宽容的，味道不好受。我宁恨毋悔。”这几句话也许可作≪围城·重印前记≫的笺注吧。

我自己觉得年纪老了；有些事，除了我们俩，没有别人知道。我要乘我们夫妇都健在，一一记下。如有错误，他可以指出，我可以改正。≪围城≫里写的全是捏造，我所记的却全是事实。

一九八五年十二月

제해성(諸海星)

경상남도 진주 출생
계명대학교 문과대학 중어중문학과 졸업
國立臺灣師範大學 國文研究所 석사과정 졸업
北京師範大學 中國語言文學系 박사과정 졸업
國立臺灣師範大學, 復旦大學 中文系 방문연구
현재 계명대학교 인문대학 중국어문학과 교수

저역서
≪사기정선(史記精選)≫(계명교양총서: 계명대학교출판부),
≪형상과 해학의 중국숙어: 헐후어(歇後語)≫ (신아사, 2012년),
≪중국어문학의 이해≫(공저: 신아사, 2015년),
≪중국어상용한자 500자 해설≫(공저: 신아사, 2017년) 외
中國古典文體論 및 先秦兩漢史傳文學 연구논문을 국내외 학술지에 발표

≪圍城≫으로 읽는 高級中國語讀解

1판 1쇄 발행 _ 2012년 2월 29일
1판 3쇄 발행 _ 2018년 2월 28일

편 저 자 • 제 해 성
발 행 인 • 정 현 걸
발 행 • 신 아 사
인 쇄 • 예지인쇄
출판등록 • 1956년 1월 5일 (제9-52호)
주 소 • 서울특별시 은평구 통일로 59길 4 2F
전 화 • (02) 382-6411 • 팩스 (02) 382-6401
홈페이지 • www.shinasa.co.kr
E-MAIL • shinasa@daum.net

ISBN 978-89-8396-762-6(93820)

정가 *15,000* 원